DAS
STILISIEREN
DER
NATUR-FORMEN.

BEARBEITET

VON

ZDENKO RITTER SCHUBERT VON SOLDERN,
DIPLOM. ARCHITEKT
UND K. K. PROFESSOR AN DER DEUTSCHEN TECHNISCHEN
HOCHSCHULE ZU PRAG.

MIT 280 ABBILDUNGEN.

ZÜRICH UND LEIPZIG,
VERLAG: ART. INSTITUT ORELL FÜSSLI.

I. THEIL.

DAS STILISIEREN DER PFLANZEN.

VORWORT.

Als ich vor einigen Jahren mein erstes Büchlein „Stilisieren der Pflanzen“ schrieb, war ich anderweitig zu sehr beschäftigt, um mein zweites Werk „Stilisieren der Thier- und Menschenformen“ sofort nachfolgen zu lassen. Diese beiden, nach einer längeren Pause erschienenen Arbeiten bilden aber andererseits ein zusammengehöriges Ganzes, ein Werk, das sich mit dem „Stilisieren der Formen der Natur“ beschäftigt. Was aber von Rechts wegen zusammengehört, das soll der Mensch nicht trennen und, wenn es schon getrennt sein sollte, wieder zu vereinigen suchen. Von dieser Idee geleitet, beschloss ich denn in der That, meine beiden Arbeiten in einem Bande zu reinigen, und veranlasste die Verlagsbuchhandlung, denselben um einen mässigeren Preis abzugeben. Ich muss aber ausdrücklich erwähnen, dass es sich hier nicht um eine zweite verbesserte Auflage handelt — ich hätte auch in der That nicht viel Neues hinzuzufügen —, sondern bloss um eine Vereinigung meiner beiden Arbeiten zu einem Bande, und zugleich muss ich meine geehrten Leser um Entschuldigung bitten, dass die Paginierung eines jeden Werkes für sich erfolgte und dass in den zwei ersten Seiten der Einleitung des zweiten Buches einige Gedanken der Einleitung des ersten Werkes wiederholt werden; es ist dies aber eine nothwendige Folge der angedeuteten Zusammenfügung.

Zugleich erlaube ich mir, meinen freundlichen Lesern meinen verbindlichsten Dank für die gütige Aufnahme meiner beiden Werke auszusprechen und daran den stillen Wunsch zu fügen, es möge sich der kleine Kreis meiner treuen Freunde durch mein neues Vorhaben ein wenig erweitern.

Prag, am 3. Mai 1896.

Der Verfasser.

INHALTSVERZEICHNIS.

Einleitung.

Naturnachahmung und Stil.

Offenbar steht die Natur zur Kunst im allgemeinen in einem innigen Verhältnisse; die Innigkeit dieses Verhältnisses werden wir aber doch nicht so ohne weiteres auf alle Zweige der Kunst ausdehnen können, um so mehr, als sich die Künste wesentlich von einander unterscheiden und zwar auch selbst dann, wenn wir bloss die sogenannten bildenden Künste hier in betracht ziehen, es sind dies die Architektur, Malerei und Skulptur. Die bildenden Künste haben das Gemeinschaftliche, dass zu ihrem Entstehen eine Materie notwendig ist, aus welcher der Künstler das Kunstwerk hervorbringt. Andere Künste, z. B. die Poesie bedarf keines Stoffes zur Schaffung eines Kunstwerkes, sie entsteht unmittelbar aus dem Genius des Dichters, und wenn der Dichter seine Poesien zu Papier bringt, so ist nicht das beschriebene Papier das Kunstwerk, sondern der Gedanke, der aus der Schrift zu entnehmen ist, und der gar nicht niedergeschrieben zu werden braucht, während der Bildhauer dagegen beispielsweise bloss aus dem Steinblock, durch Entfernung des unnötigen Materiales nach und nach das Kunstwerk selbst entstehen lassen kann, oder aus einem Klumpen Thon, dem er nach und nach Gestaltung gibt, und auf keine andere Weise, mindestens nicht, ohne sich eines geeigneten Stoffes zu bedienen.

Wenn wir nun untersuchen, wie sich die bildenden Künste zur Natur verhalten, so werden wir auf sehr grosse Verschiedenheiten kommen. Zunächst werden wir sagen müssen, dass es vollkommen einleuchtend ist, dass die Malerei und Skulptur mehr oder weniger auf einer direkten Nachahmung der Natur basieren und dass es insbesondere der menschliche Körper ist, der in diesen beiden Künsten mit besonderer Vorliebe dargestellt wird, entweder im ruhigen Verhalten oder in voller Veranschaulichung der menschlichen Leidenschaften. Die Malerei beschäftigt sich noch neben der Darstellung des Menschen zuweilen auch mit der Nachbildung von Tieren und noch häufiger mit der Nachahmung der Natur im engern Sinne, mit der Landschaft, woraus wir zur Genüge ersehen, dass sich die Skulptur und Malerei wesentlich auf Nachahmung der Natur gründen.

Wenn wir nun ähnliche Untersuchungen mit der Architektur anstellen, so werden wir zu ganz andern Resultaten gelangen; denn wenn wir die Baukunst und die Natur miteinander vergleichen, so werden wir finden, dass weder die einzelnen Teile des architektonischen Gerüstes und noch weniger ein architektonisches Werk als ganzes betrachtet, mit einer Nachahmung der Natur etwas zu thun haben werden. Es gibt aber immer noch viele und selbst sachverständige Personen, die das Heil der Baukunst nur in einer Nachahmung der Natur erblicken. Es ist dies zunächst dem Wesen und dem Entstehen der Architektur vollkommen zuwiderlaufend; denn die Baukunst gründet sich wesentlich auf Befriedigung der vielgestalteten wohnlichen Bedürfnisse der Menschheit, und diese haben in der Natur nichts Analoges nachzuweisen, weshalb sich auch thatsächlich für architektonische Gebilde in der Natur keine passenden Vorbilder vorfinden. So kann unmöglich die natürliche Höhle, welche den ersten Menschen ohne Zweifel als Behausung dienen musste, irgend einen Einfluss auf die bauliche Gestaltung des menschlichen Wohnhauses genommen haben; wo aber sollen wir die natürlichen Vorbilder für den Tempelbau hernehmen, oder sollen wir etwa den Wald, der mit seinem hohen Geäste sich wie ein gotischer Dom über uns wölbt, in der That als das Vorbild einer gotischen Kirche betrachten dürfen? — das sicherlich nicht, es ist dies eben nur ein poetischer Vergleich, der mit dem Wesen der Sache gar nichts zu thun hat, und schliesslich, wo sollen wir die Vorbilder aus der Natur entnehmen, um Schulen, Krankenhäuser, Gefängnisse oder Rathäuser zu erbauen? Ebensowenig wie das Bauwerk selbst, so finden auch die einzelnen architektonischen Teile desselben ihre Vorbilder nicht in der Natur; denn wo wäre das Vorbild für die Säule? wo dasjenige für Architrav oder Fries oder Gesimse oder Giebel, oder Thür oder Fenster? Uns wird hier aber eine andere Frage mehr interessieren und zwar diejenige, wie es sich denn in dieser Beziehung mit dem Ornamente verhält. Um hier zu einer klaren Lösung zu gelangen, wollen wir eine zweite Frage aufstellen: Wohin gehört das Ornament seinem Wesen nach? zur Architektur — Skulptur oder Malerei?

Die Architektur ist die höchste aller bildenden Künste, sie kann aber ohne die Mithilfe ihrer Schwestern, der Skulptur und Malerei, nicht zur wahren Vollendung gelangen; erst in dem harmonischen Dreiklang der bildenden

Künste entsteht das volle Kunstwerk der Architektur. Skulptur und Malerei dienen demnach der Architektur und zwar in zweierlei Hinsicht, einmal, indem sie nur einen losen Verband mit der Architektur eingehen, wie dies bei den höhern Werken der Skulptur und Malerei geschieht, indem sie zum Schmücken besonders geeigneter Teile als Wandgemälde oder Statuen in Anwendung kommen; — oder aber, indem sie eine innige Verbindung mit der Architektur eingehen, wobei Architektur, Skulptur und Malerei sich in einem Objekte zu einem harmonischen und untrennbaren Ganzen vereinigen; hier stehen Skulptur und Malerei zur Architektur in eminent dienendem Verhältnis, und bilden das, was wir Ornament nennen. Das Ornament ist demnach seinem Wesen nach Skulptur und Malerei und nicht Architektur; es basiert infolge dessen ebenfalls auf Nachahmung der Natur, und gibt es in der That für das Ornament zahlreiche Vorbilder in der Natur und wenige ausserhalb derselben.

Das Ornament nimmt seine Vorbilder:

1. *aus der vegetabilischen Welt,*
2. *aus der Tierwelt, den menschlichen Körper mit einbezogen,* und
3. *aus den Werken des menschlichen Kunstfleisses.*

Es entsteht nun die Frage: wie hat der Künstler das Vorbild, das er aus der Natur nimmt, in Form und Farbe umzugestalten, damit es ihm als Ornament die entsprechenden Dienste leistet?

Ein Hauptgrundsatz wird sein, die Sachen stets für das auszugeben, was sie in Wirklichkeit sind, d. h. den Beschauer niemals zu täuschen und die Lüge zu vermeiden, welche, einmal gestattet, die grösste Verwirrung in den

Kunstanschauungen erzeugen müsste. Was ist aber nun das Ornament im Vergleiche zu seinem Vorbild in der Natur? Es ist ein von Menschenhand gebildeter Schmuck architektonischer Bauteile und wird sich derselbe als solcher in erster Linie als ein Menschenwerk zu charakterisieren haben, d. h. es muss das Bestreben, in dem Ornamente die Natur in so getreuer Weise nachzuahmen, dass es der Beschauer für die Natur selbst halten könnte, mit aller Energie verurteilt werden; denn die wahre Kunst darf niemals wirklich täuschen wollen, sie soll bloss in der Phantasie der Beschauer ähnliche Eindrücke hervorrufen, wie diejenigen, die er ebenfalls beim Anschauen der Natur empfunden hat.

Wir haben nun zwei Dinge ins Auge zu fassen, die in ganz verschiedener Richtung wirken und auf das Entstehen eines künstlerisch durchgebildeten Ornamentes den wesentlichsten Einfluss üben werden; einmal ist es die notwendige Nachahmung der Natur und dann die Umgestaltung dieses Vorbildes durch den Geist des Künstlers, der aber nicht vollkommen frei schalten und walten kann, sondern hier gebunden erscheint durch die strenge Gesetzmässigkeit der Architektur; denn so viel ist klar: soll das Ornament mit der Architektur eine harmonische Verbindung eingehen, so müssen beide vom gleichen Geiste durchdrungen und nach denselben allgemeinen Gesetzen gebildet sein. Die strenge Gesetzmässigkeit der Kunst im allgemeinen und der Architektur im besondern wird aber *Stil** genannt. Die für den Künstler zu lösende Aufgabe besteht nun darin, die sich widersprechenden Gegensätze zwischen der

* Vergleiche des Verfassers Broschüre: „Ein Beitrag zur Charakteristik der Stilgesetze.“ Prag, Verlag von H. Dominikus, 1882.

Naturnachahmung und der architektonischen Gesetzmässigkeit zu versöhnen und zu einem harmonischen Ganzen zu gestalten und wird sich infolge dessen das Ornament zwischen zwei Grenzen bewegen: 1. Sucht der Künstler in der Ornamentbildung sich mehr der Natur zu nähern, so entsteht ein *naturalistisches Ornament*; 2. sucht er sich dagegen mehr an die strenge Gesetzmässigkeit des Stils anzulehnen, so entsteht ein *stilisiertes Ornament*. Zwischen den rein naturalistischen und streng stilisierten Ornamenten gibt es unzählige Zwischenglieder. Im allgemeinen wird gesagt werden können, dass das graue Altertum mit dem stilisierten Ornamente begann, nachdem die damaligen Künstler weder die Absicht noch die Fähigkeit besassen, die Natur getreu in ihren Werken nachzuahmen, und dass im Gegensatze wiederum das rein naturalistisch gebildete Ornament bloss ein Werk der neuern und namentlich der neuesten Kunst ist, indem sich unsere alle technischen Schwierigkeiten mit Leichtigkeit überwindenden Künstler gerne an die in seiner Art schwierigste Aufgabe, die getreue Nachahmung der Natur, wagten; während die klassische Kunstperiode sich als Mittelglied einschob und mit weiser Mässigung Kunstwerke zustande gebracht hat, an welchen die Kritik weder ein „zu viel“ noch ein „zu wenig“ nach der einen oder nach der andern Richtung erkennen lässt, insbesondere wenn man das Gesamtbild der klassischen Kunstthätigkeit in betracht zieht.

Was ist ein Ornament? und wie viele Arten gibt es?

Die Pflanzengebilde der Natur werden zu dem Zwecke stilisiert, um aus denselben ein Ornament zu bilden. Bevor wir jedoch zur Besprechung des vegetabilischen Ornamentes übergehen, müssen wir uns zuerst klar sein darüber, was überhaupt ein Ornament ist.

Unter Ornament verstehen wir jene Gebilde eines architektonischen oder kunstgewerblichen Gegenstandes, welche denselben zu schmücken haben und nicht unumgänglich notwendig zu dessen Bestande sind.* Das Ornament ist demnach etwas in das konstruktive Gerippe Eingearbeitetes oder demselben Angefügtes, wodurch die Phantasie des Beschauers angeregt und die nackte Konstruktion zugleich

* Carl Bötticher sagt in seiner „Tektonik der Hellenen" pag. 23 über das Ornament: „Ornament, dekoratives Symbol möchte schicklicher sein als der Name Verzierung (Arabeske und Grotteske beseitigen sich von selbst), da der Begriff von *ornare*, mit allem Nötigen ausrüsten, mit allen erforderlichen Eigenschaften versehen, und *decorare*, mit angemessener Würde begaben, den Gedanken einer blossen willkürlichen Verzierung und prunkenden Schmückung ausschliesst. Die Hellenen scheinen das Ornament durch Kosmos bezeichnet zu haben: so nennt Hesychius den Mäander — *Kosmos tis orphikos* (Schmuck zum Dache gehörig); *anthemia* sind nur die Ornamentenschemata, welche aus Palmetten, Kelchen, Blumen u. s. w. gebildet sind, wie z. B. das Palmettenornament am jonischen Säulenhalse und die Palmetten der Stirnziegel; ebenso bezeichnen *fytaria* und *zodaria* nur Pflanzen- und Tierbildungen."

zu einem Kunstwerke erhoben wird. Die Verbindung des Ornamentes mit der Konstruktion ist eine sehr verschiedene, in manchen Fällen eine lose, in andern eine sehr innige. Die Wahl und Form des Ornamentes darf nicht auf Willkür beruhen, ist vielmehr Gesetzen unterworfen, die sich bei den verschiedenen Völkerschaften sehr mannigfaltig gestaltet haben, und wird es wesentlich unsere Aufgabe sein, diese Gesetze näher kennen zu lernen.

Wir müssen das Ornament hier im weiteren Sinne nehmen und verstehen darunter den gesamten Schmuck der architektonischen Kunstwerke und denjenigen der kunstgewerblichen Objekte mit Einschluss der Skulptur und Malerei, insofern diese in direkte Beziehung zur Baukunst treten.

Die Orte, an welchen Ornamente angewendet werden können, sind sehr verschiedenartig, und richtet sich der Charakter des Ornamentes wesentlich nach dem Charakter des Baugliedes, den es schmücken soll. Wir können aber in dieser Beziehung wesentlich zwei grundverschiedene Arten von Bauteilen unterscheiden:

1. *Solche, die unumgänglich notwendig sind zum Bestande des Bauwerkes, die zu dessen Konstruktion gehören und sich infolge dessen als* **struktive Bauglieder** *charakterisieren; dazu gehören namentlich: die Säule, der Architrav, die Triglyphen, das Gesimse, u. s. w.*
2. *Solche, die nicht unumgänglich notwendig zum Bestande des Bauwerkes sind, die sich bloss als Ausfüllungen zwischen die konstruktiven Teile legen, mit der Konstruktion selbst entweder thatsächlich oder der Idee nach nichts zu thun haben und als* ***neutrale Bauteile*** *zu bezeichnen sind. Dazu gehören insbesondere: das Giebelfeld*

des griechischen Tempels, der jonische Fries, die Metopen des dorischen Frieses und zum Teile auch die Wand, wenigstens nach griechischer Auffassung.

Dem Griechen ist nämlich die Wand deshalb kein struktiver Bauteil, weil die Kunstform derselben sich nach uralten Traditionen von dem zwischen festen Stützen aufgehängten Teppich ableitet, infolge dessen fasst der Grieche die Wand ihrer Kunstform nach bloss Raum abschliessend auf und nicht tragend.

Ähnlich verhält es sich mit dem jonischen Friese (Fig. 1); dieser ist zwar ebenfalls struktiv thätig, seiner Kunstform nach, in griechischer

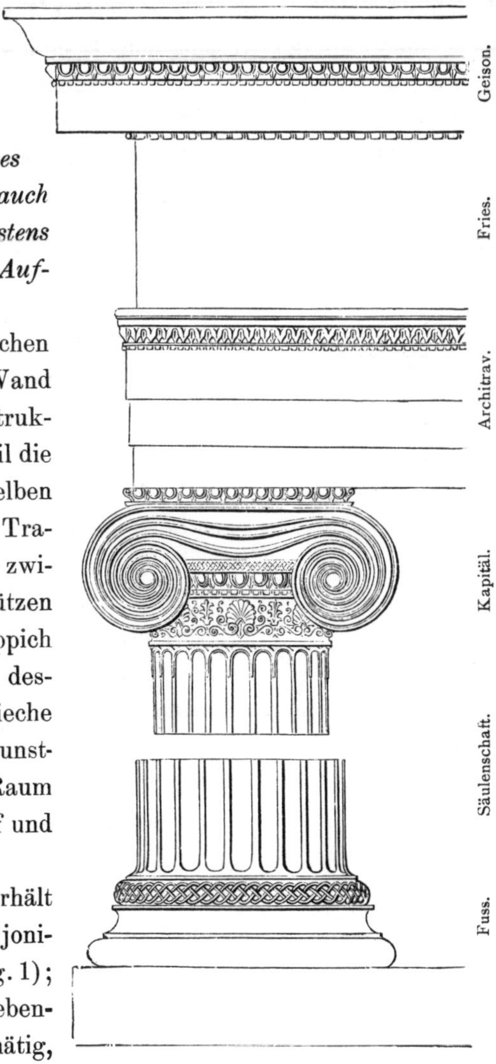

Fig. 1. *Attisch-jonische Ordnung.*

Auffassung aber ist er vollkommen neutral und wesentlich bloss dazu bestimmt, figuralen Schmuck aufzunehmen; seinen unkonstruktiven Charakter zeigt der jonische Fries auch dadurch, dass derselbe an einzelnen Objekten (Karyatidenhalle des Erechtheions) vollkommen fortgelassen wurde.

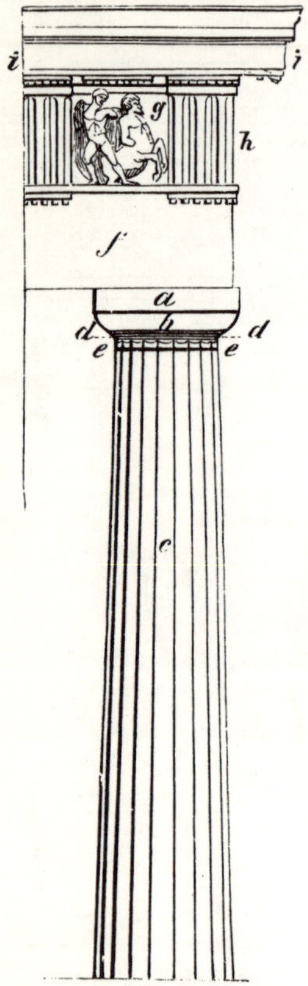

Fig. 2. *Aufriss der dorischen Säule sammt Gebälk.*

a. Abakus. *b.* Echinus. *c.* Kannelierter Säulenschaft. *d.* Riemchen. *e.* Einschnitt. *f.* Architrav. *g.* Metope. *h.* Triglyphe. *i.* Geison.

Eine weit strengere, konsequentere Auffassung zeigt der dorische Fries, der aus zwei scharf getrennten gegensätzlichen Teilen besteht, nämlich aus den eminent struktiven Triglyphen und den vollkommen neutralen Metopen (Fig. 2).

Diese prinzipiell verschiedenen Bauteile werden sich auch ihrer Ausschmückung nach prinzipiell verschieden zu verhalten haben. Wir werden sagen müssen, dass struktive Bauteile einen Schmuck erhalten sollen, der die struktive Thätigkeit des Bauteiles durch seine Formgebung andeutet und wollen wir solche Ornamente **struktive Ornamente** nennen; dagegen sollen ebenso folgerichtig alle neutralen Bauteile einen Schmuck erhalten, der sich nicht auf die Struktur bezieht, sondern in neutraler, freier Weise bloss den Bedingungen der Raumausfüllung und den allgemeinen Gesetzen der Schönheit zu genügen hat; diese Ornamente wollen wir die **neutralen** oder **freien Ornamente** nennen.

Dieselbe Unterscheidung, die wir hier bei den monumentalen Bauwerken gemacht haben, lässt sich auch bei Werken des Kunstgewerbes machen, so hat z. B. eine Thüre ihre offenkundig struktiven Teile: den Rahmen nämlich, und ihre neutralen Teile: die Füllungen; so hat ebenso eine Cravattennadel dieselben zwei Teile aufzu-

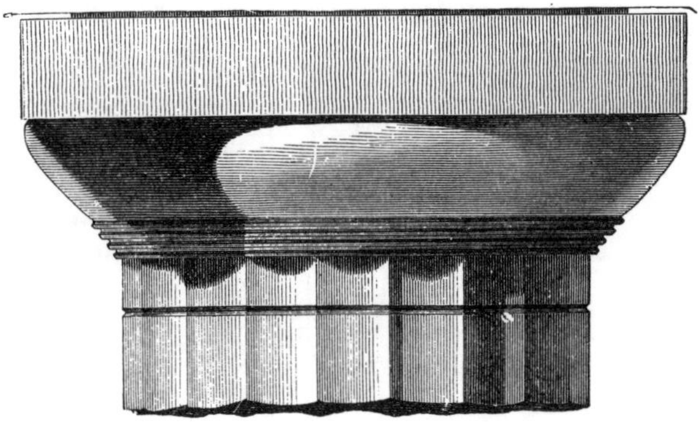

Fig. 3. *Dorisches Säulenkapitäl.*

weisen, zunächst einen neutralen Teil: den Edelstein, oder was dessen Stelle vertritt, und einen struktiven Teil: die Einfassung, die einesteils den Edelstein festzuhalten und andernteils mit der eigentlichen Nadel zu verbinden hat.

Das bewusste Trennen dieser beiden Arten von Ornamenten ist erst der hochentwickelten griechischen Kunst gelungen, während alle vorgriechischen Stilarten zumeist in der Ornamentierung struktiver und neutraler Bauteile keinen wesentlichen Unterschied machten.

Zugleich sei hier noch ein wichtiger Umstand erwähnt. Das struktive Ornament wird sich trennen lassen: 1. in die *Allgemeinform* des Baugliedes, und 2. in dessen *malerischen* oder *plastischen Schmuck.* So sehen wir z. B. in Fig. 3 die Allgemeinform eines dorischen Kapitäles und in Fig. 4 dessen malerischen Schmuck. Es kann nun allerdings der plastische oder malerische Schmuck zu dem

Fig. 4. *Bemaltes dorisches Säulenkapitäl.*

Baugliede in gar keiner Beziehung stehen, wie wir dies z. B. an dem Säulenschafte der ägyptischen Säule (Fig. 5) finden; hier ist eine ornamentale Hieroglyphenschrift angebracht, die wahrscheinlich von den Thaten eines Königs berichtet, und die mit den Funktionen einer Säule gar nichts zu thun hat und auch an jedem andern Orte angebracht sein könnte. In der Regel jedoch ist das Verhältnis der Allgemeinform zu ihrer malerischen oder plastischen Dekoration ein ganz anderes, ein weit innigeres. Wir dürfen uns aber nicht vorstellen, als sei zuerst die Allgemeinform des Baugliedes entstanden und diese hierauf mit einem malerischen oder plastischen Schmuck versehen worden; denn der Vorgang ist ein gerade umgekehrter: der auf das Bauglied aufgemalte oder in dasselbe plastisch eingearbeitete Schmuck ist zumeist der Träger der Idee und gab dem Baugliede zugleich die Allgemeinform; es ist demnach in der Regel ein jedes Bauglied von seiner plastischen oder malerischen Dekoration unzertrennlich zu denken, fehlt diese, so ist dies eine Vereinfachung und ist das Ornament im Geiste zu ersetzen. So entstand z. B. der Echinus des dorischen Kapitäles der Idee nach durch Blätter, deren Spitzen sich infolge der auf ihnen ruhend gedachten Last bis zu ihren Wurzeln neigen, und die so in einer elastischen Linie gebogenen Blätter gaben dem Echinus seine Allgemeinform (Fig. 4).

Fig. 5. *Ägyptische Säule mit Lotosblumenkapitäl.*

Dieser an den Baugliedern angebrachte Schmuck kann, wie bereits erwähnt, entweder durch Malerei oder durch Skulptur entstanden sein und wird sich die Form dieses Schmuckes in jedem Falle anders zu gestalten haben. Das *gemalte Ornament* wird sich durch eine grosse Einfachheit

Fig. 6. *Gemaltes Sima-Ornament.*

der Formen, durch Fortlassen vieler Einzelheiten, die sich in der Malerei nicht mit Vorteil geben lassen, auszeichnen, und wird dieser scheinbare Mangel durch die grosse Wirkung der Farbe ersetzt (Fig. 6). Das *plastische Ornament* wird sich durch viele Details und die reiche Wirkung durch Licht und

Fig. 7. *Plastisches Sima-Ornament.*

Schatten charakterisieren (Fig. 7). Als ein Drittes werden wir das *gemalte* und *plastische Ornament* zu verzeichnen haben, welches die Wirkung der Farbe und der Plastik an einem Objekte vereint, und das namentlich in Griechenland Anwendung fand. Wir haben es bei unsern Betrachtungen zwar wesentlich mit der Form zu thun, wollen jedoch, wo es von Wichtigkeit ist, auch der Farbe unsere Aufmerksamkeit zuwenden.

Plan und Einteilung unserer Betrachtungen.

Wir wollen nun in nachfolgendem untersuchen, wie der ornamentierende Künstler die Pflanzen der Natur umgestalten musste, damit sie in Harmonie treten würden zu dem Charakter des zu schmückenden Kunstwerkes.

Da sich aber das Ornament prinzipiell anders gestalten müssen wird, je nachdem es einen struktiven oder neutralen Teil eines Bauwerkes oder eines kunstgewerblichen Gegenstandes zu schmücken hat, so wollen wir diesen Faktor als den Haupteinteilungsgrund unserer Betrachtungen annehmen und werden somit jene Ornamente für sich behandeln, die sich auf die struktive Thätigkeit der einzelnen Bauteile beziehen und die wir struktive Ornamente genannt haben; ebenso werden wir jene Ornamente in speziellen Kapiteln betrachten, die sich auf neutralen Feldern befinden und bloss den Gesetzen der Raumausfüllung und den allgemeinen Regeln der Schönheit zu entsprechen haben, und welche wir die neutralen Ornamente genannt haben.

Eine detailliertere Besprechung des Ornamentes wird aber auch die charakteristischen Formeneigentümlichkeiten der verschiedenen Völkerschaften nicht vernachlässigen dürfen, so dass wir auch das so wichtige kulturelle Moment in den Bereich unserer Betrachtungen werden ziehen müssen, und wird dasselbe als der zweite Einteilungsgrund zu gelten haben. Allerdings können wir nicht sämtliche bisher bekannten Stilarten mit einbeziehen, da sich unsere Arbeit dann zu umfangreich gestalten würde und leicht an Übersichtlichkeit verlieren könnte; wir wollen bloss die Kunstformen jener Völker in betracht ziehen, die in einem offenbaren Zusammenhange miteinander stehen und als Grundlagen für die heutigen Kunstanschauungen gelten können; das sind aber insbesondere: die *Ägypter,* als das älteste Volk; die *Assyrier*, *Babylonier* und *Perser*, deren älteste Bauwerke zwar der Zeit nach bedeutend jünger sind, als jene von Ägypten, dem altertümlichen Charakter ihrer Kunstformen nach aber ebenfalls an das Ältestbekannte sich anlehnen; ferner die *Griechen,* die gerade in künstlerisch formaler Beziehung das vollendetste geleistet haben, was je geleistet wurde; ferner die *Römer*, deren Architektur zur wahren Weltarchitektur wurde und die ihren Einfluss sogar heute noch nicht verloren hat; ferner die *Mittelalterliche Kunst* und die sogenannte *Renaissance,* Stilarten, die heute noch als herrschende Stilrichtungen betrachtet werden müssen.

I. Abteilung.

Das struktive Pflanzenornament.

Charakter des struktiven Pflanzenornamentes im allgemeinen.

Dem wahren Künstler nun, dem die Aufgabe gestellt wird, eine Form zu bilden, muss in erster Linie darum zu thun sein, Beziehungen zu finden und diese durch die Form auszudrücken; dadurch spricht er eine Sprache, in welcher er sein Fühlen und Können durch die so gebildete Form dem Beschauer mitteilt. Wenn es sich demnach um Dekorierung eines struktiven Teiles handelt, wird der Künstler die hiezu gebrauchten Pflanzengebilde nicht nur als einfachen Schmuck verwenden dürfen, sondern er wird die Absicht haben müssen, die Pflanzen in einer Weise zu gebrauchen, dass dadurch zugleich die Bedeutung und die Thätigkeit des Baugliedes angedeutet wird. Am häufigsten handelt es sich darum, sowohl die Last anzudeuten, die auf den verschiedenen Bauteilen ruht, als auch die Widerstandsfähigkeit dieser Bauteile, die Last mit überschüssiger Kraft zu tragen. Diese Andeutungen wurden nun bei den verschiedenen Völkerschaften sehr mannigfaltig durchgeführt; eine detaillierte Besprechung derselben soll bei der Behandlung der einzelnen Stilarten vorgenommen werden; nur auf einen Umstand sei hier schon aufmerksam gemacht. Weniger kultivierte Völker pflegten diese Andeutungen zumeist in derb materieller Weise zu geben, so dass auch der ungebildete Beschauer ihre Absicht zu verstehen vermochte, während kultiviertere Nationen die Andeutungen einer struktiven Thätigkeit ihrer Bauteile in einer leichten, idealisierten Weise darzustellen bemüht waren, so zwar, dass von Seite des Beschauers ein gewisses Abstraktionsvermögen vorausgesetzt worden ist.

Ägypten.

In dem Lande der Pharaonen begegnen wir den ältesten Resten einer bedeutenden Kunstthätigkeit, und ist deshalb die Betrachtung der altägyptischen Kunstschätze für uns von hohem Interesse; aber speziell für unser Thema hat dieselbe einen um so grössern Wert, weil sich an diesen hochaltertümlichen Denkmalen die Symbolik der Formen in einer ungemein materiell-naiven Weise ausspricht, so dass man mit ziemlicher Sicherheit auf ihre Entstehungsweise schliessen kann. Der Ursprung des vegetabilischen Ornamentes Ägyptens findet sich in dem allgemeinen und häufigen Gebrauch, einesteils den menschlichen Körper mit Blättern und Blumen zu schmücken und anderenteils bei festlichen Gelegenheiten provisorische oder bereits bestehende Bauwerke mit Produkten der ägyptischen Flora zu verzieren.

Die reichste Anwendung von Blumen im gewöhnlichen Leben sowohl, als auch selbst bei geringen Festlichkeiten war in Ägypten allgemein im Gebrauch; so wussten die Schönen des Landes in origineller Weise Blumen in ihr Haar zu befestigen (Fig. 8), so war es allgemeine Sitte, dass bei Festen den ankommenden Gästen durch Knaben oder Mädchen Blumen gereicht wurden, und es wird ausserdem von den alten Schriftstellern berichtet, dass in Ägypten sowohl Hals-, als auch Kopfkränze und sogar auch Guirlanden häufig in Anwendung kamen.

Die Ägypter waren berühmt ihrer Fertigkeit wegen, zierliche und anmutige Kränze zu binden. So erzählt Plutarch von dem Spartanerkönig Agesilaus, welchem bei einem Besuche Ägyptens diese Kränze so wohl gefielen, dass er sich einige davon nach Hause nahm.

Fig. 8. *Ägyptischer Damenhaarputz.*

Ganz besonders aber muss hervorgehoben werden, dass in Ägypten und auch in Griechenland die Kränze in einer ganz andern Art und Weise gebunden wurden, als wir sie heute zu sehen gewöhnt sind. Sie fertigten nämlich Kränze dadurch an, dass sie Blätter an ihren Stielenden mittelst eines Fadens aneinander reihten und die Spitzen dann nach unten fallen liessen. So wurden beispielsweise die Halskränze gemacht, welche bei den Ägypterinnen sehr beliebt waren (Fig. 9); ferner wurden Blumen auf einen Faden gefädelt, wie wir es heute mit den Perlen machen; ausserdem gab es noch reichere Kombinationen von Blattgewinden. Eine der interessantesten hat Prof. Schweinfurth bei Mumien gefunden und gezeichnet. Diese Art Blätter

Fig. 9. *Gestalt und Anwendung ägyptischer Halskränze.*

zu verbinden besteht darin, dass die Blätter eingerollt wurden und zwar so, dass die Spitzen nach unten hingen

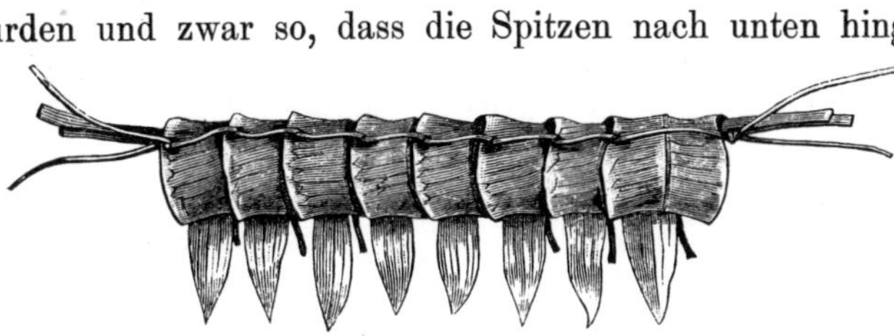

Fig. 10. *Ägyptisches Blattgewinde.*

und durch einen Faden miteinander verbunden erschienen.* (Fig. 10 und 11.)

* Über das antike Kranzwesen vergleiche: Athenäus (Deipnosoph XV, 16); ferner die Werke des ältern Plinius 4. Kap. 16. Buch; ferner Semper, Der Stil, I. pag. 15 u. 211; ferner einen Artikel des Dr. G. Schweinfurth „Blumenschmuck ägyptischer Mumien", Gartenlaube, 1884, pag. 628; ferner Dr. W. Pleyte's Abhandlung über Blatt- und Blumengewinde in Ägypten.

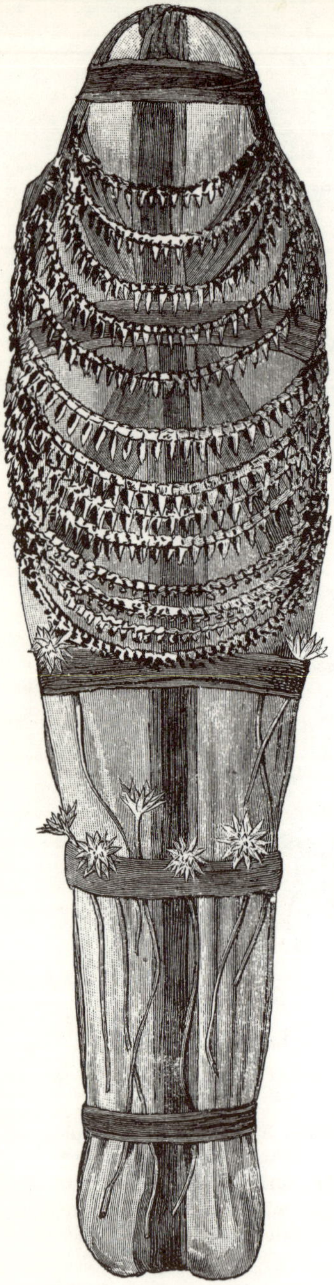

Fig. 11. *Ägyptische Mumie geschmückt mit Blattguirlanden und Blumen.*

Die antike Art des Kränzebindens ist die der *Reihung,* indem die einzelnen Blätter nebeneinander gefügt werden, es ist dies das entgegengesetzte Verfahren von dem heutigen, wo in mehr malerischer Gruppierung Blätter, Blüten und wohl auch Früchte zu einem plastischen Kranze sich gestalten. Die antike Anordnung ist die streng architektonische und nur diese ist imstande, eine struktive Symbolik zu veranschaulichen, bei welcher ein jedes in der Reihe stehende Blatt dieselben Funktionen in klarer, gleichmässiger Weise anzudeuten vermag; der moderne Kranz in seiner plastisch dekorativen Anordnung ist dagegen besonders geeignet, neutrale Felder zu schmücken.

Unter den im Lande wachsenden Pflanzen spielt die *Lotosblume* (Indische Seerose — Nymphaea Nelumbo) weitaus die bedeutendste Rolle (Fig. 12); sie ist dem Ägypter das Symbol der wiederkehrenden Befruchtung des Landes durch den Nil und findet als Ornament häufige Anwendung. Ferner ist zu nennen die

Papyrusbinse (Cyperus Papyrus L.) (Fig. 13), die sehr oft in Verbindung mit der erstern als ornamentaler Schmuck verwendet wird. Beide Pflanzen erhalten in Ägypten stets eine strenge Stilisierung, die sich durch elegante Linienführung auszeichnet (Fig. 14). Weiter wären zu erwähnen Palmblätter und verschiedene andere

Fig. 12.
Natürliche Lotosblume.

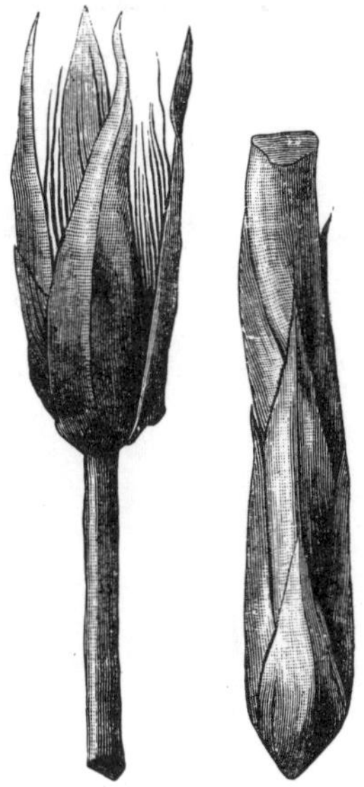

Fig. 13. *Knospe und Schaft der Papyrusstaude.*

Pflanzenformen, bei welchen sich die Gattung nicht mit Sicherheit feststellen lässt. Diese eben besprochenen vegetabilischen Gebilde finden sich namentlich häufig bei den Säulen verwendet und es lässt sich die Entstehung ihrer Kunstform bei der materiellen Darstellungsweise der Ägypter mit ziemlicher Sicherheit feststellen; offenbar sind die Vorbilder der ägyptischen Pflanzensäulen, die so häufig uns noch gemalt erhaltenen *Baldachinträger* gewesen (Fig. 15). Diese bestanden aus einem rechteckigen Holzpflock, der bei festlichen Gelegenheiten mit Papyrusbinsen umwickelt erschien, welche mit Bandwerk an den Pflock befestiget wurden; nach oben zu sind es dann Lotosblumen und andere Pflanzenformen, die kapitälbildend auftreten; immer sieht man aber stellenweise den nackten Holzpflock durchschauen.

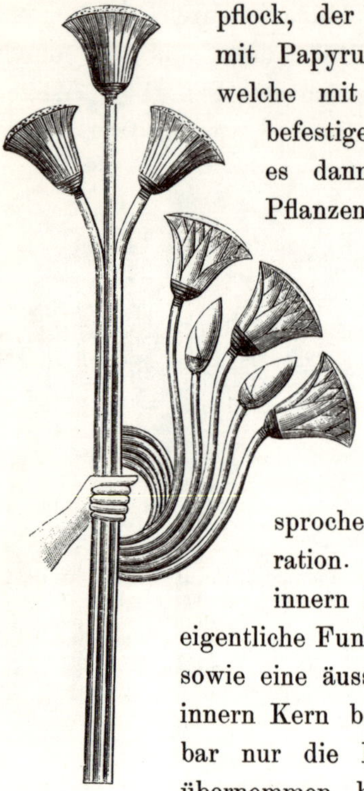

Fig. 14.
Stilisierte Lotos- und Papyrus-Blumen,
nach einer ägyptischen Wandmalerei.

Die monumentalen Säulen zeigen in ziemlich materieller Weise eine dauernde Nachahmung der oben besprochenen provisorischen Festdekoration. Auch sie haben einen innern Kern aufzuweisen, dem die eigentliche Funktion des Lasttragens obliegt, sowie eine äussere Hülle, die lose an den innern Kern befestigt erscheint und offenbar nur die Funktionen des Schmückens übernommen hat. * Die in Ägypten am häufigsten angewendeten Pflanzensäulen charakterisieren sich wesentlich durch ihr Kapitäl, und es muss in dieser Beziehung in erster Reihe das Lotosblumen-Kapitäl hervorgehoben werden. Es gibt aber deren wiederum zwei Arten und zwar: 1. Das *Lotosblumen-*

* Vergleiche: Semper, Der Stil, I. pag. 416 u. 309.

kapitäl mit dem geöffneten Blumenkelche und 2. das *Lotosknospenkapitäl* mit dem geschlossenen Blumenkelche oder der Lotosknospe.

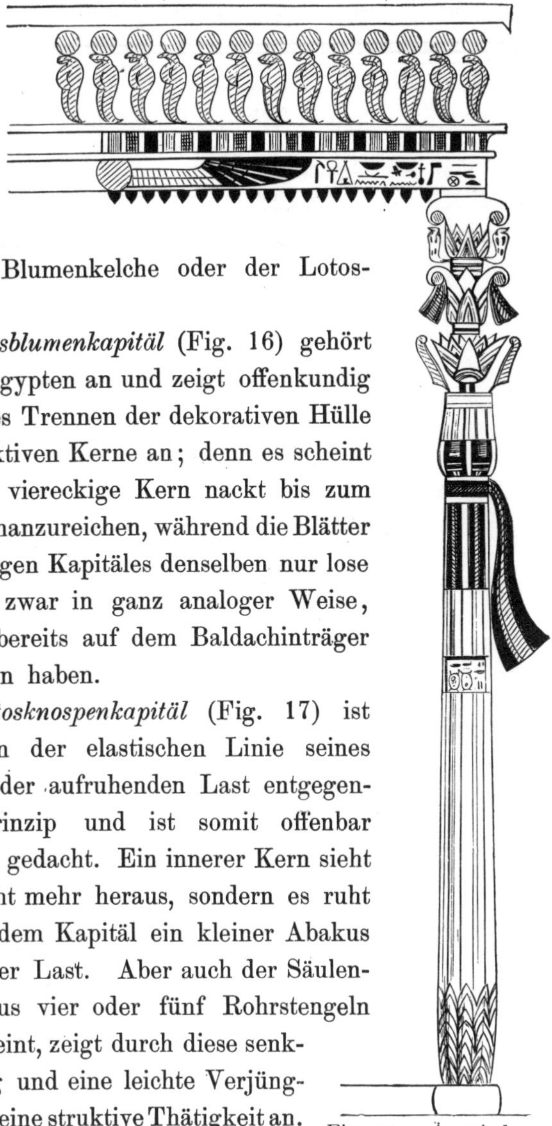

Fig. 15. *Ägyptischer Baldachinträger.*

Das *Lotosblumenkapitäl* (Fig. 16) gehört dem neuern Ägypten an und zeigt offenkundig ein prinzipielles Trennen der dekorativen Hülle von dem struktiven Kerne an; denn es scheint der tragende, viereckige Kern nackt bis zum Tragbalken hinanzureichen, während die Blätter des kelchförmigen Kapitäles denselben nur lose umgeben und zwar in ganz analoger Weise, wie wir dies bereits auf dem Baldachinträger gemalt gesehen haben.

Das *Lotosknospenkapitäl* (Fig. 17) ist älter, zeigt in der elastischen Linie seines Umrisses ein der aufruhenden Last entgegenstrebendes Prinzip und ist somit offenbar struktiv thätig gedacht. Ein innerer Kern sieht auch hier nicht mehr heraus, sondern es ruht vielmehr auf dem Kapitäl ein kleiner Abakus als Sinnbild der Last. Aber auch der Säulenschaft, der aus vier oder fünf Rohrstengeln gebildet erscheint, zeigt durch diese senkrechte Teilung und eine leichte Verjüngung nach oben eine struktive Thätigkeit an.

Die Verbindung des Kapitäls mit dem als eine Zusammensetzung von Rohrstäben

Fig. 16. *Ägyptische Säule mit Lotosblumenkapitäl.*

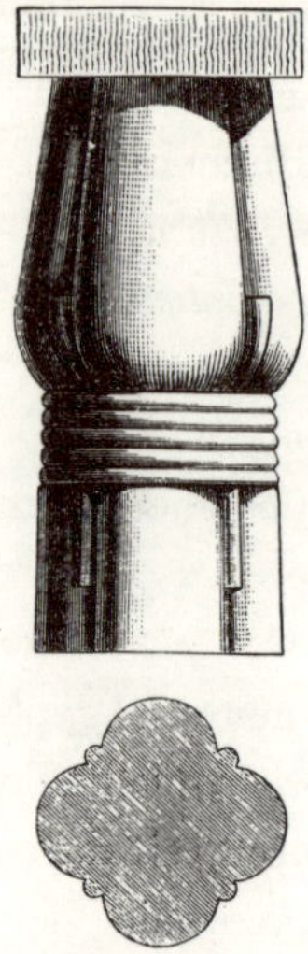

Fig. 17. *Lotosknospenkapitäl.*

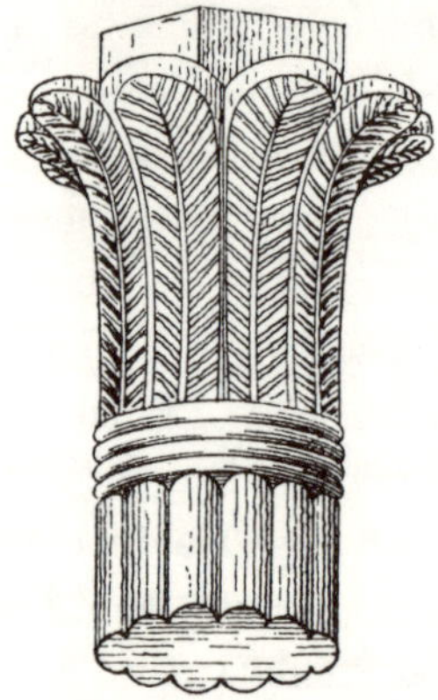

Fig. 18. *Palmenblattkapitäl.*

gedachten Schaftes ist äusserst realistisch durch Riemen dargestellt. Damit ist ebenfalls der struktive Gedanke betont.

Der Schaft der offenen Lotosblumensäule (Fig. 16) ist eine ungeteilte Masse, die zumeist mit einem Hieroglyphenteppich überzogen ist, der nur den Zweck hat, eine hieratisch-tendenziöse Sprache zu sprechen, aber mit dem Andeuten einer struktiven Thätigkeit nichts zu thun hat; nur am

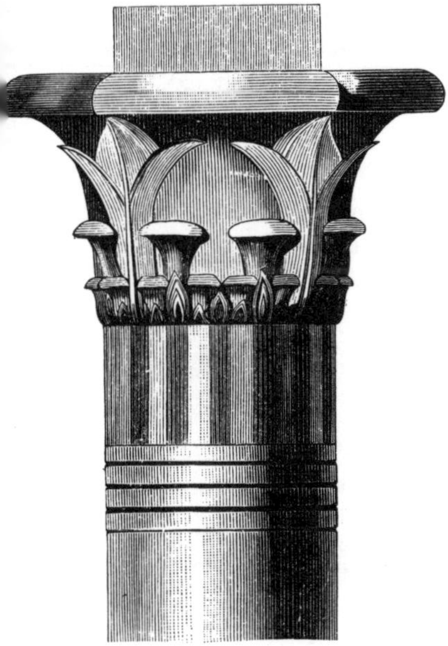

Fig. 19. *Ägyptisches Kapitäl mit baumschwammartigen Formen.*

Fig. 20. *Pfeilerdetail.*

untern Ende sind als kleine Reminiszenz noch ein paar Palmblätter übrig geblieben, die an die alte Blattumhüllung erinnern. Hand in Hand mit der nüchternen Erstarrung der Kunstform, die sich kundgibt durch das Umlegen einer Hieroglyphendecke an das ganze Äussere und Innere des Tempels, geht ein auffallender Mangel an Plastizität der Formen, der sich auch an den Lotosblumensäulen bemerkbar macht, indem die einzelnen Blätter zumeist bloss gemalt erscheinen oder allenfalls noch die Kontur leicht eingeritzt erhalten.

Neben den Lotosblumenkapitälen kommen auch noch *Palmenblattkapitäle* (Fig. 18), sowie eigentümliche Pflanzenformen vor, die an *Baumschwämme* (Fig. 19) erinnern, welche aber alle in stilistischer Beziehung sich an die Lotosblumenkapitäle vollkommen anschliessen. Sehr charakteristisch für ägyptische Symbolik ist ein Pfeilerdetail eines Grabes bei Saniet el Meitin* (Fig. 20). Hier ist auf einem Pfeiler eine Art Säule abgebildet, welche offenbar eine struktive Thätigkeit anzeigen soll, wie dies namentlich auch durch den kleinen, stets eine Last symbolisierenden Abakus ersichtlich gemacht ist; dabei sind aber die Blätter des Kapitäles so lose und so von jeder Last unbeeinflusst dargestellt, dass der halb in der Luft schwebende Abakus von den Blättern nicht getragen werden kann. Ausserdem ist die naive Auffassung des ägyptischen Künstlers hervorzuheben, der die struktive Thätigkeit eines massiven Pfeilers durch ein Flachrelief andeuten will, während der ganze übrige Pfeiler als starre, unthätige Masse dargestellt erscheint.

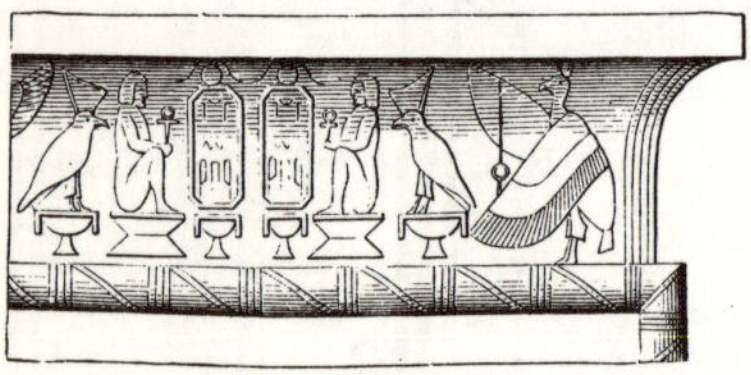

Fig. 21. *Ägyptische Hohlkehle.*

Schliesslich sei noch einer Form Erwähnung gethan, die ein ungemein hohes Alter aufweisen kann; es ist dies die sogenannte *„ägyptische Hohlkehle“* (Fig. 21). Diese dient als Abschluss nach oben bei allen ägyptischen Bauten;

* Lepsius, Denkmäler aus Ägypten.

entstanden ist diese Form offenbar aus nebeneinander gestellten Blättern, welche ihre Spitze nach abwärts neigen und so eine natürliche Bekrönung bilden. In der ägyptischen Architektur erhielt diese Hohlkehle eine etwas stramme Gestalt und verlor auch bald das eingezeichnete Blätterschema; statt dessen wurden Hieroglyphen und geflügelte Sonnen als Dekoration verwendet.

Babylon, Assyrien und Persien.

Die Ägypter waren darauf bedacht, ihre monumentalen Bauwerke für die Ewigkeit zu schaffen und wurden in diesem ihrem Vorhaben einesteils unterstützt durch den Umstand, dass sich in ihrem eigenen Lande die härtesten, unvergänglichsten und kostbarsten Steinarten vorfanden, und andernteils durch das gleichmässige, konservierende Klima, so dass nicht nur die Steine unmerklich verwitterten, sondern dass sich sogar Früchte und Gewebe, welche man in den Sarkophagen fand, sowie die uralten Wandmalereien in einem merkwürdigen Zustand der Erhaltung befunden haben, trotz der Jahrtausende, die an ihnen vorübergegangen sind.

Wie ganz anders sind die Verhältnisse in Babylon. Dieses ist ein sehr steinarmes Land, hat dagegen einen grossen Reichtum an Lehm aufzuweisen, und so geschah es, dass Babylon eine Backsteinstadt geworden, welche nicht imstande war, dem Zahn der Zeit einen entsprechenden Widerstand zu leisten; heute ist Babylon ein formloser Schutthaufen.

Dagegen lässt sich von dem nördlicher gelegenen Assyrien schon eher ein Bild seiner Bauthätigkeit entwerfen, es ist zwar dieses Land mit seinem Nachbarstaate Babylon stammverwandt und hat ähnliche Bautraditionen aufzuweisen, nichtsdestoweniger hat sich dort ein eigenartiges Dekorationsprinzip herausgebildet, das uns über die Grösse und gegenseitige Lage der Räume Aufschluss gibt und uns einen Einblick in das Kulturleben der alten Assyrier gewährt. Dieses besteht nämlich darin, dass die meisten Räume sockelartig mit skulpturierten Alabasterplatten umzogen wurden, welche uns in genrehaften Darstellungen über das Leben und die Grossthaten der assyrischen Könige belehren. Diese Wanddekoration wurde durch den Umstand möglich gemacht, dass Assyrien ein gebirgiges Land ist, das manche gute Steinarten aufzuweisen hat.

Soweit uns nun das babylonisch-assyrische Ornament bekannt ist, spielt die Pflanzenwelt dabei keine hervorragende Rolle; die Ornamente aber, welche aus dem Schutte ausgegraben wurden, scheinen zu den ältesten Kunsttypen zu gehören und zwar namentlich der Altertümlichkeit ihrer Form wegen und nicht ihres tatsächlichen Alters, das von den ägyptischen Kunstformen weit übertroffen wird. Denn so viel scheint sichergestellt zu sein, dass in den Ländern am Euphrat und Tigris der Sitz einer uralten Kultur zu suchen ist, die sich in den Nebel der grauen Vorzeit verliert.

Über das struktive vegetabilische Ornament dieser Länder aber lässt sich äusserst wenig mitteilen und dies um so weniger, als keine Säulen vorgefunden wurden; dennoch musste es den Nachrichten der alten Schriftsteller zufolge Säulen gegeben haben; nur bestanden diese aus Holz und waren mit Metallblech verkleidet. Sehr wahrscheinlich sehen wir in den wohlerhaltenen Steinsäulen der Perser (Fig. 22) Nach- und Weiterbildungen der babylonisch - assyrischen Holzsäulen, welche Behauptung namentlich durch den Umstand seine Bestätigung findet, dass die persischen Säulen so schlank gebildet sind, dass sie offenbar keine Steindecke tragen konnten, vielmehr in unmonumentaler Weise sich damit begnügen mussten, eine hölzerne Decke zu stützen. Aber selbst die etwas schwer verständlichen persischen Säulen geben uns keine günstige Gelegenheit, uns über unser Thema auszulassen. Dieselben be-

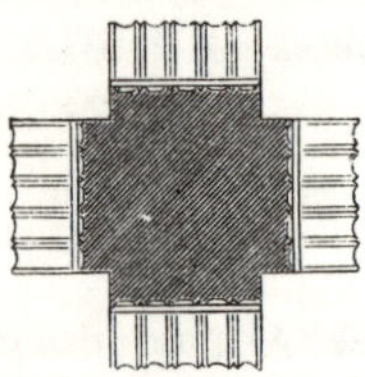

Durchschnitt der persischen Säule in der Höhe der Voluten.

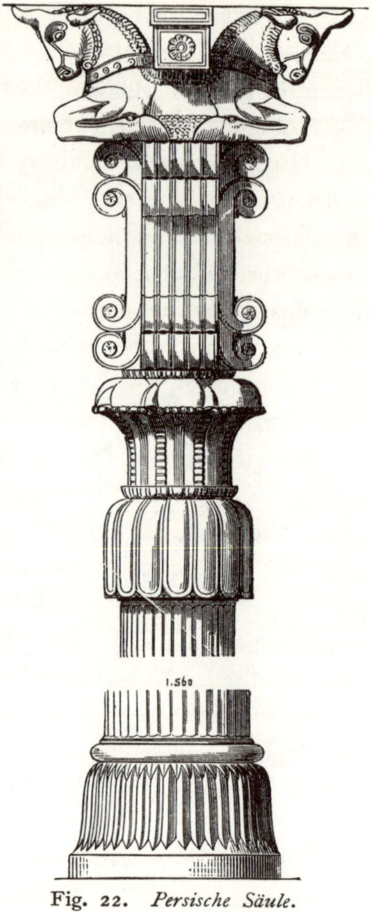

Fig. 22. *Persische Säule.*
Von der Halle des Xerxes zu Persepolis.

stehen aus einer eigentümlichen Verbindung der verschiedenartigsten Bestandteile, wovon einige noch viel „Blechernes“ an sich haben. Dem Säulenschafte zunächst erscheint ein Glied, das an herabfallende Blätter erinnert oder das vielleicht die Fransen der Lanzenspitzen und

Zeltstangen zum Vorbilde hat, was bei der vielbefransten Kleidung des assyrisch-persischen Volkes leicht seine Berechtigung haben könnte; hierauf kommt ein schwerverständliches, kelchartiges Glied, an welches sich ferner ein eigentümliches Volutenwerk anschliesst, das seinen blechernen Ursprung nicht verleugnen kann. Den obersten Abschluss bilden Tierleiber, die mit ihren Rücken einen Tragbalken und damit zugleich das ganze Gebälke oder die ganze Decke tragen.

Griechenland.

Ein unterscheidendes Kennzeichen des griechischen Ornamentes liegt darin, dass, namentlich im Gegensatze zu Ägypten, in Griechenland die dekorative Hülle und der struktive Kern in eines zusammenfallen, so dass das Ornament in klarer Weise durch seine Form die struktiven Funktionen des betreffenden Baugliedes symbolisch anzeigt, zugleich aber zu einem einheitlichen, untrennbaren Ganzen mit der Konstruktion verbunden ist.

Die griechische struktive Symbolik ist gleichsam das Endresultat einer langen Reihe stilistischer Versuche der vorgriechischen Völker, in welcher die überlieferten Formen eine derartige Reinigung, Sichtung und Umbildung erfuhren, dass etwas Neues und zugleich Vollkommenes entstand. Das sicherste Kennzeichen der wahren Vollkommenheit ist die Prüfung durch die Zeit, welche Probe die griechische Formenwelt in so glänzender Weise bestand, dass fast alle nachfolgenden Kulturvölker bis auf unsere Zeit griechische Formen als mustergiltig und tonangebend anerkannt haben. Während wir heutzutage nicht mehr die griechische Raumeinteilung und überhaupt die griechische Architektur, als ganzes betrachtet, für unsere so sehr geänderten Verhältnisse anwenden können, lebt die griechische

Formensprache heute noch in geradezu beherrschender Weise weiter und konnten selbst die Umbildungen, welche dieselbe durch römische Kunst und später durch die sogenannte Renaissance erfuhr, ihre grosse Bedeutung nicht abschwächen. Diesen grossen Erfolg hat Griechenland vornehmlich den einfachen Mitteln, der grossen Klarheit und Folgerichtigkeit der symbolischen Sprache und der Schönheit der Formen zu verdanken.

Das griechische Ornament erscheint

1. *entweder bloss durch Malerei oder*
2. *durch Plastik und Malerei zugleich hergestellt.*

Dagegen scheint das plastische Ornament ohne Farbengebung nicht vorgekommen zu sein.

Zur wahren Würdigung der griechischen *Bemalung (Polychromie) der Architekturteile* sei hier folgendes erwähnt.

Die ältern dorischen Tempel bestanden aus einem unscheinbaren Tuff- oder Kalkstein; sie erhielten stets einen Stucküberzug und volle Bemalung aller Teile. Reste von solchen Bemalungen finden sich an vielen Orten, und wenn dieser Stucküberzug an den noch aufrechtstehenden Bauteilen der Tempelruinen häufig nicht mehr vorhanden ist, so darf uns das nicht wundern, nachdem die vielen Jahrhunderte die schwache Stuckdecke offenbar ablösen mussten.

Die Marmortempel aber, und dazu gehören insbesondere die attisch-dorischen und fast alle jonischen Tempel, erhielten der Kostbarkeit und Güte des Materiales wegen keinen Stucküberzug — jedenfalls aber Bemalung. Über die Polychromierung der Marmortempel sind die Ansichten der Fachgelehrten divergierend. Die Einen, und dazu gehört namentlich Bötticher mit seinem Anhang, behaupten:

Marmortempel seien der Hauptsache nach in der weissen Naturfarbe des Marmors geblieben und dieser habe bloss eine teilweise Bemalung durch undurchsichtige Farben erhalten; die Andern, und dazu gehören namentlich Hittorf und Semper, waren der Ansicht, der ganze Tempel sei bemalt gewesen, und zwar so, dass die struktiven Teile durch eine Farbenbeize eine durchsichtige Farbe erhielten, wobei die Struktur des Marmors noch zur vollen Geltung kam, während der Grund der neutralen Felder und das Ornament im engern Sinne durch eine undurchsichtige Wachsfarbe mit Zuhilfenahme der Wärme (enkaustische Malerei) hergestellt wurde. Und selbst durch die neuesten Forschungen konnte diese Streitfrage noch nicht gänzlich beseitigt werden.

Wir müssen uns der letztern Anschauung anschliessen, indem wir unmöglich annehmen können, dass die für Farbe gewiss hochempfindlichen Griechen eine Dissonanz geduldet hätten, die offenbar aus der Nebeneinanderstellung von grossen Flächen „Weiss“ (Marmor) und kleinen Flächen von andern entschiedenen Farbentönen, resultieren müsste. Dabei werden wir allerdings wohl bekennen müssen, dass alle bisherigen polychromen Restaurierungen griechischer Tempel den modernen Künstler nicht befriedigen können; der Grund mag einesteils liegen in der Unvollkommenheit der Kenntnis der griechischen Farbengebung und andernteils in dem Umstand, dass das Auge des modernen Künstlers, wenigstens für das Äussere der Gebäude, an eine volltönige Vielfarbigkeit nicht gewöhnt ist.

Um nun auf die Form des griechischen Ornamentes zurückzukommen, sei zunächst bemerkt, dass die gemalten und plastischen Ornamente häufig dieselben Motive aufzuweisen haben, dass aber stets die verschiedene Art der

Darstellungsweise auch eine verschiedene Formgebung bedingt.

Gemalte Ornamente befinden sich in einer Fläche, hiebei kommt es einesteils auf die richtige Verteilung der Masse des Ornamentes zu derjenigen des Grundes an und wird andernteils sehr darauf Rücksicht genommen werden müssen, dass das Ornament im entschiedenen Kontraste des Tones und der Farbe zu dem Grunde steht. Häufig haben die einzelnen Elemente keinen unmittelbaren Zusammenhang miteinander, welcher Umstand aber nur zur grössern Klarheit der Zeichnung beitragen kann (Fig. 23).

Fig. 23. *Gemaltes Sima-Ornament.*

Das *plastische Ornament* steht im entschiedenen Gegensatze zu dem gemalten, es liegt nicht mehr in einer Fläche,

Fig. 24. *Plastisches Sima-Ornament.*

die einzelnen Formen zeigen Rundungen, ähnlich wie die Gebilde der Natur, auch haben die einzelnen Elemente ihren organischen Zusammenhang wieder erhalten. Das griechische plastische Ornament zeigt eine charakteristische

Eigentümlichkeit, welche darin besteht, dass sich die plastischen Teile nicht weiter erheben, als bis zu einer gedachten Fläche, die parallel mit dem Grunde läuft (Fig. 24).

Stilisierung des Blattes in Griechenland.

Wenn es sich darum handelt, eine struktive Funktion eines Bauteiles durch vegetabilische Formen auszudrücken, so wird sich dies am besten dadurch andeuten lassen, wenn ich gewisse Eigenschaften der Pflanzen auf das Ornament übertrage. Da es mir aber, wenn ich verstanden werden will, nur darum zu thun sein kann, in einem bestimmten Falle nur *eine* Eigenschaft der Pflanze anzudeuten, werden mir die komplizierten Formen, als da sind: ganze Zweige oder Bäume, keine Dienste zu leisten vermögen; am brauchbarsten werden sich dagegen *die Blätter* erweisen. Aber selbst die Blätter der Natur beschäftigen ihrer Vielseitigkeit wegen zu sehr den Beschauer nach andern Richtungen, so dass sich wird behaupten lassen, dass sie die symbolische Sprache dann am deutlichsten sprechen werden, wenn man von ihnen alles Unnötige, Nebensächliche und Zufällige entfernt. Dann erhalte ich ein Blatt, das die allgemeinen Eigenschaften des Begriffes „Blatt" wohl aufweist, aber keiner bestimmten Gattung angehört und demnach vergebens in einer Botanik zu suchen wäre; es ist dies die äusserste Grenze der Stilisierung der Form nach. Ich kann die Stilisierung aber auch auf die Farbe übertragen und kann mit vollem Rechte sagen: Gebe ich einem Blatte, das die symbolische Sprache als Ornament zu sprechen hat, die Naturfarbe, so erinnere ich den Beschauer an die Natur und ziehe ihn von der Symbolik ab. Will ich demnach in voller Klarheit die symbolische Sprache sprechen, dann muss ich dem Blatt eine Farbe geben, die es in der Natur nicht hat. Beide Arten von Stilisierungen, sowohl die der Form, als auch der Farbe nach, zeigt die griechische Ornamentik in hohem Grade; zunächst werden nicht selten Blätter angewendet, die keiner bestimmten Gattung angehören; oder es wird ihre Form so weit umgeändert, dass sie nur an das Blatt einer gewissen Spezies erinnern, aber dasselbe niemals direkt nachahmen. Die so stilisierten Blätter erhielten stets eine Bemalung, welche mit der Farbengebung der Natur zumeist gar nichts gemein hatte. Es wurden sehr entschiedene Farben gewählt, am liebsten rot und blau, und dann in folgender Weise angewendet: Wurde die Aussenseite des Blattes rot gemacht, so erhielt die Innenseite die blaue Farbe; ausserdem aber wurde die rote Aussenseite zumeist blau umrändert und bekam eine Andeutung der Mittelrippe ebenfalls in blauer Farbe, während die blaue Innenseite eine rote Umränderung und eine rote Mittelrippe erhielt. Als Trennungslinien wurden dann wohl auch Goldstreifen angewendet und auch eine feine, grüne Umrandung. Die

Fig. 25. *Bemaltes dorisches Antenkapitäl.*

nun so polychromierten Blätter wurden dann in der Weise nebeneinander gestellt, dass ein Blatt mit grüner Aussenseite neben einem Blatt mit roter Aussenseite zu stehen kam; letzteres Blatt hatte dann konsequenter Weise immer die andere Farbe an den entsprechenden Stellen wie seine beiden Nachbaren (Fig. 25). Eine grosse Variation in der Farbengebung scheint die griechische Ornamentik nicht geliebt zu haben; nichtsdestoweniger aber kamen auch andere Farben und andere Kombinationen vor; die eben angeführte aber kann man immerhin als Norm der Polychromierung hinstellen.

Es wurde aber auch niemals das ganze Blatt samt seinem Stiele angewendet, sondern stets ein guter Teil vom Stielende abgeschnitten gedacht und zwar deshalb, weil man den Stiel zur Symbolisierung nicht braucht und derselbe infolge dessen nur die Klarheit der Formensprache gestört hätte.

Die nun so hergerichteten Blätter wurden am häufigsten nebeneinander gestellt und bildeten so eine *Reihung,* von welcher wir namentlich drei Arten unterscheiden müssen.

1. *Die einfache Reihung.* Diese entsteht, wenn man Blätter von gleicher Form nebeneinander stellt (Fig. 25).

2. *Die alternierende Reihung.* Diese wird gebildet, wenn man zwei Arten von Blättern nimmt und diese in der Weise verwendet, dass sich zwischen zwei Blätter der gleichen Gattung eines mit einer andern Form einschiebt. In diesem Falle wird man die Regel aufstellen müssen, dass die beiden Arten von Blättern ihrer Form nach einen entschiedenen Kontrast zu bilden haben werden (Fig. 26). Auch sei hier die Bemerkung gestattet, dass es nicht ge-

rade Blätter sein müssen, dass alternierende und überhaupt alle Reihungen auch durch Zusammenstellung anderer Gegenstände entstehen können. Hieher gehören z. B. die einfachen Perlenschnüre, der Eierstab u. s. w.

3. *Die Reihung mit Intersekanz.* Diese entsteht, wenn eine Aneinanderfügung mehrerer gleichartiger Formen in

Fig. 26. *Bemaltes dorisches Säulenkapitäl.*

bestimmten Intervallen durch eine anders gebildete Form unterbrochen wird. Zu Reihungen mit Intersekanz werden selten Blätter verwendet, dagegen gehören namentlich die meisten Perlenschnüre dazu und zwar dann, wenn zwei schmale Körperchen durch einen oval gebildeten dritten unterbrochen werden (Fig. 27). Auch die Dachrinne des griechischen Tempels hat eine Reihung mit Intersekanz dann aufzuweisen, wenn dieselbe mit einem Ornamente verziert erscheint, welches von Zeit zu Zeit durch Wasserspeier unterbrochen wird.

Im allgemeinen liebt der Grieche die Reihung mit Intersekanz nicht, ausser zuweilen bei Detailbildungen; dagegen erscheint ihm die einfache Reihung als die wichtigste Kunstform, sind ja doch bei seiner höchsten künstlerischen Leistung, bei dem Tempel, die Säulen in einfacher

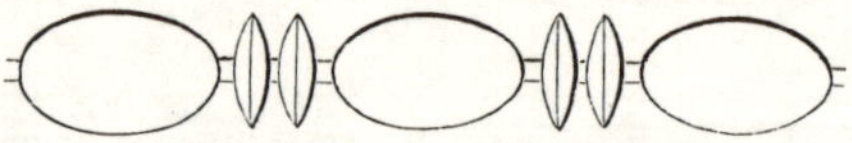

Fig. 27. *Perlenschnur.*

Reihung angeordnet und hat er damit sein Hauptprinzip in allen seinen Konsequenzen ausgesprochen.

Die Griechen verwendeten die vegetabilischen Formen in sehr mannigfaltiger Weise. Die bedeutendsten sind:

I. Die Reihung von Blättern, die an ihrem Stielende abgeschnitten erscheinen.

II. Das Blatt in Verbindung mit der Ranke.

III. Der Stamm oder Stengel der Pflanze.

I. Die Reihung von Blättern, die an ihrem Stielende abgeschnitten erscheinen.

Zunächst muss angenommen werden, dass in Griechenland ebenso wie in Ägypten der ornamentalen Anwendung der Blätter ein provisorisches Schmücken von Personen und Gebäuden mit thatsächlichen Blättern und Blüten vorausging und dass hiebei im ganzen Altertume nicht die malerische Dekorationsweise gebräuchlich war, wie wir sie heute üben, sondern dass dabei Pflanzenschmuck in streng architektonischer Auffassung als Reihung von Blättern und Blüten in Anwendung kam. Die Folge davon war die unmittelbare Übertragung des provisorischen Festschmuckes auf das monumentale Pflanzenornament; es konnte das um so leichter geschehen, da die Symbolik eine verwandte war.

Die an ihren Stielenden abgeschnittenen und in der Reihung angeordneten Blätter können verschiedene Funktionen andeuten. Die wichtigsten werden sein:

1. Eine Bekrönung auszudrücken.
2. Eine Endigung nach unten anzudeuten.
3. Ein Belastetsein zu symbolisieren, und
4. als reine *Dekoration* aufzutreten.

1. Blattreihungen dienen zunächst dazu, eine Bekrönung, oder eine Endigung nach oben, auszudrücken.

Wilde Indianer pflegen heute noch auf ihrem Haupte eine Krone von aufrecht stehenden Blättern anzuordnen, deren Spitzen sich vermöge ihrer eigenen Schwere leicht nach abwärts biegen. Diese Art Kronen sind die natürlichsten, die sich von selbst ergeben bei Menschen, die noch im Naturzustande leben; aber gerade von solchen Individuen können wir lernen, was „natürlich“ ist, während sich bei unseren raffinierten Kulturzuständen der Begriff „natürlich“ vollkommen verwischt hat.

Die oben angedeutete Bekrönung durch Blätter ist jedenfalls uralt und wurde nicht nur als Krone den Häuptlingen auf den Kopf gesetzt, sondern diente in analoger Weise auch bei Baudenkmälern, um eine Endigung nach oben anzudeuten. Die daraus entstandene Form wurde späterhin

„Karnies“ genannt, nach dem italienischen *„Cornice“* (Kranz). Der Karnies nimmt nun jene charakteristische, schwungvolle Linie an, die ein Blatt bildet, wenn man es aufrecht stellt, wobei sich die Spitze, bloss der Eigenschwere folgend, leicht nach abwärts neigt (Fig. 24), während sich der untere Teil ein wenig ausbaucht.

Diese Form nahm insbesondere der oberste Teil des jonischen Tempels, die Wasserrinne (Sima) an, während der dorische Tempel zumeist diesem Baugliede die Form eines Gefässes gab, um dadurch den eigentlichen Zweck,

Fig. 28. *Palmette.*

Fig. 29. *Griechische Lotosblume.*

das Aufnehmen des Wassers, anzudeuten. In beiden Fällen aber erhielt die Wasserrinne ein Ornament, welches eine Bekrönung andeutet; dies geschah zumeist durch senkrecht stehende, aufwärts gerichtete Blumen (Anthemien). Von den hiezu verwendeten Pflanzenformen sind in erster Reihe die *„Palmette“*, späterhin nach dem italienischen *„palmetto“* zubenannt, zu erwähnen (Fig. 28). Es ist dies eine uralte Kunstform, die jedenfalls von Asien nach Griechenland herübergenommen wurde, um hier in eine feinere und elegantere Form umgebildet zu werden. Dieselbe besteht aus Blättern, die sich fächerartig um einen Mittelpunkt anordnen und deren Enden von einer Hülse aufgenommen werden.

873940

Die Palmette tritt zumeist mit einer zweiten, ebenfalls sehr alten vegetabilischen Form auf, nämlich mit der *Lotosblume* (Fig. 29), einer Pflanze, die sich ebenfalls in Ägypten und Assyrien als Kunstform sehr häufig vorgefunden hat. Die Palmette und die Lotosblume erscheinen dann schwesterlich gepaart und durch charakteristisches, stark eingerolltes Rankenwerk mit einander verbunden.

Fig. 30. *Stirnziegel vom Parthenon zu Athen.*

Dieses Ornament findet sich auf der Wasserrinne und überdies noch auf anderen Teilen des jonischen Tempels vor und ist zumeist plastisch dargestellt (Fig. 24); nur in der attisch-jonischen Bauweise erscheint es in der Regel durch Malerei wiedergegeben. Der dorische Stil dagegen liebt es, dieses Ornament fast ausschliesslich bloss gemalt erscheinen zu lassen (Fig. 23).

Die Palmette kommt aber nicht nur mit der Lotosblume verbunden vor, sondern tritt auch sehr häufig selbstständig auf und gilt in Griechenland als die beliebteste Form, um eine Bekrönung oder freie Endigung nach oben auszudrücken. So findet sich die Palmette als Hauptmotiv auf First- und Stirn-Ziegeln des Tempeldaches (Fig. 30), ferner als Akroterie verwendet an der Spitze oder den

Fig. 31. *Bekrönung einer griechischen Grabstele.*

Enden des Giebels, ferner als der oberste Abschluss an Grabstelen (Fig. 31) und überdies noch an manchen anderen Orten.

Neben der Karniesform kommt zuweilen bei griechischen Bauwerken auch die *„Hohlkele"* vor, aber stets in sehr bescheidenen Dimensionen und nebensächlicher Anwendung. Zugleich sei hier erwähnt, dass auch der Karnies nicht nur als oberste Bekrönung des Tempels auftritt, sondern, und namentlich im jonischen Stile, nicht selten auch als oberer Abschluss wichtiger Hauptteile des Baues in Anwendung kommt; dann deutet er einesteils die Selbständigkeit des Baugliedes und ferner den Umstand an, dass dadurch der eine Hauptteil des Baues zu Ende ist und ein anderer anfangen kann. Kleine Karniese oder Hohlkehlen finden sich namentlich häufig als Bekrönungen des jonischen Architraves vor.

2. Blattreihungen können eine Endigung nach unten andeuten.

In diesem Falle werden die Blätter so aneinander gereiht, dass die Blattspitzen nach abwärts gerichtet sind. Der gedachte Vorgang ist im allgemeinen der entgegengesetzte, wie bei einer Bekrönung, infolge dessen entsteht die umgekehrte Karniesform. Trotzdem muss aber bekannt werden, dass die Symbolik nicht immer vollkommen klar ist und dass Nebenumstände, namentlich die aufruhende Last, mit eingreifen, welche die Andeutung der Funktionen weit komplizierter machen, als bei der einfachen Bekrönung. Dieses fühlten die Griechen wohl, und aus diesem Grunde wurde diese Art der Blattreihung in der monumentalen Architektur nicht angewendet, wohl aber in der Töpferei, namentlich bei Gefässfüssen und bei anderen Werken der Kleinkunst, wo die strengen Gesetze des Stiles sich anders zu gestalten haben.

Neben den aufwärts und abwärts gerichteten Blattreihen gibt es noch solche, die gleichzeitig sowohl nach aufwärts als auch nach abwärts gestellt sind. Diese sind durchaus nicht als neutral zu bezeichnen, sondern drücken in der That zu gleicher Zeit einen Hinweis nach oben und unten aus und spielen zumeist die Rolle eines Vermittlers bei starken Konflikten. Dazu gehört insbesondere die Hohlkehle (Trochilus) des jonischen Säulenfusses und hat dieses Glied in der That versöhnend einzuwirken auf den Konflikt, der einesteils durch die Last der Säule und anderenteils durch den Gegendruck, den diese Last hervorruft (Fig. 32), entsteht. Dieser Trochilus hat jedenfalls sein Vorbild an den Gefässfüssen gefunden; dort

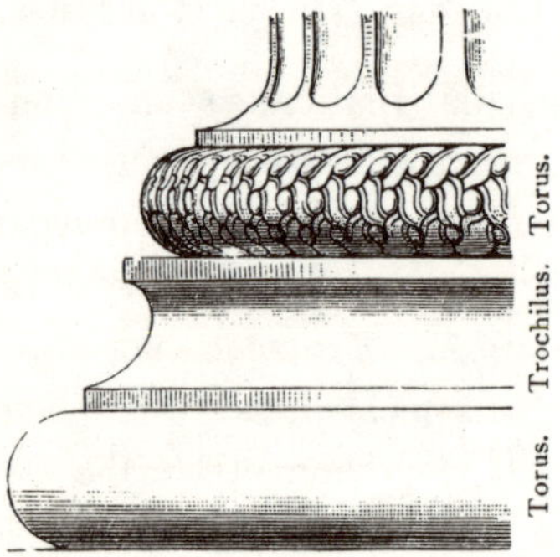

Fig. 32.
Attisch-jonischer Säulenfuss.

Fig. 33.
Jonischer Säulenfuss.

sind auch die Blattschemas eingezeichnet, während dieselben beim jonischen Säulenfuss nicht mehr vorkommen. Zuweilen wird, um diese beiden Konflikte klarer zu veranschaulichen, die Hohlkehle in der Mitte durch Ringe zusammengeschnürt, wodurch eine neutrale Zone entsteht (Fig. 33).

Für unser Thema ganz besonders erläuternd ist der Dachaufsatz des berühmten Lysikrates - Monumentes in Athen, welcher nach den Anschauungen Sempers bestimmt war als mittlere Stütze (Omphalos) zu dienen, um den

Dreifuss zu tragen. Die Last, ein eherner Dreifuss, ist hier klein, weshalb auch der Konflikt ganz richtig in mehr spielend dekorativer Weise angedeutet erscheint. Wir finden in diesem Objekte alle bisher besprochenen Blattreihungen vor. Zunächst kommen in dem oberen Teile drei nach aufwärts gerichtete Blattreihungen vor, die ihrer

Fig. 34. *Aufsatz des Lysikrates-Monumentes in Athen.*
Nach Prof. Semper.

Erscheinung nach unbelastet erscheinen, während die unterste Blattreihe des Aufsatzes Blätter aufweist, die in der elastischen Linie des Karnieses gebogen erscheinen, jedoch mit den Blattspitzen nach abwärts weisen und zugleich das elastische Aufsitzen des ganzen Omphalos auf dem Dache veranschaulichen. Die Mitte nehmen dann zwei verschieden grosse Hohlkehlen ein, die aus Blättern gebildet erscheinen und in welchen sich die entgegengesetzt wirkenden Kräfte versöhnen (Fig. 34).

Fig. 35. *Griechisches Gefässornament.*

Sehr sprechend sind häufig die Ornamente der Töpferei. So findet man nicht selten an dem Halse von Gussgefässen ein Palmettenornament angebracht, das abwechselnd nach aufwärts und abwärts gerichtete Blätter aufweist. Dadurch wird in klarer Weise angedeutet, dass durch den Hals sowohl Flüssigkeiten ein- als auch ausgegossen werden (Fig. 35).

3. Blattreihungen können ferner ein Belastetsein ausdrücken.

Soll ein Blatt ein Belastetsein ausdrücken, dann werde ich mir den Vorgang im Geiste folgendermassen vorstellen können: ich denke mir das Blatt der Natur thatsächlich belastet und beobachte nun, welche Wirkung dies auf die Form ausüben wird, wobei ich voraussetzen muss, dass das Blatt mit überschüssiger Kraft die Last zu tragen vermag; denn soviel steht fest, wenn ich mir in den Bauteilen Kräfte thätig denke, dann kann ich dieselben nur so darstellen, dass sie mit Leichtigkeit die ihnen übertragene Aufgabe zu erfüllen vermögen, aber nicht etwa unter der Last zusammenbrechen; ein derartiges Symbol wäre ein stilistischer Unsinn. Ausserdem aber wird der feinere Kunstsinn verlangen, dass ich die Wirkung, die eine thatsächliche Last auf ein Blatt der Natur ausüben wird, in der Kunstform nur andeute und nicht in seiner materiellen Wirklichkeit darzustellen suche. Die Wirkung nun, die eine Last auf ein Blatt ausüben wird, wird die sein, dass dasselbe seine Spitze tief nach abwärts neigt, und zwar umsomehr, je grösser die gedachte Last ist. Die Griechen nennen ein so gebogenes Blatt eine Blattwelle, ein Kymation oder ein Kyma, und unterscheiden mehrere Arten davon.

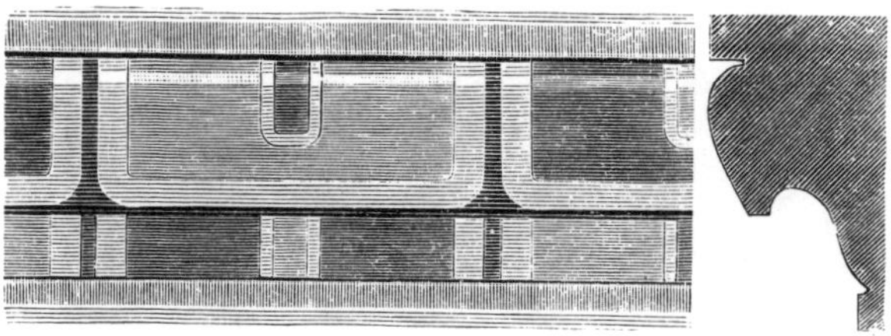

Fig. 36. *Dorisches Kymation.*

a) Das dorische Kymation, das sich ausschliesslich bloss beim dorischen Stile und insbesondere beim dorischen Antenkapitäl vorfindet. Hier erscheint das Blatt durch die geringere Last nur zur Hälfte herabgeneigt, nachdem, antiker Auffassung zufolge, die Ante, als der Wand angehörig, der Idee nach weniger belastet erscheint, als die Säule (Fig. 36). Das dorische Kymation besteht aus einer Nebeneinanderstellung gleichartiger Blätter, die in hohem Grade stilisiert erscheinen. Die Blätter besitzen in der Natur kein Vorbild, sie erscheinen nicht plastisch eingearbeitet, sondern auf die Allgemeinform gemalt; dabei ist die Farbengebung absichtlich im Gegensatze zu den Naturfarben gehalten und besteht namentlich in einem abwechselnden

Auftragen von roter und blauer Farbe, in der in der Einleitung bereits erwähnten Weise. (Vergl. Fig. 25.)

b) Das Kyma des Echinus. Hier ist die gedachte Last eine so grosse, dass sich die Spitze des Blattes bis zu dessen Wurzeln herabneigt. Dieses Kymation findet seine vorzüglichste Anwendung bei dem Echinus des dorischen Säulenkapitäls, und ist hier wiederum die griechische Auffassung charakteristisch, welche die Säule als das am meisten struktiv thätige Glied des ganzen Tempelbaues auffasst, weshalb auch das Symbol des Belastetseins, das

Fig. 37. *Echinus-Kymation.*

Kymation, seine Blattspitze möglichst tief herabneigen muss. (Vergl. Fig. 4.)

Das Blatt des Echinuskymations ist ein anderes als das des dorischen; es ist ein zugespitztes und tritt ausserdem noch in Gesellschaft eines zweiten noch spitzigeren Blattes auf, so dass hier nicht eine einfache Reihung, sondern eine alternierende Reihung entsteht. Auch dieses Kyma erscheint zumeist bloss aufgemalt und dann ganz in derselben Weise wie das dorische Kymation. Ausserdem kommen auch rundlich gemalte Blätter vor, die mit anderen Formen abwechseln, wie oben in Fig. 37.

Es findet das Echinuskyma aber auch eine plastische Ausbildung und zwar im jonischen und korintischen Stile;

dann sind es eiförmig gestaltete Blätter, die mit spitzen, lanzetförmigen abwechseln, und das so gebildete Kyma heisst *„Eierstab“* (Fig. 38). Es ist demnach der Eierstab ebenfalls als ein Blattüberfall zu betrachten und hat von dem Ei nur die eiförmige Gestalt seiner Blätter geborgt,

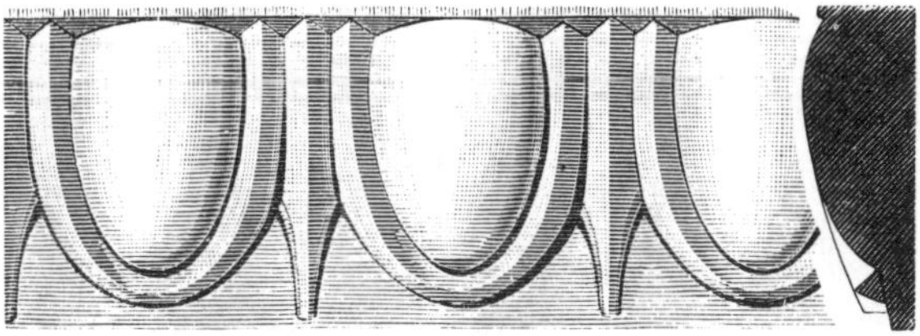

Fig. 38. *Eierstab.*

ohne sonst etwas damit zu thun zu haben. Der Eierstab zeichnet sich durch scharfe plastische Ausbildung aus und es ist bei der griechischen Form das eiförmige Blatt desselben nicht vollkommen von seiner Umgebung losgetrennt, wie dies bei der römischen Form des Eierstabes der Fall ist.

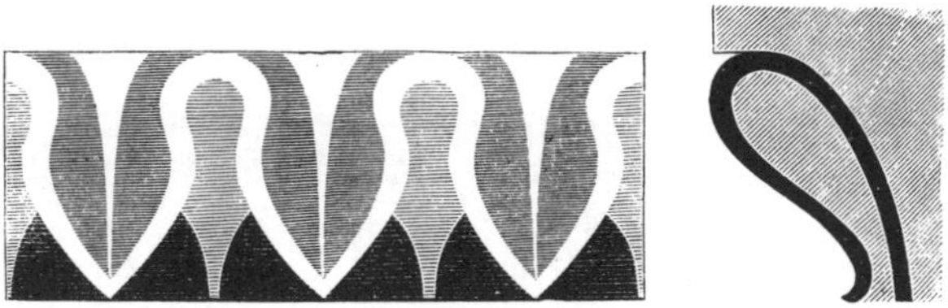

Fig. 39. *Gemaltes lesbisches Kymation.*

c) Das Lesbische Kymation oder Herzblatt. Hier erscheinen die Blätter wie bei dem Echinuskymation ebenfalls stark belastet, sodass sich die Spitzen derselben bis zu den Wurzeln herabneigen; ja sie thun noch mehr und biegen die Spitzen sogar nach auswärts, wodurch das Blatt in einer eigentümlichen elastischen Linie gebogen erscheint. Auch dieses Kymation erhielt seinen Schmuck entweder durch Malerei (Fig. 39) oder wurde plastisch hergestellt (Fig. 40).

Diese Form kommt fast ausschliesslich bei jonischen und korintischen Bauten vor, selten bei dorischen. Auch das Herzblatt besteht aus zwei Arten von Blättern:

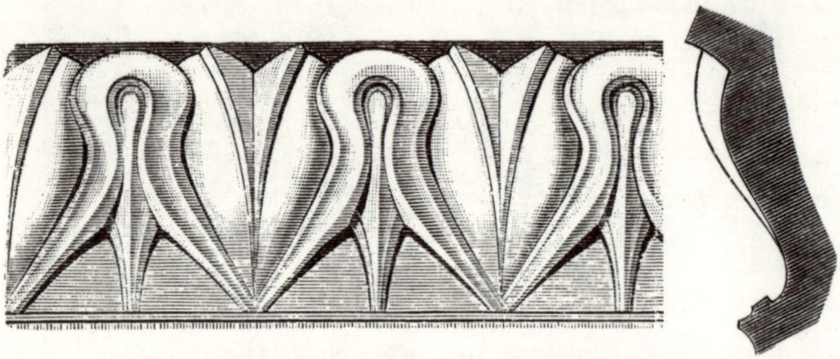

Fig. 40. *Plastisches lesbisches Kymation.*

aus breiten herzförmigen und schmalen lanzetförmigen, die so angeordnet sind, dass die Lücken, welche die eine Blattreihe erzeugt, durch die Blätter der anderen zum Teile ausgefüllt werden. Dabei erscheinen aber die herzförmigen Blätter nicht von einander getrennt, wie beim

Fig. 41. *Variation des lesbischen Kymations.*

Eierstab, sondern es geht ein Blatt in das andere über, eine Art Öse bildend, in welche sich dann das lanzetförmige Blatt einlegt. Während die beiden vorhergehenden Kymatien in konventioneller Weise stets dieselben Blätter aufweisen, mit wenig Variationen, zeigt das Herzblatt in seinen Blattarten weit mehr Abwechslung und wird sowohl das Herzblatt als auch das lanzetförmige Blatt verschiedenartig gebildet (Fig. 41).

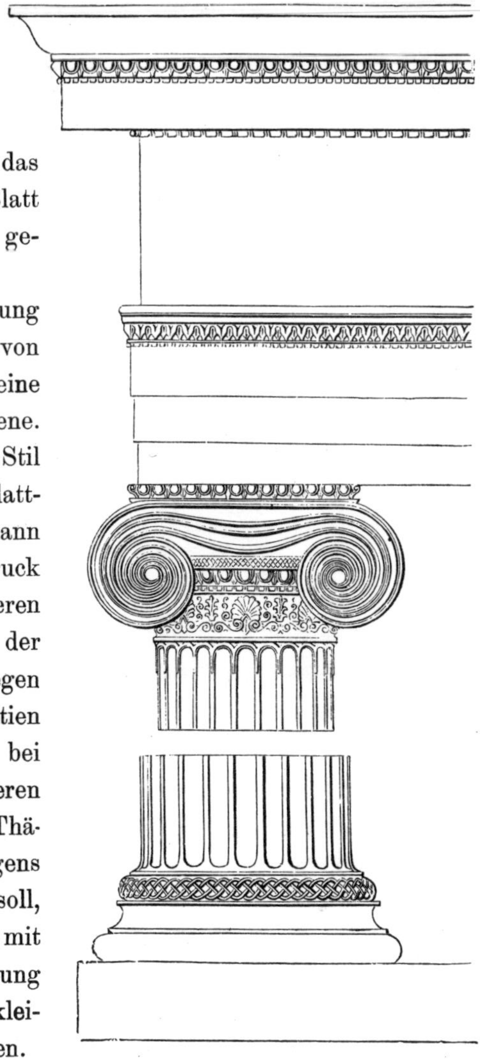

Fig. 42. *Attisch-jonische Ordnung.*

Die Anwendung der drei Arten von Kymatien ist eine sehr verschiedene. Der dorische Stil wendet die Blattwellen selten an, dann aber mit Nachdruck und in grösseren Dimensionen; der jonische Stil dagegen gebraucht Kymatien sehr häufig, fast bei jedem wichtigeren Baugliede, wo die Thätigkeit des Tragens angezeigt werden soll, dagegen aber mit geringerer Betonung und zumeist in kleineren Dimensionen.

Das dorische Kymation kommt hauptsächlich am dorischen Anten-Kapitäl vor.

Das Echinuskymation findet sich beim dorischen Tempel als Hauptglied des Säulenkapitäles und in kleinen Dimensionen in der Balkendecke; der jonische Stil verwendet dieses Kymation in grösseren Dimensionen namentlich als Eierstab im jonischen Säulenkapitäl und in kleineren Dimensionen an zahlreichen anderen Orten.

Das Lesbische Kymation wird im jonischen Stile sehr häufig angewendet und gilt als gleichwertig mit dem Echinuskymation, so dass es zumeist gleichgiltig ist, ob das eine oder das andere angewendet wird. Wir sehen eines dieser beiden Kymatien in kleineren Dimensionen über dem Säulenkapitäl, über dem Architrav, über dem Fries und über der Hängeplatte der jonischen Tempelformen (Fig. 42). Das jonische Antenkapitäl aber besteht sogar aus einem Lesbischen und einem Echinus-Kymation über einander; die kleinen Dimensionen derselben aber lassen es der Idee nach als schwächer belastet erscheinen als das Säulenkapitäl (Fig. 43).

Fig. 43. *Jonisches Antenkapitäl.*
Vom Erechtheion.

4. Blattreihungen treten zuweilen an struktiven Baugliedern als reine Dekoration auf.

Dazu gehören insbesondere die Blätter des korintischen Kapitäles, es ist dies aber auch eine Bauform, die von den Griechen erst in der Spätzeit ihrer künstlerischen

Fig. 44. *Kapitäl vom Tempel des Apollo Didymaeos bei Milet.*

Entwicklung angewendet wurde. Das Charakteristische dieser Blätter ist ihre vollkommene struktive Unthätigkeit (Fig. 44). Eine Ausnahme machen die schilfartigen Blätter des Kapitäles vom Thurm der Winde in Athen. Diese schicken sich in der That an, wenn auch in mehr spielender Weise, den runden Abakus emporzuhalten (Fig. 45). Die untere Blattreihe dagegen hat ebenfalls keine struktive

Funktion mehr und ist wiederum als reine Dekoration aufzufassen. Im Prinzipe erinnert das korinthische Kapitäl sehr an das offene Lotosblumenkapitäl Ägyptens, nur in eminent plastischer Durchführung; es erscheint bei beiden ein halbverdeckter Kern, welcher trägt, während die äussere Blattreihe maskierend vorsteht und nur schmückt.

Fig. 45. *Kapitäl vom Thurm der Winde.*

Das Akantusblatt nimmt aber in der Ornamentik eine so hervorragende Stellung ein, dass es notwendig sein wird, dasselbe ein wenig näher zu besprechen und scheint es in der That Griechenland zu sein, welches diese Pflanze in die Kunstwelt eingeführt hat. Es ist dies in der Ornamentik als ein hochwichtiges Ereignis zu bezeichnen, denn von nun an spielt das Akantusblatt eine mehr oder weniger bedeutende Rolle in den Stilbildungen aller nachfolgenden Völker; zugleich war es aber auch das erste Mal, dass die griechische Kunst eine spezielle Pflanzengattung in grösserer Ausdehnung zu stilisieren begann; denn

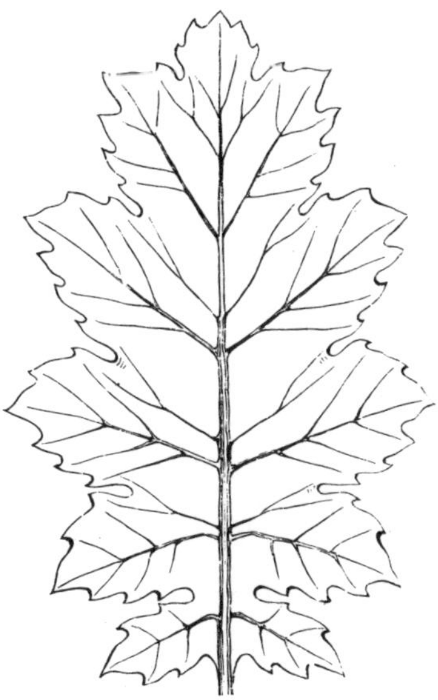

Fig. 46. *Akantus mollis.*

Fig. 47. *Akantus spinosus.*

alle bisher kennen gelernten ornamentalen griechischen Pflanzenformen nähern sich nur wenig bestimmten in der Natur vorkommenden Spezies an.

Die Akantusstaude wächst in südlichen Gegenden wild und werden namentlich zwei Arten unterschieden: zunächst der Akantus mollis (Fig. 46) mit breiten, stumpfen Blattspitzen, und der Akantus spinosus mit spitzen, in

Dornen auslaufenden Blattenden (Fig. 47).* Das griechische Formengefühl ging auch in der Stilisierung dieser Pflanze mit grosser Strenge vor und erhielt das Blatt eine charakteristische, scharfe und einfache Gestalt (Fig. 48), die sich wesentlich von dem natürlichen Blatte unterscheidet. Während die Rippen der einzelnen Blätter in der Natur sich in der

Fig. 48. *Akantusblatt in griechischer Stilisierung.*

Mittelrippe des Hauptblattes vereinen, laufen in der griechischen Stilisierung die Rippen der einzelnen Blätter, sowie die Mittelrippe stumpf auf die oberste Abgrenzung des Säulenschaftes auf. Ausserdem ist das Blatt streng symmetrisch gebildet, die oberste Blattspitze überneigt sich ein

* Vergleiche den Aufsatz von Prof. Const. Uhde über das Akantusblatt in der „Gewerbehalle“, 1871, Nr. 6 und 7.

wenig, sonst ruht kein Blattteil auf dem anderen, jede Blattzacke hat eine scharfgeschnittene Rippe und wird dadurch in zwei Flächen geteilt, die sich Ebenen nähern und gegen die Blattwurzel in eine Linie verlieren. Die eigentlichen Zacken der Umrisslinien sind klein und stumpf und stehen zu einander in einem Winkel, der um weniges spitzer ist, als ein rechter; ausserdem bilden die einzelnen Blätter in ihrer Vereinigung Ösen, welche in ihrer Verlängerung denselben Verlauf nehmen, wie die einzelnen Blattrippen und einen rund geformten Querschnitt aufweisen.

II. Die Ranke in Verbindung mit dem Blatt.

Während das Blatt in der Blattreihung angeordnet, zumeist im innigsten Zusammenhange mit der streng struktiven Behandlung der architektonischen Glieder stand, nimmt die Ranke in Verbindung mit dem Blatte eine weit selbständigere Stellung ein und löst sich oft so weit von dem struktiven Zusammenhange, dass es sich dem neutralen Ornamente nähert.

Die formelle Erscheinung der Ranke ist aber sehr verschieden, je nachdem dieselbe gemalt erscheint oder plastisch gebildet ist. Die *gemalte Ranke* hat mit dem Pflanzengebilde der Natur fast nichts gemein, sie nimmt eine ganz konventionelle Gestalt an und geht am häufigsten in eine regelmässige Spirale über oder bewegt sich wenigstens in symmetrisch wiederkehrenden Kurven, immer mehr oder weniger in abstrakter Auffassung und findet sich am häufigsten in Verbindung mit der Palmette und der Lotosblume, mit welcher sie aber eine materielle Berührung nicht einzugehen pflegt. *Die plastisch gebildete Ranke,* wenn auch streng stilisiert, zeigt zum mindesten stets eine organische Verbindung mit den übrigen Teilen. Die in Griechenland angewendete Ranke ist von kräftiger, derber Bildung, scharf geschnitten und hat zumeist eine Mittel-

Fig. 49. *Kapitäl vom Tempel des Apollo Didymaeos bei Milet.*

rippe aufzuweisen, die durch die schiefe Neigung ihrer Flächen entsteht. Sie wird häufig auch Akantusranke genannt, allerdings mit wenig Recht, denn der natürliche Akantus treibt keine Ranken, sie ist demnach mehr oder weniger ein Produkt der griechischen Phantasie. Ebensowenig an die Formen der Natur erinnernd sind etwa die noch vorkommenden Ranken gewisser Doldengewächse, des Weines und der Distel, welche übrigens äusserst selten als struktives Ornament auftreten.

Die Ranke kann verschiedene Funktionen andeuten, die wichtigsten werden sein:

1. Die Ranke tritt als selbständiges struktives Glied auf und übernimmt die Aufgabe des Stützens.

In dieser Eigenschaft findet die Ranke namentlich beim korintischen Kapitäl häufige Anwendung. Kräftige Stengel durchbrechen an vier Punkten die Akantusblattreihe und teilen sich; ein kräftigerer Zweig verbindet sich mit der nachbarlichen Ranke zu einer kleinen Volute, um die Ecken des Abakus zu stützen, während ein schwächerer Zweig sich gegen die Mitte des Kapitäles zu wendet, um hier, ebenfalls mit dem Nachbarzweig in Verbindung, eine zierliche Palmette oder Blume emporzuhalten. (Fig. 49.)

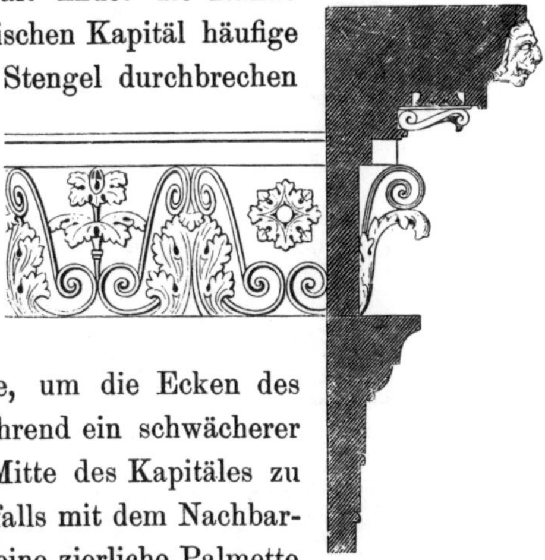

Fig. 50. *Gebälke vom Zeus-Tempel zu Aïzani.*

Die Funktion des Stützens des Abakus, der uns hier die Last symbolisiert, ist auch nicht sehr ernst gemeint angedeutet, die Art und Weise aber wie die Ranke ihre struktive Aufgabe löst, ist geistreich und schön, und ist die überaus elegante Volute auch noch in späterer Zeit häufig in ähnlichem Sinne angewendet worden. An dieser Stelle sei uns gestattet auf ein Monument hinzuweisen, an welchem die Ranke ihre Thätigkeit erweitert und es sogar unternimmt vom Fries aus die Hängeplatte zu unterstützen, eine Funktion, die nur ausnahmsweise vorkommt, aber deshalb dennoch von Interesse ist, weil es die Vielseitigkeit griechischer Formen darthut, welche zuweilen bezweifelt wird; das besprochene Monument aber ist der Zeus-Tempel zu Aïzani. (Fig. 50.)

Fig. 51. *Bandornament ohne Mittelrippe.*

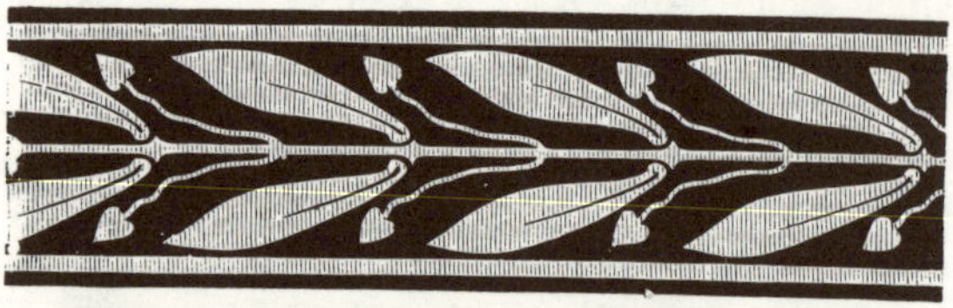

Fig. 52. *Bandornament mit gerader Mittelrippe.*

Fig 53. *Bandornament mit wellenförmig gebogener Mittelrippe.*

2. Die Ranke verbindet sich mit dem Blatte, um zwei getrennte Teile zu verbinden, sie erfüllt somit die Funktionen des Bandes.

In diesem Falle muss das Ornament so beschaffen sein, dass die Richtung der Blätter und die Bewegung des Rankenwerkes bald auf den einen, bald auf den andern, der durch das Band zu verbindenden Teile gerichtet ist. Diese Aufgabe zu erfüllen, eignen sich Pflanzenformen sehr wohl, immer aber wird das Band ein mehr leichtes sein. Wir werden unterscheiden müssen: 1) Das Band-

Fig. 54. *Rankenornament mit schneckenförmigen Einrollungen.*

ornament ohne Mittelrippe, das nicht sehr häufig vorkommt (Fig. 51). 2) Das vegetabilische Bandornament mit gerader, starrer Mittelrippe, von welcher die Blätter

Fig. 55. *Bandornament mit Palmetten und Lotosblumen.*

nach rechts und links auslaufen, und dadurch ein Binden andeuten. Hier ist der Begriff des Bindens mässig betont. Das Ornament kommt entweder gemalt (Fig. 52) oder plastisch gebildet vor. 3) Das Pflanzenbandornament mit wellenförmig gebogener Mittelrippe (Fig. 53), bei welcher sich die Blätter ausfüllend in die Lücken legen; hier ist das Binden schon weit kräftiger ausgedrückt. 4) Das vegetabilische Bandornament mit schneckenförmigen Einrollungen der einzelnen Rankenelemente (Fig. 54), in Verbindung mit mehr oder weniger Blattwerk; hier ist die Wechselwirkung zwischen den zu verbindenden Teilen am energischesten ausgedrückt. Schliesslich: 5) Ein vielfach eingerolltes Rankenwerk mit Palmetten und anderen Blattelementen, ein oft sehr kompliziertes System ohne Mittelrippe, aber stets mit einem Hinweis nach oben und unten oder rechts und links (Fig. 55). Das hier vorliegende Beispiel zeigt die strenge Stilisierung des gemalten Rankenornamentes; die Ranke der Natur verschwindet und geht über in ein vielfach verschlungenes Linienornament. Alle diese Rankenornamente finden sich selten an der griechischen monumentalen Architektur vor, dagegen desto häufiger an hellenischer Kleinkunst und insbesondere an Gefässen. Hiebei ist zugleich eine grosse Mannigfaltigkeit der Ornamente zu verzeichnen.

3. Die Ranke verbindet sich mit dem Blatt, um eine Bekrönung auszudrücken.

Hieher gehören jene Ornamente, die wir bei Besprechung des Blattes bereits kennen gelernt haben, so namentlich das Anthemienornament der Sima, zumeist bestehend aus Palmetten und Lotosblumen, die durch eingerolltes Rankenwerk mit einander verbunden werden; sie dienen wesentlich dazu, um die bekrönende Funktion der Sima zu veranschaulichen.

Fast das gleiche Ornament findet sich an dem Halse der Säule, der Ante und Wand des attisch-jonischen Stiles, hier allerdings in der Auffassung eines neutralen Ornamentes. Es ist wie ein Halsband, das den Hals einer weiblichen Schönheit zu schmücken hat, nur dass die einzelnen Elemente beim Säulenhals ihre aufrechte Stellung nicht aufgeben dürfen (Fig. 56), während beim Halsbande die einzelnen Teile als Behang nach abwärts gerichtet sein müssen.

Fig. 56. *Jonisches Antenkapitäl.*
Vom Erechtheion.

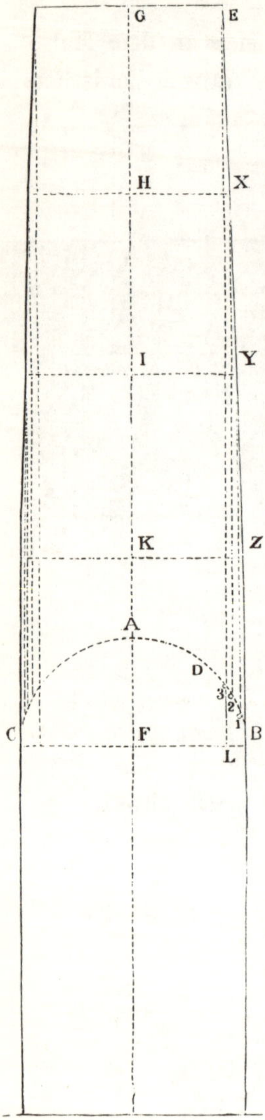

Fig. 57. *Griechischer Säulenschaft mit Verjüngung und Entasis.*

III. Der Stamm oder Stengel der Pflanzen.

Schon in der ägyptischen Architektur gab man dem Säulenschafte, namentlich in den älteren Beispielen, gerne die Gestalt eines Bündels von Pflanzenstengeln, wodurch derselbe eine Gliederung erhielt.

Eine ähnliche Entstehung musste auch der griechische Säulenschaft aufzuweisen haben. Der fein fühlende Grieche konnte aber seine Aufgabe nicht in der derb materiellen Weise des Ägypters lösen, er entfernte sich weit mehr von der Natur und schuf eine Form, die nur annähernd eine Ähnlichkeit mit Pflanzengebilden aufzuweisen hat. Vielleicht diente ihm als Vorbild der Stengel einiger stark gefurchter Doldengewächse; so viel stand fest: der griechische Säulenschaft durfte weder glatt bleiben, noch konnte er die reine zilindrische Gestalt annehmen; das feine Kunstgefühl der Griechen verlangte zunächst eine Gliederung, eine Teilung der monotonen Einheit in eine struktiv thätige Vielheit. Diese konnte aber nur in der Richtung der wirkend gedachten

Kräfte erfolgen, d. h. parallel mit der Säulenachse, weshalb auch die Furchen des Schaftes diese Richtung nehmen mussten; es durfte aber der Säulenschaft, sollte er eine struktive Thätigkeit, ein individuelles Leben andeuten, auch durchaus nicht rein zilindrisch sein, aus diesem Grunde erhielt er zunächst eine Verjüngung und überdies noch eine leise Anschwellung (Entasis) (Fig. 57).

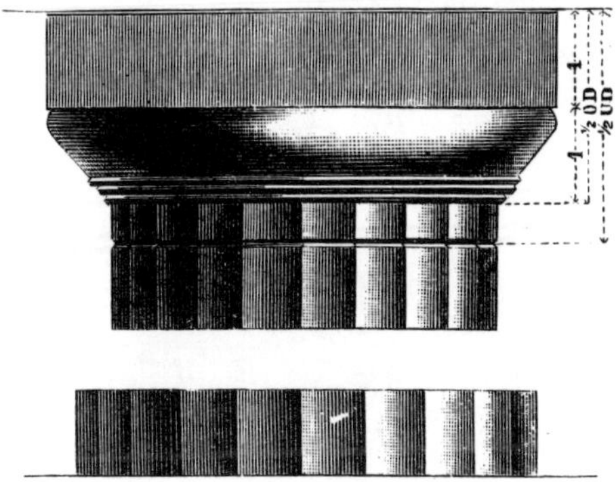

Die beiden prinzipiell verschiedenen Hauptrichtungen griechischer Baukunst, die dorische und die jonische, zeigen sehr abweichende Gliederungen des Säulenschaftes.

Fig. 58.
Kannelur des dorischen Säulenschaftes.

Die Rinnen (Kannelur) des dorischen Schaftes charakterisieren sich im Querschnitt als Kreissegmente oder Ellipsen, die in einer scharfen Kante aneinanderstossen (Fig. 58), während im Aufriss die einzelnen Kanneluren

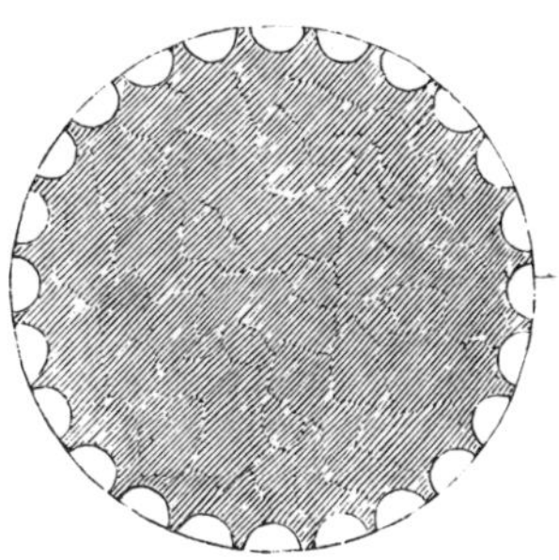

Fig. 59. *Durchschnitt des jonischen Säulenschaftes.*

weder nach oben noch nach unten eine besondere Endigung aufzuweisen haben. Die Rinnen des jonischen Säulenschaftes sind dagegen tief ausgehöhlt in Form einer Ellipse oder eines Halbkreises und lassen zwischen sich einen Steg stehen (Fig. 59). Im Aufriss zeigt jede einzelne Kan-

Fig. 60. *Attisch-jonische Ordnung.*

nelur sowohl nach oben als nach unten eine Endigung in Form einer kleinen Nische (Fig. 60).

Der korintische Stil schliesst sich in der Gliederung seines Säulenschaftes im allgemeinen dem jonischen Stile an, bloss ausnahmsweise endigen die Kanneluren auch nach oben zu in Form von kleinen Blättern, so namentlich bei den

Säulen des berühmten Lysikratesmonumentes (Fig. 61).

Zu bemerken ist ferner, dass die griechische Säule, als eminent struktiv thätiger Bauteil, stets kanneliert erscheint, während hingegen die Ante und der griechische Wandpfeiler stets unkannelirt vorkommen, und zwar deshalb, weil nach griechischer Anschauung bei den beiden letzteren als der Wand angehörig, ein Hervorheben und Veranschaulichen einer struktiven Thätigkeit nicht zulässig erscheint.

Fig. 61. *Säule vom Lysikratesmonument in Athen.*

Rom.

Die gesamte griechische Architektur wurde zwar ein Erbteil Roms; es erschien aber die römische Kunst noch durch viele andere Faktoren beeinflusst, so dass sie durchaus nicht als eine einfache Weiterbildung der griechischen aufgefasst werden darf. Anders verhält es sich dagegen mit dem ornamentalen Teil, bei welchem sich ein direktes Abhängigkeitsverhältnis vom griechischen nicht leugnen lässt. Allerdings wurden griechische Formen in der römischen dekorativen Kunst mit den verwandten, dem Lande eigentümlichen, gemischt und in ihrer Weise umgebildet; doch war das Resultat kein wesentlich verschiedenes und blieb der Einfluss Griechenlands in Kunstsachen, so lange es bestand, stets tonangebend.

Die charakteristischen Eigentümlichkeiten der struktiven Ornamente beider Länder werden sich folgendermassen ausdrücken lassen: *Das griechische Ornament will in klarer und deutlicher Weise die Funktionen des zu ornamentierenden Baugliedes durch ihre Formgebung andeuten, — das römische nimmt zum grossen Teile die griechischen Ornamente als Vorbild und arbeitet sie in der Weise um, dass es die Allgemeinform derselben möglichst vereinfacht und die Hauptwirkung durch plastischen Schmuck zu erreichen sucht.* Als treffendes Beispiel mag das Echinuskymation hier angeführt werden, das in Griechenland in einer eigentümlichen Kurve gebildet erschien (Fig. 38), während es in Rom durch einen Viertelkreis viel einfacher hergestellt wird (Fig. 62); dagegen ist die plastische Ausstattung desselben zumeist eine weit reichere.

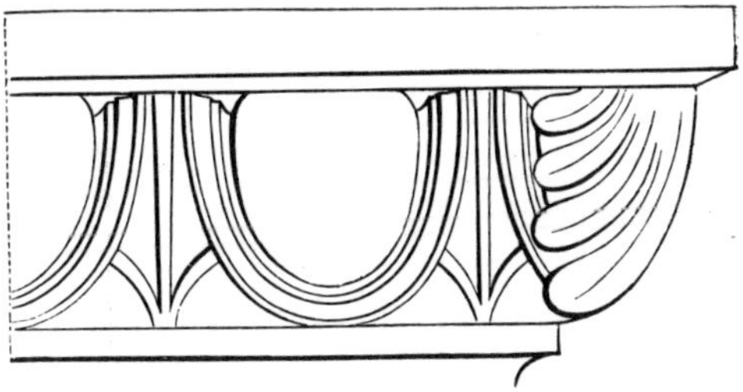

Fig. 62. *Römischer Eierstab.*

Während in Griechenland eine weise Mässigung in der Anbringung des Ornamentes herrschte, werden in Rom nicht selten sämtliche Bauglieder, namentlich des Gebälkes, die Hängeplatte nicht ausgenommen, mit reichen plastischen Ornamenten verziert.

Fig. 63. *Vom Tempel der Fortuna virilis in Rom.*

Während in Griechenland die die einzelnen Bauteile verbindenden Glieder, entsprechend ihrer Bedeutung, von verhältnismässig kleinen Dimensionen sind, erscheinen dieselben Bauglieder, insbesondere bei den, dem Lande eigentümlichen Bauten, zuweilen von unverhältnismässiger Grösse, so am Tempel der Fortuna virilis, wo das bekrönende Lesbische Kymation des Architraves weit grösser ist, als eine Zone des dreigeteilten Architraves (Fig. 63).

I. Die Reihung von Blättern.

Das an seinem Stielende abgeschnittene und in der Reihung verwendete Blatt wird im Römischen im allgemeinen ganz in derselben Weise angewendet wie im Griechischen; nichtsdestoweniger hat jede einzelne Form eine ziemlich charakteristische Umgestaltung durchzumachen gehabt, die nun Gegenstand einer nähern Besprechung sein soll.

Fig. 64. *Römische Karniesform.*

1. Die Karniesform. Hier ist das Profil an seiner Spitze weiter ausladend und bauchiger, das Blattornament derb plastisch (Fig. 64), teils gebildet durch Reihung von verschiedenen Blättern, teils durch plastische Blattgebilde, die zumeist durch Rankenwerk verbunden erscheinen, wobei häufig die Bedeutung der einfachen Bekrönung soweit verloren geht, dass die einzelnen Elemente abwechselnd nach oben oder unten gerichtet sind (Fig. 70).

Die mit den Blattspitzen nach abwärts gerichtete Karniesform, welche eine Endigung nach unten auszudrücken hat, findet sich zumeist beim römischen Säulenpostamente oder bei den sogenannten Attiken als fussbildendes Glied vor, häufig mit einem plastischen Blattschema geschmückt oder auch glatt (Fig. 65).

2. Das Echinuskymation nimmt im römischen Stile eine ganz andere Profillinie an, es ist, wie bereits erwähnt, nicht mehr die schöne, elastische Linie des griechischen Echinus, sondern ganz einfach in der Form eines Viertelkreises gebildet und fast stets mit einem plastischen Eierstabornament verziert, welches auch hier eine ganz eigenartige Umgestaltung erfährt. Es sind nämlich die ovalen Blätter dem Ei weit ähnlicher gebildet, plastisch und von der nächsten Umgebung durch tiefe Einschnitte vollkommen getrennt, während die zwischenliegenden schmalen Blätter ebenfalls tief plastisch eingeschnitten sind und zumeist die Form von Pfeilspitzen annehmen, wodurch der ursprüngliche Gedanke der umgelegten Blätter gänzlich verloren geht (Fig. 62).

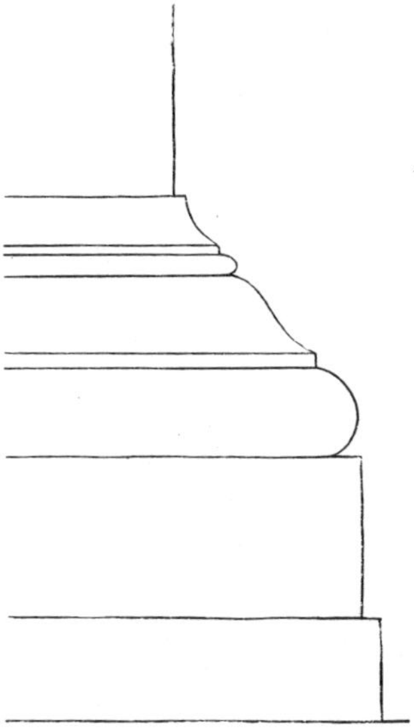

Fig. 65. *Fuss eines römischen Säulenpostamentes.*

Das dorische Kymation kömmt im römischen Stile nicht mehr vor.

3. Das lesbische Kymation wird in der römischen Baukunst mit grosser Vorliebe angewendet und in das Derbplastische übersetzt. Es lassen sich mehrere Arten unterscheiden; zunächst eines, das dem griechischen Herzblatt sehr nachgebildet erscheint und sich nicht wesentlich von demselben unterscheidet; dann aber eine Art, welche bloss die allgemeine Umrisslinie desselben in stengelartigen Gebilden umzieht und innerhalb derselben verschiedene Blattarten abwechselnd nach oben und unten gerichtet in sich aufnimmt. In dieser Form ist der eigentliche Grundgedanke des Herzblattes vollständig verwischt, die in dieser neuen Art des lesbischen Kymation angewendeten Blattformen sind sehr mannigfaltig. Sehr häufig kommt auch eine Ornamentierung mit akantusähnlichen und anderen Blättern vor (Fig. 66).

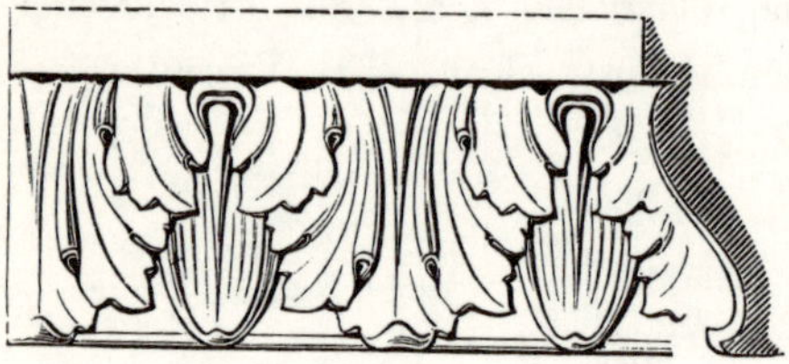

Fig. 66. *Römisches Ornament des lesbischen Kymations.*

4. Das Akantusblatt in seiner rein dekorativen Anwendung im römisch-korintischen Kapitäl. Im römischen Stil wird das Akantusblatt im allgemeinen in derselben Weise aufgefasst wie im griechischen, eine struktive Thätigkeit wird auch hier nicht symbolisiert, und wo etwa eine Andeutung davon vorkommt, ist sie nur spielend dekorativ dargestellt. Dagegen ist der Unterschied der Behandlung des Akantusblattes in beiden Stilen ein prinzipiell verschiedener.

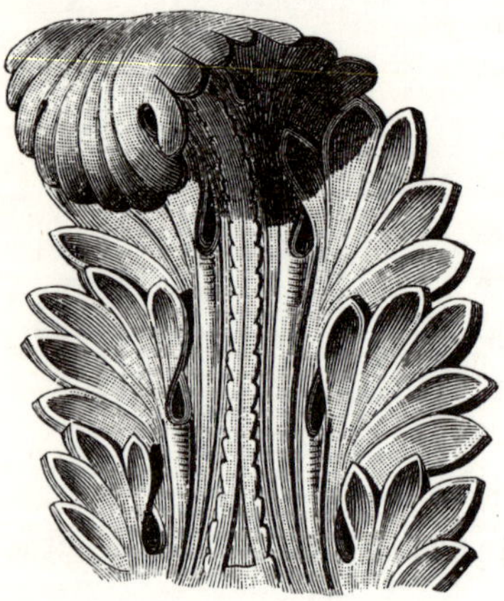

Fig. 67. *Olivenblattartiger Akantus.*

Die römische Baukunst unterscheidet drei Arten von Akantusblättern, und zwar:

a) Der olivenblattartige Akantus (Fig. 67). Dieser findet sich am häufigsten angewendet. Die einzelnen Blattspitzen verlängern sich und nehmen eine Form an, die dem Olivenblatt ähnlich ist. Die Hauptrippen werden durch sehr tiefe Einschnitte charakterisiert; die einzelnen Blattzacken erhalten nicht wie beim griechischen, eine Mittelrippe, von welcher sich die Blattflächen in zwei geneigten Ebenen verlaufen, sondern sind durch gar keine Mittelrippe gekennzeichnet und nehmen eine länglich zugespitzte, mehr löffelförmige Gestalt an. Die langen Blätter der einzelnen Partien legen sich teilweise über die über denselben stehenden, und so wird ein schönes dekoratives Blatt gebildet, das sich durch Plastik und Eleganz der Form auszeichnet. Diese Art findet sich hauptsächlich vor zur Zeit des Augustus bis zum Ende des II. Jahrhunderts n. Chr.

Fig. 68. *Das kleingezackte Akantusblatt.*

b) Das kleingezackte Akantusblatt (Fig. 68) ist im allgemeinen dem olivenblattartigen sehr ähnlich, nur weist dasselbe statt der längern olivenblattartigen Endigungen der

Blätter kleinere und abgerundetere Auszackungen derselben auf. Die Bewegung des Blattes ist eine viel freiere und dem in der Natur vorkommenden Akantus weit ähnlicher. Dieser Akantus kommt namentlich in der römischen

Fig. 69. *Kapitäl vom Tempel der Vesta mit krautblatt-artigem Akantus.*

Spätzeit vor und diente dem in der Renaissancezeit üblichen Akantusblatte als Vorbild.

c) Der krautblattartige Akantus (Fig. 69). Dieser schliesst sich dem vorigen wohl auch in der Gesamtform an, zeichnet sich aber durch eine eigentümliche, zerknitterte, krautblattartige Bildung aus; er ist der Frühzeit römischer

Baukunst angehörig und findet sich am charakteristischsten am Tempel der Vesta zu Tivoli vor.

II. Die Ranke in Verbindung mit dem Blatte.

Als struktives Ornament spielt die Ranke in Verbindung mit dem Blatte in Rom ebensowenig wie in Griechenland eine hervorragende Rolle; dennoch aber zeigen sich nicht unwesentliche Unterschiede in ihrer Behandlung und

Fig. 70. *Römische Ornamentierung einer Sima oder eines Kymation.*

Anwendung; so wird sich namentlich hervorheben lassen, dass wenn auch das römische Rankenornament nicht die einfache Klarheit der griechischen Form erreicht, es sich dafür wieder durch eine weit grössere Mannigfaltigkeit und durch grössern Ideenreichtum der Erscheinung auszeichnet. Die Palmetten und der Lotoskelch kommen jetzt äusserst selten vor und dann in sehr veränderter Gestalt; am häufigsten findet sich das Akantusblatt und diesem ähnliche Blattbildungen vor, welche in üppiger, plastischer Weise durch Pflanzengeranke verbunden werden, welches ebenfalls an geeigneten Orten akantusähnliche Blätter spriessen lässt oder sich zu kleinen Rosetten zusammenrollt, aus deren Mitte sich häufig wieder pflanzenkelchartige Formen entwickeln mit neuen Trieben, welche in ungezwungener Weise die noch leeren Stellen ausfüllen. Diese Art der Behandlung entspricht vollkommen dem freien Ornamente, wenn auch der Ort ein struktives Bauglied ist. Derartige Ornamente findet man

Fig. 71. *Römisch-korintisches Kapitäl.*

zumeist an der Sima, häufig aber auch an dem lesbischen Kymation, wenn es grösser gebildet wird. Überhaupt muss hier bemerkt werden, dass der römische Stil keine strenge Unterscheidung zwischen der Ornamentierung des Karnieses und des Kymations macht (Fig. 70), und wird nicht selten in Rom dort ein Karnies angewendet, wo in

Griechenland jedenfalls nur ein Kymation angewendet worden wäre.

Bandartiges plastisches Pflanzengeranke kommt an römischen struktiven Baugliedern selten vor, häufiger findet

Fig. 72. *Römisches Composita-Kapitäl.*

es sich in der Malerei und als Ornament an Gefässen und erfährt dann eine ähnliche Behandlung wie in Griechenland.

Beim römisch-korintischen Kapitäl (Fig. 71) wird die Ranke in derselben Weise benutzt wie bei ihrer griechischen Schwesterform, und zwar ebenfalls dazu, um den Abakus in leichter, zierlicher Weise emporzuhalten; dagegen wird aus diesem mehr spielend dekorativen Motiv in dem sogenannten *römischen Composita-Kapitäl* (Fig. 72) ein weit ernster zu nehmendes struktives Ornament, das allerdings ein unentschiedenes Mittelding zwischen dem korintischen Pflanzengeranke und dem jonischen Volutenmotiv bildet, welches aber jedenfalls mehr Anspruch machen kann auf dekorativen Reichtum als innere Folgerichtigkeit. Namentlich ist dabei unorganisch, dass die Voluten unvermittelt zumeist aus dem Innern des Kapitäles hervordringen und sogleich ihre struktiven Funktionen übernehmen. An der Seite sowohl, wie an der Stirne sind die Voluten zumeist reich mit Akantusblättern verziert.

III. Der Stamm oder Stengel der Pflanzen.

Als hierhergehörig wäre zu erwähnen die Kannelur des Säulenschaftes, wenn auch ihr wahrscheinliches Vorbild, der gefurchte Stengel einiger Doldengewächse, hier nicht mehr in betracht kommt, — für dorische Säulen wird die dorische, für jonische und korintische Säulen die jonische Kannelierung angewendet, manchmal jedoch mit dem wichtigen Unterschiede, dass ein Drittel der Kanneluren mit eingelegten runden Stäben ausgefüllt erscheinen. Wurde in Griechenland die Kannelur für jede Säule für unerlässlich betrachtet, so findet man in Rom häufig Säulen mit unkanneliertem Schaft, und zwar dann mit vollem Rechte, wenn die Säule aus geadertem, buntfarbigem Marmor hergestellt ist; denn in diesem Falle würde die Kannelur der natürlichen Struktur des Steines nur sehr im Wege sein und keines von beiden zur Geltung gelangen. Während man in Griechenland die Ante und den Wandpfeiler stets unkanneliert liess, da beide der Wand angehörig, ein strammes Anspannen der Kräfte nicht anzudeuten haben, nimmt man in Rom nicht den geringsten Anstand, den Pilasterschaft zu kannelieren.

Das Mittelalter.

Die mittelalterliche Kunst ist von einem ganz andern Geiste inspiriert als das Altertum und sind es wesentlich zwei Momente, die auf das Ornament den grössten Einfluss nahmen: das eine ist die *Verherrlichung der Konstruktion*, welche im Mittelalter eine Ausbildung bis in die äussersten Konsequenzen erfuhr und welche dem ganzen Stil ihren Charakter gab; das zweite Moment ist die *christliche Religion*, welche die gesamte mittelalterliche Kunst ihrem Wesen nach durchdrang. Wenn wir diese beiden Momente ins Auge fassen, wird es natürlich erscheinen, dass das Ornament eine ganz andere Rolle spielen musste, als in der antiken Kunst. Nachdem der Grundgedanke der mittelalterlichen Baukunst in der Durchbildung der Konstruktion liegt, welche Andeutungen vermeidet und bloss mit Thatsachen rechnen will, so ist es leicht erklärlich, dass eine Symbolisierung von Funktionen durch das Ornament im allgemeinen nicht im Geiste dieses Stiles liegen konnte. Als charakteristische Merkmale wird man hervorheben können: *Das Ornament des Mittelalters ist reine Dekoration, fast ohne jede struktiv-symbolische Nebenbedeutung; und ist es insbesondere eine Art von Symbolik, welche eine grössere Ausbildung erfuhr und dies ist die tendenziöse, die sich auf den christlichen Kult bezieht*

Die verschiedenen mittelalterlichen Perioden werden wir in Bezug auf unser Thema folgendermassen kennzeichnen müssen:

Die altchristliche Zeit bekundet ein direktes Anlehnen an römische Ornamentik, die romanische Periode beginnt die römischen Motive umzugestalten und in der gotischen Zeit treten wir einem ganz neuen Stile entgegen, bei welchem sich die antiken Grundformen nicht mehr erkennen lassen.

---

1. Die altchristliche Periode.

In derselben wurden die bedeutendsten ornamentalen Bestandteile der Bauwerke häufig thatsächlich von römischen Monumenten entlehnt, so wurden namentlich viele Säulen, welche die römischen Tempel zierten, zum Baue der altchristlichen Basiliken verwendet; wo das nicht der Fall war, wurden die römischen Vorbilder nachgeahmt, ohne viel neues hinzuzufügen, und das zumeist ziemlich plump und ungeschickt. Namentlich aber war es das römisch-korintische Kapitäl, welches das Feld behauptete.

Dann begann im Abendlande, so namentlich in Ravenna, sich der orientalische Einfluss geltend zu machen, welcher insbesondere von Byzanz kam. Unter den vegetabilischen Formen ist es dort namentlich der Akantus, der die hervorragendste Rolle spielt, und bildet dieses Blatt insbesondere den wesentlichsten Schmuck der Kapitäle.

Der byzantinische Säulenknauf zeigt eine eigenartige Entwicklung und ist es namentlich die Kelchgestalt, welche als gebräuchlichste Kapitälgrundform gilt; zuweilen werden damit ungeschickt angebrachte jonische Voluten oder mannig-

Fig. 73. *Kapitäl aus der Agia Sophia in Konstantinopel.*

faltig gestaltete andere Motive in Verbindung gebracht. Charakteristisch ist eine mässige Plastik der ornamentalen Gebilde, die mehr an Flächendekoration erinnern; so sind die Flächen der Kapitäle zumeist mit Akantusblättern ausgefüllt, aber nicht etwa wie bei dem griechisch-korintischen Kapitäle, sondern mehr wie die Eisblumen, welche bei starkem Frost die Fenster unserer Stuben überziehen (Fig. 73); zugleich aber ist auch der Schnitt des Akantusblattes ein ganz anderer geworden und zwar ungemein scharf und eckig, derselbe zerfällt in kleine Flächen, die fast Ebenen sind und so weit mehr an griechische Akantusbildung, denn an römische (Fig. 74) erinnern.

Fig. 74. *Byzantinisches Akantusblatt.*

Zum richtigen Verständnis der byzantinisch-altchristlichen Architektur muss erwähnt werden, dass ihr Hauptaugenmerk auf Überziehung aller Bau- und Wandteile mit farbiger Mosaik gerichtet war, weshalb auch die Plastik sich dem Flächenornamente näherte.

Die Gesimsbildungen können zwar ihren antiken Ursprung nicht verleugnen, sind aber zumeist stumpf und ausdruckslos wiedergegeben und sind häufig ohne jedes

Verständnis zusammengestellt und angewendet. Als Bekrönung ist die antike Karniesform sehr beliebt und zumeist mit dem trockenen, scharf geschnittenen byzantinischen Akantusblatte verziert. Die Blätter sind nach aufwärts gerichtet und deuten so wie in der Antike eine Endigung nach oben an; diese Form wird über den verschiedenartigsten Baugliedern verwendet, so namentlich über Kapitälen, Portalen, Thüreinfassungen und Umrahmungen von Bögen und an manchen andern Orten (Fig. 75).

Fig. 75. *Von der goldenen Pforte zu Jerusalem.* (De Vogüé.)

Auch die übrigen Gesimsglieder sind zumeist mit mehr oder weniger Verständnis den antiken nachgebildet und zeigen häufig bloss ihre Allgemeinform ohne jedweden plastischen Schmuck.

Die byzantinisch-christliche Architektur übte aber einen grossen Einfluss auf die altchristliche Bauweise des Abendlandes und selbst auf die später eintretende romanische Stilperiode aus.

2. Der Romanische Stil.

Dieser bekundet in seinen Anfängen zunächst ein starkes Anlehnen an römische Formen, und zwar namentlich in Italien und Südfrankreich, während der Norden bald beginnt seinen selbständigen Weg zu gehen. Dies zeigt sich zunächst in der Anwendung eines eigenartigen Säulenknaufes, des sogenannten *Würfelkapitäles.* Dieses nimmt, wie der Name andeutet, die Form

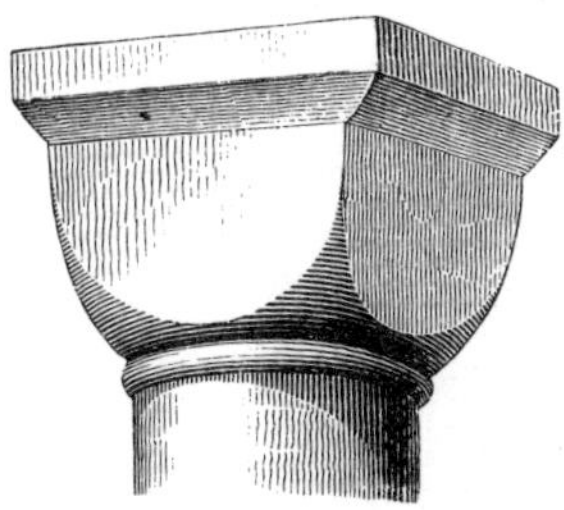

Fig. 76.
Romanisches Würfel-Kapitäl.

Fig. 77.
Romanisches Würfel-Kapitäl mit bandartigem Ornament.

eines Würfels an, der gegen den Schaft zu abgerundet erscheint, so dass sich vier halbkreisförmig geschnittene Teile bilden (Fig. 76). Dieses Kapitäl erscheint zuweilen glatt, ohne Schmuck, häufiger aber erhält es eine Dekoration, die sehr wechselvoll ist (Fig. 77), seltener ist es das vegetabilische Element allein, das den Ton angibt; zumeist ist es eine Vereinigung von vegetabilischen, tierischen und aus den ersten technischen Künsten geschöpften Elementen. Ein bestimmtes Schema ist nicht eingehalten, vielmehr entspringt das Ornament stets aus der oft wunderlichen und naiven Phantasie des Bildhauers, ohne sich viel um bereits bestehendes zu kümmern, und ist das Hauptaugenmerk auf Vielseitigkeit gerichtet, so dass nicht selten eine jede Seite ein und desselben Kapitäles andere Bildungen aufweist.

Fig. 78. *Romanisches kelchförmiges Kapitäl.*
Aus Denkendorf.

Neben dem Würfelkapitäl kommt auch das ***kelchförmige*** (Fig. 78) vor und ausserdem noch Formen, welche zwischen beiden Kapitälarten liegen, oft beide zugleich darstellend, oft sich mehr der einen, oft mehr der andern

Art nähernd. Die Ornamentationsweise ist aber für alle eine ähnliche, wenn auch das kelchförmige Kapitäl mit Vorliebe bloss aus vegetabilischen Elementen gebildet erscheint. Das am häufigsten anzutreffende Blatt des Nordens ist zwar auch der Akantus, nur hat die romanische Art gar nichts mehr vom römischen Akantus an sich, erinnert dagegen sehr an den scharf geschnittenen byzantinischen

Fig. 79. *Romanisches Akantusblatt.*

(Fig. 79). Die Endigungen der Blätter sind zumeist spitz zulaufend, das Blatt selbst gegen die Mittelrippe zu in Ebenen scharf geschnitten. Doch kommt neben diesem Blatt auch ein anderes sehr häufig vor, das abgerundet erscheint und löffelförmige Aushöhlungen nachweist (Fig. 78). Alle diese Blätter auf das Kapitäl angewendet, treten selten mehr als an ihrem Stielende abgeschnittene Blätter auf, sondern sind zumeist mit einem Stiele versehen und finden sich am häufigsten als leichtes Geranke vor, das sich fast immer aus dem Säulenschafte entwickelt und in leichter, spielender Weise das Tragen der Platte andeutet; obwohl auch Kapitäle vorkommen, ohne jede struktive Symbolik. Die Rippen der Blätter erhalten nicht selten eine Reihung von kleinen Kristallen, zur schärferen Hervorhebung der

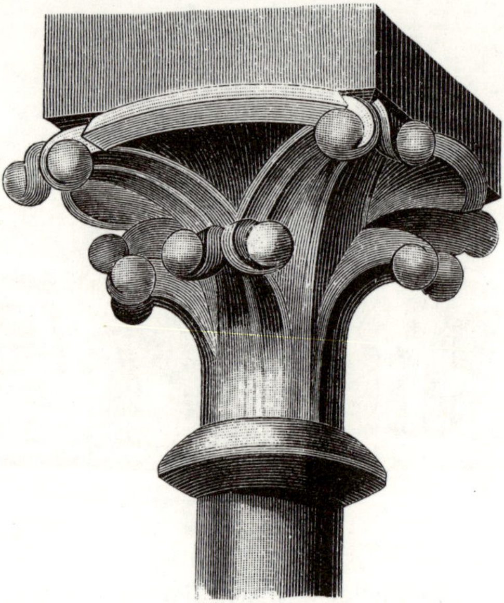

Fig. 80. *Kapitäl aus der Übergangszeit.*

Formen, sehr häufig scheint auch der Grund des Kapitäles durch das Geranke hervor.

Gegen das Ende der romanischen Periode, als sich die Formen in den gotischen Stil umzubilden begannen, in der sogenannten *Übergangszeit,* erscheinen wieder neue Kapitälsformen, von welchen ein kelchförmig gebildetes

Kapitäl mit Schilfblättern, die oben in Knollen endigen, das häufigste ist. Hier finden wieder bei der oberen Blattreihe Andeutungen einer struktiven Thätigkeit statt, ähnlich wie beim korintischen Kapitäl, nur sind die Blätter ungegliederter und roher geschnitten (Fig. 80).

Bei den raschen Fortschritten des Gewölbebaues wurde die Säule bald durch den *Pfeiler* ersetzt, der sich beim Gewölbebau als festere, massivere Stütze viel besser verwenden liess. Diese meist quadratischen Pfeilermassen haben Säulchen vorgesetzt, welche dieselben Kapitälbildungen nachweisen, wie die grossen Säulen.

Von grossem Interesse für unser Thema sind namentlich auch die *romanischen Gesimsbildungen.* Diese haben ihren Ausgangspunkt in dem antiken Gesimse, deren Allgemeinform sie in roherer Weise nachbilden, jedoch stets ohne Einarbeitung eines plastischen Blätterschemas, so dass die einzelnen Bauglieder glatt erscheinen. Die wichtigsten antiken Elemente, die sich im romanischen Gesimse finden, sind: der Karnies, der Wulst, die Hohlkehle und die Platte; dazu kommt noch eine dem Stile eigentümliche Form, die schiefe Ebene — Schmiege genannt. Trotz dem Umstande, dass fast ausschliesslich antike Formenelemente verwendet werden, ist der Charakter des romanischen Gesimses ein ganz anderer und zwar wesentlich aus dem Grunde, weil die einzelnen Formen stumpfer und derber gebildet erscheinen und weil ihnen namentlich die tiefe Schattenwirkung der weit vortretenden Hängeplatte fehlt, so dass sie mehr einen gurt- oder bandartigen Charakter annehmen.

Der *Karnies* kommt namentlich an frühromanischen Bauten vor, erscheint häufig als das Hauptglied der Gesimsbildung, verliert aber bald seine antike Ausladung und wird steil und schwülstig gebildet.

Der *Wulst* ist oft von besonders derber Bildung, namentlich wenn er einzeln auftritt; in Verbindung mit der Hohlkehle in der Zusammensetzung der attischen Basis bildet er die beliebteste romanische Gliederbildung. Diese

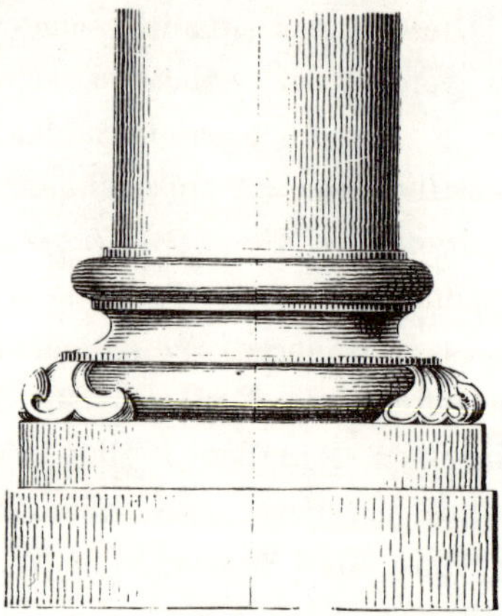

Fig. 81. *Romanischer Säulenfuss.*
Aus dem Kreuzgange zu Laach.

findet sich nicht nur vor als Basis der Säulen (Fig. 81), sondern merkwürdigerweise auch umgestürzt als Kämpfergesimse der Pfeiler (Fig. 82 *c*). Vom Standpunkte des Stilistikers ist dieser Vorgang durch nichts zu rechtfertigen, da doch stets die Form der Ausdruck der Funktionen der Bauglieder sein muss. Nun haben aber offenbar die Kämpfergesimse nicht die gerade entgegengesetzten Funktionen der Säulenfüsse anzudeuten; wenn sie sich auch in mancher Beziehung im Verhältnis der Gegensätzlichkeit befinden, so ist dieser Vorgang nur als eine gedankenlose Vereinfachung der Formenbildung anzusehen.

Die *Hohlkehle* zeigt verschiedene Bildungen, häufig die elastische Form der ägyptischen Hohlkehle, oder einen einfachen Halb- oder Viertelkreis (Fig. 82) wie bei *a*, *c* und *d*. Das die einzelnen Glieder verbindende Plättchen weist häufig einen schrägen Schnitt auf, welcher oft mit gerade geschnittenen Plättchen abwechselt.

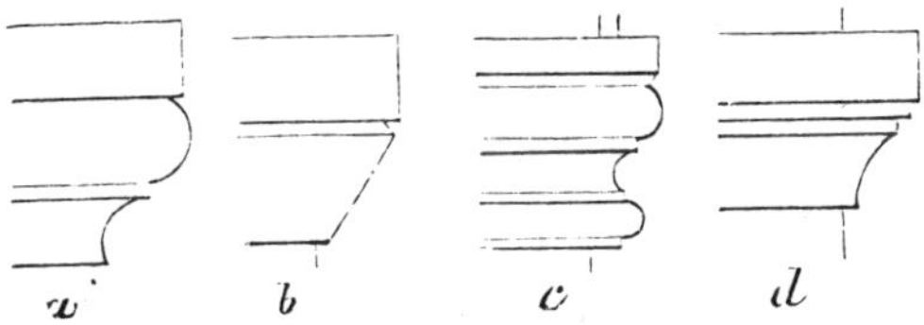

Fig. 82. *Romanische Kämpfergesimse.*

Die *rechtwinkelige Platte, der Abakus,* namentlich über den Kapitälen, ist zumeist von geringen Dimensionen, nicht mit der Absicht angewendet, die auf dem Kapitäl ruhende Last anzudeuten, sondern bloss einen passenden Abschluss nach oben zu bilden.

Die aus dem romanischen Stile selbst hervorgegangene *Schmiege* wird mit Vorliebe angewendet; die einfachsten Kämpfergesimse bestehen aus einer Schmiege und einer kleinen Platte (Fig. 82), wie bei *b*.

3. Die Gotik.

Zeigte der romanische Stil bereits wesentliche Verschiedenheiten im Vergleich zur Antike, so finden wir bei der *Gotik* einen ganz neuen baulichen Geist erstehen, der mit der Antike schliesslich weiter keine Verwandtschaft mehr aufzuweisen hat. In bezug auf unser spezielles Thema wird sich sagen lassen: *Die vegetabilischen Elemente der gotischen Ornamentierung struktiver Bauteile, haben mit der Symbolisierung einer struktiven Thätigkeit gar*

Fig. 83. *Frühgotisches Kapitäl.*
(Nach Jakobsthal.)

nichts zu thun und sind bloss als spielende Dekoration an den struktiven Bauteil angeheftet. So hat die gotische Ornamentik in mancher Beziehung viel Ähnlichkeit mit dem ägyptischen Stil, da bei letzterem ebenfalls das Blattwerk als lose Umhüllung eines tragenden, sichtbaren Kernes erscheint.

In erster Linie wird uns die *gotische Säule* interessieren, und von dieser namentlich das Kapitäl. Dieses hat fast ausschliesslich die Kelchform, welche mit einer polygonen oder auch runden Deckplatte nach oben abgeschlossen erscheint. Der Kelch ist zumeist mit Blattwerk geschmückt; es ist aber jetzt nicht mehr der Akantus, der am häufigsten angewendet wird, sondern im Lande selbst wachsende

Fig. 84. *Spätgotisches Kapitäl.*

Pflanzen, namentlich die Eiche, die Distel, die Weinrebe, der Epheu; auch sind es nicht blosse Blätter, die aus dem Schafte hervorwachsen, sondern es sind ganze Zweiglein, die in naturalistischer Weise sich lose um den Kelch legen, so dass der tragende Kern noch deutlich sichtbar erscheint (Fig. 83). Die Frühgotik liebte es, das Pflanzenwerk so zu bilden, dass es mit dem in der Natur vorkommenden noch eine grosse Ähnlichkeit hat. Die Spätzeit dagegen wendete zumeist ein gebuckeltes, in scharfe Spitzen auslaufendes Blattwerk (Fig. 84) an, während in noch späterer Zeit das Kapitäl als überflüssige Dekoration, die sie in der Gotik teilweise auch war, gänzlich fortgelassen wurde, worauf die Säule dann vom Fuss bis in die Rippen hinein als ununterbrochene Linie aufstieg. Allerdings muss hier wieder hervorgehoben werden, dass die einzelstehende Säule eine seltenere Erscheinung in der Gotik ist. Am häufigsten finden wir Säulchen an Pfeiler angelehnt, ähnlich wie beim romanischen Stile, nur ist der Grundriss des Pfeilers kein Quadrat oder Rechteck mehr, sondern ein Kreis, an welchen sich grössere und kleinere Dreiviertelsäulchen (Fig. 85), „Dienste" genannt, anlegen. An den Wänden ruhen die Bögen nicht selten auf Konsolen, deren ornamentale Dekoration meist dasselbe Blattwerk aufweist, das wir an den Kapitälen der Säulen gefunden haben. Ähnliches Blattwerk findet sich ferner an den Schlusssteinen der Gewölbe.

Fig. 85.
Gotische Dienste.

Die *gotischen Gesimsbildungen* haben keine antiken Reminiszenzen mehr aufzuweisen und sind thatsächlich in das reine Gegenteil übergegangen. Sehr charakteristisch für die Gotik ist der Umstand, dass die Gesimse durchaus nicht zusammenhängend um den Bau herumzulaufen brauchen, vielmehr an beliebigen Stellen unterbrochen werden können, ohne den gotisch architektonischen Aufbau zu stören, welcher wesentlich in der vertikalen Gliederung gipfelt, während die horizontalen Gesimsbildungen von geringer Bedeutung sind. Die Form des gotischen Gesimses ist in erster Linie auf den raschen Wasserablauf berechnet, also aus rein praktischen Gründen konstruirt. Der Hauptbestandteil ist nach oben zu eine schräge Fläche, welche an der Unterseite eine tiefe Einkehlung aufweist, so zwar, dass das Wasser an der schrägen Fläche rasch abfliessen und an der durch die Hohlkehle gebildeten Wassernase leicht abtropfen kann. An diese Glieder schliessen sich dann zumeist runde oder birnförmig gestaltete Formen (Fig. 86) an. Alle Gesimsglieder bleiben zumeist glatt, nur in die Hohlkehle legen sich zuweilen lose Blätter oder Zweige, doch sind alle diese vegetabilischen

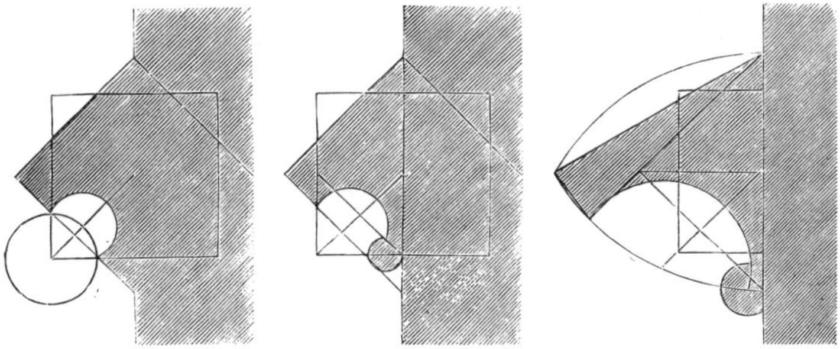

Fig. 86. *Gotische Gesimsbildungen.*

Ornamente fast in keinem struktiven Zusammenhange mit der Bauform, so dass wir dieselben bei Besprechung des gotischen neutralen Ornamentes näher ins Auge fassen wollen.

Für den gotischen Stil sehr charakteristisch sind die *Bekrönungen und Endigungen nach oben.* Die antiken Stilarten und jene von denselben abgeleiteten zeigen wesentlich eine horizontale Gliederung, infolge dessen sind die Bekrönungen mässig betont und schliessen sich dem horizontalen Systeme an. Dazu gehört insbesondere die Sima, die Stirnziegel mit ihren Palmetten und die Akroterien des Giebels. Der gotische Bau ist nach vollkommen entgegengesetzten Prinzipien errichtet, die Gliederung ist mit voller Entschiedenheit vertikal, infolge dessen die Endigungen nach oben in energischester Weise ausgebildet werden. Es

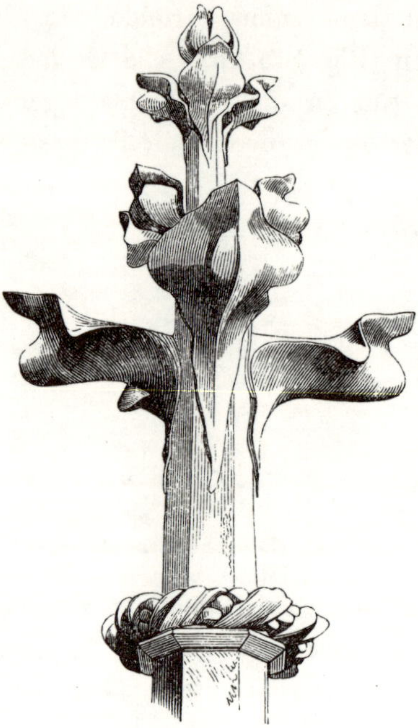

Fig. 87. *Gotische Kreuzblume.*

schliessen sich dieselben um so leichter dem vertikalen Systeme an, als eine Bekrönung ja ohnehin stets vertikal gestellt sein muss.

Das wichtigste gotische Bekrönungsmotiv ist die ***Fiale,*** eine zumeist über Eck gestellte Pyramide, die sich am häufigsten über den Strebepfeilern erhebt. Diese Fialen erhalten einen charakteristischen Schmuck, der ein nach Obengerichtetsein und ein nach Obenstreben anzeigt; es sind dies die Kreuzblumen und Krabben.

Die *Kreuzblume* ist der beliebteste gotische oberste Abschluss vieler äusserer Bauteile und findet sich nament-

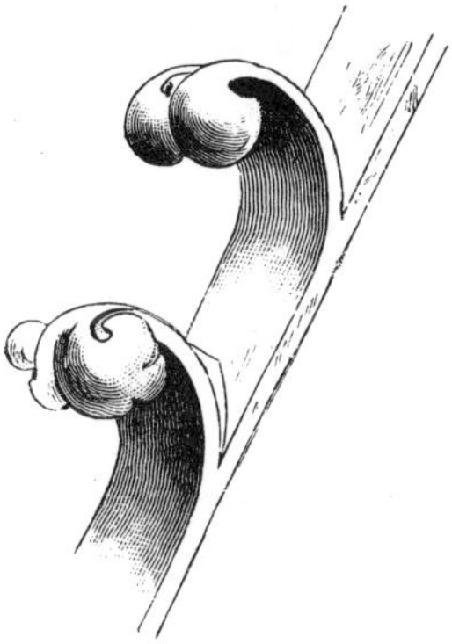

Fig. 88.
Frühgotische Krabbe.

Fig. 89.
Spätgotische Krabbe.

lich bei Fialen, Türmen, Giebeln und Wimpergen vor. Die Kreuzblume besteht aus aufrechtstehenden Blüten und Blattwerk. In der Frühgotik, namentlich in Frankreich, waren es zumeist naturalistisch gebildete Blumen, welche später eine strengere Stilisierung erhielten (Fig. 87), um schliesslich mit einem stark gebuckelten, steifen, geometrischen Blattgebilde zu endigen.

Die *Krabben* sind Blätter, die sich an den schräg ansteigenden Bauteilen der Fialen, Wimperge, Strebebögen u. s. w. vorfinden. Wie die Pflanze in ihrem Geranke stets das Bestreben nach oben zu kommen nachweist, so zeigen auch die Krabben eine aufsteigende Tendenz sehr richtig an; sie sind in gewissen Entfernungen an den Schrägen angebracht, folgen zunächst ein wenig der schrägen Richtung ihres Grundes und erheben sich dann bedeutend über denselben. Was die Bildung derselben anbelangt, gilt dasselbe, was wir von den Kreuzblumen gesagt haben. Die Frühzeit wendete naturalistisch gebildete Blattelemente in grosser Mannigfaltigkeit an (Fig. 88), während die Spätzeit sich konventionell an eine charakteristische stark gebuckelte Form hielt (Fig. 89).

Die Renaissance.

Die Renaissance bedeutet eine Wiedergeburt der antiken Bauweise. Auf die grosse Architektur bezogen, ist die Renaissance allerdings weit mehr als eine blosse Wiedergeburt; was aber unser spezielles Thema anbelangt, die Besprechung des struktiven Ornamentes, so müssen wir gerade hier bekennen, dass die Renaissance im allgemeinen als nicht viel mehr als eine blosse Wiedergeburt angesehen werden muss. Die struktiven Ornamente wurden zumeist so genommen, wie sie in der römischen Architektur gefunden wurden, nur verloren sie das derbplastische und wurden in feinerer, zierlicherer Weise durchgeführt. Was die einzelnen Ordnungen anbelangt, so wurde die *antike dorische* in der Frührenaissance gar nicht und in der Hochrenaissance selten angewendet und dann häufig mit jonischem Gebälke, aber auch die *jonische Ordnung* war namentlich in der Frühperiode nicht sehr beliebt und wurde ebenfalls zumeist in der Weise der späteren Römerbauten durchgeführt. Den dekorativen Tendenzen der Renaissance entsprach am meisten die *korintische Ordnung* und wusste dieselbe auch einen Teil derselben, das Kapitäl nämlich, in einer sehr charakteristischen Weise umzugestalten und war es namentlich die formenreiche Frührenaissance, die dem Kapitäl die mannigfaltigsten Gestalten gab, während sich die übrigen Säulenbestandteile nicht wesentlich von ihrem römischen Vorbilde unterschieden.

Zumeist hat das Kapitäl nur eine untere Reihe von Akantusblättern, bei Pilastern häufig sogar nur zwei aufzuweisen, welche nicht so derbplastisch wie im römischen Stile gebildet sind, dagegen ist der obere Teil in mannigfaltigster

Fig. 90. *Frührenaissance-Kapitäl.*
Aus S. Maria de' Miracoli in Venedig.

Weise geformt. Häufig steigen von der Mitte aus gegen die Ecken zu volutenartige Gebilde, während die Mitte durch zierliche blatt- und blütenbehängte Zweige ausgefüllt erscheint (Fig. 90). Häufig findet man aber auch Tiergestalten, Menschenköpfe, Embleme der verschiedensten Art in geschmackvoller, zierlicher Weise angewendet. Der struktive Gedanke ist nicht ernst zu nehmen, es soll eine leichte, spielende Dekoration sein. Das Akantusblatt ist fast ausnahmslos der feingezackte, römische Akantus der Spätzeit, nur noch feiner durchgebildet (Fig. 91). Einige Kapitäle der Frührenaissance zeigen mit Vorliebe das Palmettenmotiv und haben dann eine kräftige, tief eingeschnittene, etwas trockene Detaildurchbildung, die oft an griechisches Formengefühl erinnert.

Fig. 91. *Das Akantusblatt der Renaissance.*

Das Kapitäl der Säulen und das der Pilaster zeigt in der Renaissance keinen prinzipiellen Unterschied. Die korinthischen Kapitäle der Hochrenaissance lehnen sich weit strenger an ihre römischen Vorbilder an, während sich jene der Zopfzeit oft durch willkürliche Bildungen charak-

Fig. 92. *Wandbekleidung aus S. Croce zu Florenz (Teirich).*

terisieren. Der Säulenschaft ist sehr häufig unkanneliert, während der Pilasterschaft oft kanneliert erscheint; zuweilen sind in dem unteren Drittel der Kanneluren Stäbchen eingelegt, die Kannelur selbst ist stets jonisch und zwar zumeist selbst bei dorischen Säulen.

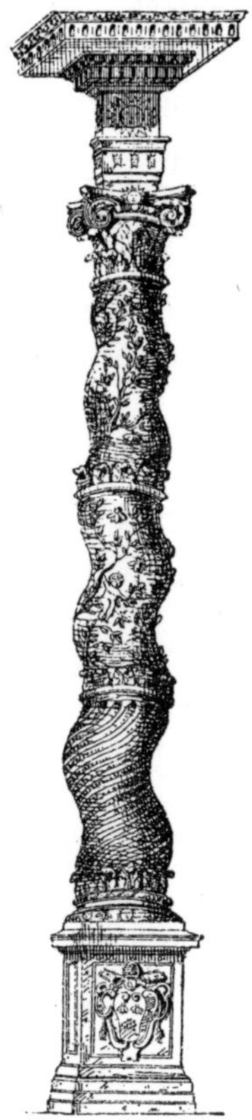

Fig. 93.
Säule der Zopfzeit.
Vom Hochaltar der St. Petruskirche zu Rom.

Charakteristisch für die Frührenaissance ist der Umstand, dass sie den Pilasterschaft durch Umziehung eines Rahmens zum grossen Teile in ein neutrales Feld umzugestalten wusste (Fig. 92), um Raum für spielenden Schmuck zu gewinnen, während sich die kritische Hochrenaissance zumeist streng an antike Vorbilder hielt und nicht gerne davon abwich. Die Zopfzeit hingegen gab sich vollkommen der bizarren Laune ihrer Zeit hin und schuf den gewundenen Säulenschaft, der nach dem Prinzipe der Spiralen der Federmatratzen das Tragen einer Last veranschaulichen soll (Fig. 93). Es braucht wohl kaum erwähnt zu werden, dass diese Säulenschäfte kaum eine kritische Besprechung vertragen würden und bloss als charakteristische Formen einer fessellosen Stilperiode eine gewisse Bedeutung erlangt haben.

Was die *Gesimsbildungen der Renaissancezeit* anbelangt, so muss hervorgehoben werden, dass dieselben im allgemeinen den römischen nachgebildet erscheinen. In der Frühperiode tritt eine grössere Mannigfaltigkeit ein, die Gesimsglieder erhalten häufig ein Blattschema eingearbeitet und emanzipieren sich vollkommen von den Säulenordnungen. In der Hochrenaissance suchte man die Gesimse der Antike strenge nachzubilden, sie erscheinen zumeist glatt und werden nur ausnahmsweise ohne Zusammenhang mit der Säule oder dem Pilaster angewendet. Die Gesimse der Spätzeit schliessen sich zunächst an die Hochrenaissance an, erfahren aber bald eine wesentliche Umgestaltung, die schliesslich in einer Vermeidung der geraden Linie endigt.

873940

II. Abteilung.

Das neutrale Pflanzenornament.

Charakter des neutralen Pflanzenornamentes im allgemeinen.

Musste der schaffende Künstler bei Hervorbringung von struktiven Ornamenten namentlich darauf bedacht sein, die struktiven Thätigkeiten des Baugliedes zur Anschauung zu bringen und wurde er dadurch in seinem freien Schaffenstrieb in vieler Hinsicht beschränkt, so kann sich der Künstler, der ein neutrales Ornament zu bilden hat, weit fesselloser seiner künstlerischen Schöpfungskraft hingeben; denn er wird sich wesentlich bloss den allgemeinen Gesetzen der Schönheit und denjenigen der Raumausfüllung unterwerfen müssen.

War das wichtigste Motiv des struktiven vegetabilischen Ornamentes das einfache, vor seinem Stielende abgeschnittene Blatt, so finden wir, dass das geeignetste Vorbild des neutralen vegetabilischen Ornamentes der ganze Zweig sammt Blättern und Blüten ist, welcher in mannigfaltigen Windungen am besten geeignet erscheint, in anmutiger Weise die verschieden geformten neutralen Felder auszufüllen.

Es ist wohl ziemlich selbstverständlich, dass die einzelnen Stilarten das neutrale vegetabilische Ornament auch eigenartig umzubilden verstanden, doch muss zugleich hier schon erwähnt werden, dass alle Völker des Altertums sowohl, als auch jene des Mittelalters die neutralen Felder ihrer Bauwerke und Möbel und Gebilde der Kleinkunst nicht mit vegetabilischem Ornamente auszufüllen liebten; erst in der neuern Zeit erhielt das Pflanzenornament der neutralen Felder eine sorgfältige Durchbildung und häufige Anwendung.

Ägypten.

Bevor wir zur Besprechung des neutralen vegetabilischen Ornamentes in Ägypten übergehen, müssen wir zuerst bekennen, dass in der Baukunst der Pharaonen sich kaum von einem „neutralen Felde“ in unserem heutigen Sinne wird sprechen lassen, indem namentlich in der späteren Zeit alle struktiven und neutralen Bauteile gleichmässig mit einer Hieroglyphendecke überzogen wurden, die jede freie künstlerische Durchbildung des Ornamentes schon im Keime erstickte. Trotzdem finden sich verschiedene Pflanzenelemente vor, die im Vereine mit anderen Gebilden, Architekturteile zu schmücken haben, die wir in weiterem Sinne als neutrale Bauteile bezeichnen können.

Von den verwendeten Pflanzenformen ist fast nur die *geöffnete Lotosblume* und die *geschlossene Lotosknospe* zu nennen. Das Charakteristische ihrer Anwendung ist, dass die einzelnen Blumen einfach neben einander gestellt zu werden pflegen, ohne mit einander verbunden zu sein, was dem Ornament einen primitiven und naiven Ausdruck verleiht (Fig. 94). Ausserdem finden sich Lotosblumen auch zuweilen als Ausfüllungen von Feldern vor, die durch

Bandwerk hergestellt wurden, ohne aber auch hier mit den Bändern eine organische Verbindung einzugehen. Neben den Lotosblumen sind es Palmblätter, binsenartige Formen und eigentümliche Pflanzengebilde, die kaum einer bestimmten Gattung angehören und häufig volutenartige Einziehungen aufweisen, welche zuweilen, zumeist mit anderen orna-

Fig. 94. *Ägyptisches Ornament.*

mentalen Elementen vermischt, neutrale Bauteile zu schmücken haben.

Im allgemeinen aber muss schliesslich betont werden, dass das Pflanzenornament in bezug auf unser Thema eine ziemlich untergeordnete Rolle in der ägyptischen Ornamentik spielt.

Babylon, Assyrien und Persien.

Auch bei den Baudenkmalen dieser Völker kann von der Unterscheidung eines sogenannten „neutralen Feldes" kaum die Rede sein. Nichtsdestoweniger sind die geringen Überbleibsel des Ornamentes der mittelasiatischen Baukunst

Fig. 95. *Der assyrische „heilige Baum"*.

für uns wegen der Altertümlichkeit der Formen von hohem Interesse.

Mit zu den ältesten vegetabilischen Formen gehört namentlich der sogenannte *„heilige Baum"* (Fig. 95). Dieser steht offenbar mit der mystischen Religion der alten Babylonier und Assyrier in unmittelbarer Beziehung. Seine Entstehung reicht wahrscheinlich in eine so frühe Zeit, dass die heutige geschichtliche Forschung keinen Einblick mehr darein hat. Er besteht aus einem senkrecht stehenden Ständer, der gegen oben zu durch eine Blätter- oder Feder-Palmette verziert erscheint; auf diesem Ständer befinden sich ferner in bestimmten Absätzen eigentümliche Hülsen, aus welchen volutenartige Gebilde entspringen, die in ein starres Bandwerk ausgehen, welches den ganzen

Fig. 96. *Assyrisches Ornament mit Lotosblume, Palmette und Pinienzapfen.*

Ständer umgibt und an den Endpunkten mit Palmetten verziert erscheint. Wir kennen diesen heiligen Baum nur aus den Darstellungen auf den Alabasterplatten; dem Charakter seiner Formbildung nach und seiner gewiss hohen religiösen Bedeutung wegen wird derselbe wahrscheinlich ursprünglich aus Goldblech über einen Holzkern angefertigt gewesen sein. Von besonderem Interesse für uns ist namentlich die „*Palmette*", die vielleicht hier zum erstenmale auftritt, jedenfalls ist sie eine uralte Form, die namentlich häufig als Bekrönung eines Gegenstandes verwendet wurde, oder auch in Reihung mit anderen Pflanzenformen gemischt vorkam. Dazu gehört namentlich der „*Pinienzapfen*", ein in der Religion der Assyrier ebenfalls geheiligter Gegenstand (Fig. 96).

Sehr häufig findet sich auch die *geöffnete Lotosblume* mit der *Lotosknospe* abwechselnd vor und erscheinen beide durch einen in einem Halbkreis gebogenen Stengel mit einander verbunden. Diese Formen fand man entweder

Fig. 97. *Assyrische Fussbodenplatte.*

friesartig sich hinziehend oder als Bordüre eines Fussbodens (Fig. 97).

Alle diese Formen zeigen eine nicht abzusprechende Ähnlichkeit mit den Palmetten- und Lotosblumen-Bildungen des griechisch-jonischen Stiles und waren dieselben ohne Zweifel ihre Vorbilder.

Griechenland.

Sehr charakteristisch für die scharfe Trennung des struktiven und neutralen Ornamentes ist der Umstand, dass in Griechenland das struktive Ornament fast nur aus vegetabilischen Elementen besteht, während alle Architekturteile, die wir als neutrale Felder bezeichnen müssen, fast ausnahmslos mit figuralen Kompositionen, zumeist mit Stoffen aus der griechischen Götterwelt geschmückt erscheinen, so zwar, dass das vegetabilische Ornament in neutralen Feldern in sehr seltener und nebensächlicher Weise angewendet wird. In dem Giebelfelde, in den Metopen, in dem jonischen Friese und auf der griechischen Wand finden sich stets figurale Darstellungen vor. Bloss solche neutrale Felder, welche in unmittelbarer Beziehung zu struktiven Architekturteilen stehen, haben entsprechend ihrer vermittelnden Stellung vegetabilisches Ornament aufzuweisen; dazu gehören namentlich, wie bereits erwähnt, der Hals der Säule, der Ante und der Wand des attisch-jonischen Stiles (Fig. 98) und ausserdem die struktiv unthätigen Teile des jonischen Pilasterkapitäles (Fig. 99).

Auch beim freien vegetabilischen Ornamente zeigen die einzelnen Teile in Griechenland eine strenge Stilisierung, und ist es infolge dessen auch gestattet, Pflanzenelemente der verschiedenartigsten Pflanzengattungen zu einem ornamentalen Ganzen zu vereinigen, wobei solche Pflanzen bei der Auswahl stets den Vorzug haben, die in ihrer Form gegensätzlich verschieden sind. Die am meisten angewendeten Elemente sind: die Palmette, der Lotoskelch, der stark geriefte, kurze Stengel der Doldengewächse, die sich spiralförmig windende, glatte Weinranke, der kurzblättrige, scharfgeschnittene Akantus und das ausgezackte Distelblatt. Häufig kommen auch Blätter vor, bei welchen sich das Vorbild in der Natur nicht mit Sicherheit feststellen lässt. Diese verschiedenartigen Pflanzenelemente sind dann zumeist entweder so zusammengestellt, dass sie eine durch Geranke verbundene alternierende Reihung bilden, wie am Säulenhals des Erechtheions oder in der Weise, dass sich das Ornament mehr oder weniger aus einer Zentralstelle entwickelt und sich dann raumausfüllend über das neutrale Feld erstreckt, so namentlich am Pilasterkapitäl vom Apollotempel zu Milet (Fig. 100).

Fig. 98. *Jonisches Antenkapitäl.*
Vom Erechtheion.

Charakteristisch namentlich für die letztere Art von Ornamenten ist das Vorwiegen einer derben, massigen Stengelbildung und das Fehlen des gestielten Blattes: aus einigen Akantusblättern als Mittelpunkt entwickeln sich derbe Stengel, gewissen Arten der Doldengewächse eigentümlich, die kanneliert erscheinen; diese verdicken sich zu

Fig. 99. *Jonisches Pilasterkapitäl.*

Knoten, aus welchen wieder seitlich akantusartige Blätter sprossen, während der Stengel sich weiter fortsetzt, um schliesslich in einer in sich eingerollten Ranke zu endigen; aus den Knoten wachsen überdies Blüten heraus, die an einem dünnen, gewundenen Stengelchen sitzen und sich dorthin wenden, wo noch ein leerer Raum ist, um auszufüllen. Den Mittelpunkt des fast stets symetrischen Ornamentes bildet zumeist eine Palmette.

Dieselbe Stellung, welche das vegetabilische Ornament in neutralen Feldern in der griechischen monumentalen Architektur einnimmt, hat es auch in der griechischen Kleinkunst, so namentlich in der Keramik. Auch hier sind die Hauptfelder zumeist mit figuralen Kompositionen ausgefüllt, während das vegetabilische Ornament der Umgebung mehr oder weniger eine gewisse struktive Funktion zu erfüllen hat, von welchen insbesondere diejenige des Bandes die häufigste ist, oder es deutet eine Bekrönung an oder die einnehmende und ausgebende Thätigkeit des Gefässes; dagegen gehört eine rein spielend dekorative Anwendung des vegetabilischen Ornamentes selbst in der Dekoration der Gefässe zur Seltenheit.

Fig. 100. *Pilasterkapitäl vom Apollotempel zu Milet.*

Rom.

Waren die eminent neutralen Felder in Griechenland fast ausschliesslich mit figuralen Kompositionen geschmückt, so findet sich schon in der römischen Baukunst stellenweise das vegetabilische Ornament an diesen Orten ein, und ist es namentlich der Fries, der zuweilen damit verziert wird.

Mit Vorliebe wird das fortlaufende, schneckenartig sich von Zeit zu Zeit einrollende Pflanzengeranke verwendet. Dieses erscheint zumeist durch Akantusblätter der klein gezackten Art in reichster, plastischer Weise verziert, welche sich ungezwungen um den Stengel legen, wobei eine Fülle der verschiedenartigsten Anwendungen und Gestaltungen derselben Akantusart zu Tage tritt (Fig. 101). Dasselbe fortlaufende Akantusgeranke findet man auch nicht selten an Pilasterfüllungen oder mächtigen Thüreinfassungen, und steht dasselbe stets im entschiedensten Gegensatze zu griechischer Formbildung. In Rom ist es nicht mehr der geriefte Stengel, der das Hauptmotiv des Ornamentes bildet, sondern das schön und freigebildete Akantusblatt, das sich elegant und leicht um einen glatten Stengel legt, der zum grossen Teil damit verdeckt wird, zu Ende der Einrollungen bilden sich zumeist blattreiche Rosetten, aus welchen sich neue kelchartige Gebilde entwickeln. Dieses römische Ornament hat nicht mehr das streng Stilisierte, aber etwas Trockene des griechischen Rankenornamentes, zeichnet sich dagegen durch üppigen, aber etwas derben plastischen Reichtum des Blattwerkes aus.

Neben diesem Pflanzengeranke sind es aber auch ganz neue Dekorationsformen, die wir im römischen Stile antreffen, und dazu gehört insbesondere *der Feston.* Seine

Fig. 101. *Römisches Akantusgeranke.*

Bestandteile sind Blätter, Blüten und Früchte, die in einer Weise vereinigt werden, dass ein Strang entsteht, der in der Mitte weit dicker gebildet ist und gegen die Enden dünn ausläuft. Dieser Strang erscheint ferner an seinen beiden Enden so aufgehängt, dass die schwerere Mitte in einer elastischen Linie herabfällt (Fig. 102).

Der Ursprung des Festons ist offenbar in der provisorischen Festdekoration zu suchen. Die Römer pflegten ihren Gebäuden bei feierlichen Anlässen ein entsprechendes Festgewand anzulegen. Zu diesem Ende gingen sie hinaus ins Freie und sammelten verschiedenartige Blätter, Blüten und Früchte, die sie auf die mannigfaltigste Weise mit-

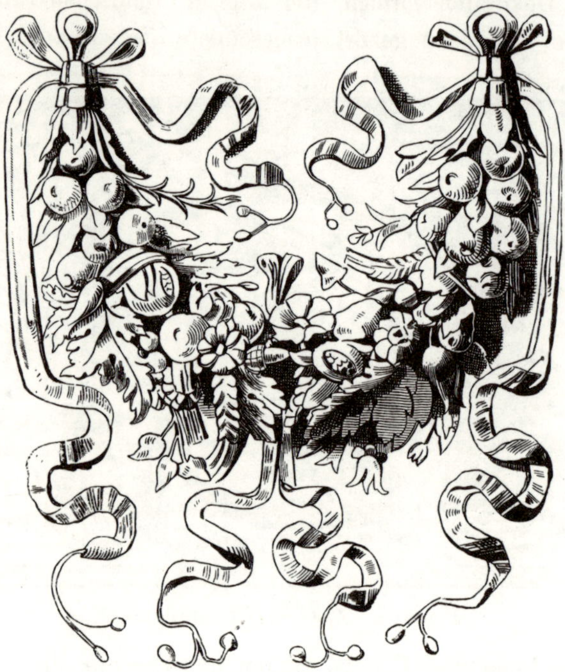

Fig. 102. *Feston an einer römischen Grabtafel.*

einander verbanden; bald waren es Kränze, durch Bänder verbunden, bald schwere Wülste, aus Blättern und Früchten hergestellt und durch sich kreuzende Bänder zusammengehalten, bald eigentliche Festons; alles dieses wurde nun an passenden Orten und in verschiedenartiger Anwendung an dem zu schmückenden Gebäude befestigt. Aus dieser provisorischen Dekoration entstand bald durch Nachahmung in Stein oder Stuck ein beliebtes Ornament, das sich hauptsächlich für neutrale Felder eignete.

Der Feston wurde gerne einzeln für sich angewendet, um den Schmuck kleiner, neutraler Felder zu bilden; dann sind zumeist die beiden Enden desselben mit Nägeln an die Wand befestigt, von welchen überdies noch flatterndes Bandwerk sich in die leeren Stellen des Feldes legt. In der entstandenen Einbiegung des Festons wird häufig ein Satyr- oder Frauenkopf angebracht; und so gestaltet sich der römische Feston zu einer reich und kräftig wirkenden Dekoration.

Fig. 103. *Vom Tempel der Fortuna virilis in Rom.*

Festons werden aber auch häufig zur Ausschmückung des Frieses benutzt. Dann erscheinen sie in mehrfacher Wiederholung und werden entweder ebenfalls mit Nägeln an die Wand befestigt oder aber durch Kindergestalten gehalten oder an Kandelabern festgebunden (Fig. 103).

Auch werden zuweilen Stierköpfe als feste Punkte an gewissen Stellen des Frieses angebracht, um welche sich dann das zumeist schwere und üppige Fruchtgewinde, durch lockeres Bandwerk zusammengehalten, legt.

Wir begegnen aber in der römischen Baukunst noch andern eigenartigen ornamentalen Formen; es sind dies insbesondere die Ausschmückungen der Untersichten des

Architraves und der Hängeplatte — die sogenannten *Soffitten.* In Griechenland waren die Untersichten des Architraves zumeist glatt oder sie hatten, ähnlich wie die Untersichten der Deckenbalken, ein Bandornament, zumeist einen Mäander, aufgemalt. In der römischen Baukunst werden die *Architravsoffiten* stets plastisch gebildet, selten ist es ein aus Blättern hergestellter, von Bändern zusam-

Fig. 104. *Architrav-Soffitte.*
Vom Dioskurentempel.

mengehaltener Wulst oder ein Mäanderornament; meist wird ein vertieftes neutrales Feld gebildet und dasselbe mit einem freien Pflanzenornament ausgefüllt, dessen Geranke sich in der Regel von dem Mittelpunkt aus gegen die Ränder hin entwickelt (Fig. 104).

Eine noch weit kräftigere plastische Dekoration erhielten die *Untersichten der Hängeplatte*, welche gerne weit vortretend gemacht und von Konsolen unterstützt wurde.

Zwischen zwei Konsolen wurde dann in die Untersicht der Hängeplatte ein vertieftes, zumeist quadratisches Feld eingelassen und in dasselbe eine plastische Rosette eingesetzt.

Die *Rosette* besteht aus Blättern, Blüten und zuweilen selbst auch aus Früchten, die um einen Mittelpunkt angeordnet erscheinen. Die römischen Rosetten zeichnen sich zumeist durch reiche Zusammenstellung und derbe Plastik aus, so dass die einzelnen Blätter derselben weit vom Grunde abzustehen pflegen (Fig. 105).

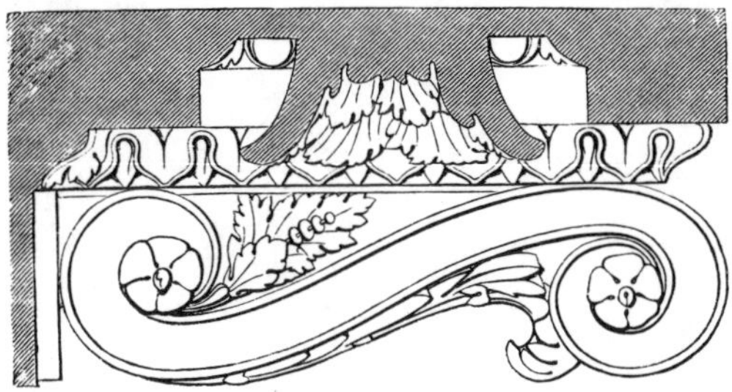

Fig. 105. *Römische Rosette und Konsole.*

Aber auch die römische Kleinkunst zeigt das freie vegetabilische Ornament weit häufiger angewendet, als die griechische, und namentlich sind es die Gefässe, die zuweilen ein zierliches, feines Rankenornament aufweisen, das die Hauptteile umzieht, ohne eine struktive Thätigkeit andeuten zu wollen. In vielen Fällen tritt dieses Ornament in einen gewissen Gegensatz zu dem Ornamente der monumentalen Baukunst und zeichnet sich durch eine Zartheit der Stengelbildung und Eleganz der Linienführung aus, die sehr an die schöne und feine Ornamentik der Renaissancezeit erinnert (Fig. 106). Von hohem Interesse ist namentlich der Hildesheimer Silberfund, der eine ungemein zarte

Ornamentik aufweist und zugleich einen grossen Reichtum an Motiven darbietet. Ebenso findet man an den prachtvollen römischen Marmorkandelabern nicht selten, nament-

Fig. 106. *Mischkessel vom Hildesheimer Silberfund.*

lich am Postamente Festons, Palmetten und Voluten angebracht, während der säulenschaftartige Hals sehr oft in zierlicher Plastik mit einem blattreichen Pflanzengeranke geschmückt erscheint.

Das Mittelalter.

Im allgemeinen war die mittelalterliche Baukunst der Ausfüllung ihrer neutralen Felder mit vegetabilischen Elementen ziemlich abgeneigt und erfolgte dieselbe fast ausschliesslich durch figurale Kompositionen. Im übrigen kann hervorgehoben werden, dass sich das neutrale vegetabilische Ornament in den verschiedenen mittelalterlichen Kunstperioden ziemlich differierend gestaltete.

Das Ornament der *altchristlichen Zeit* gehört in seinen ersten Anfängen der römischen Kunstübung an, origineller wird dasselbe durch orientalische Einflüsse. Diese zeigen sich namentlich in der allgemeinen Ausübung der Mosaik, welche sogar auch auf plastische Werke seine Rückwirkung ausübte, indem auch diese ihre Plastizität verlieren und sich der monotonen Flächendekoration nähern. Zumeist ist es ein trockenes Geranke, das in ängstlicher Weise bestrebt ist, alle Teile einer Fläche gleichmässig auszufüllen. Wo plastisch vegetabilisches Ornament an Friesen und ähnlichen Bauteilen vorkommt, verliert es häufig den spielend dekorativen Charakter, der den neutralen Feldern am angemessensten wäre und übernimmt nicht selten eine mehr oder weniger ausgesprochene struktive Funktion; es wird namentlich häufig als Umrahmung oder Bekrönung verwendet. Dabei ist das am häufigsten angewendete Blatt der scharfkantige byzantinische Akantus, obgleich auch andere Blattarten vorkommen und werden dieselben am liebsten mit den Symbolen des Christentums in Verbindung gebracht (Fig. 107).

Der *romanische Stil* entnimmt die vegetabilischen Elemente seiner neutralen Felder zuweilen dem römischen Stil, häufiger aber noch der byzantinischen Bauweise und

Fig. 107. *Fries der Kirche zu Dana.*

ist namentlich der scharfkantige Akantus sehr beliebt, oder er weiss die Formenelemente, die er braucht, eigenartig durchzubilden. Auch der romanische Stil verwendet das vegetabilische Ornament in neutralen Feldern mit keiner besonderen Vorliebe, am häufigsten noch an Friesen. Das Ornament besteht entweder aus aufrecht stehenden Blattelementen verschiedener Gattung, die durch Geranke verbunden erscheinen (Fig. 108), wobei einzelne Ornamente sich gestalten wie das griechische Palmetten- und Lotosblütenornament in das Romanische übersetzt; oder es besteht aus einfachen bandartigen, wellenförmigen Einrollungen, oder aus einem komplizierteren System bandartiger Verschlingungen mit Blattwerk (Fig. 109). Das romanische Blatt ist streng stilisiert; es lässt sich nicht immer das Vorbild der Natur herauserkennen und ist überdies von derber, energischer Bildung. Häufig vorkommend ist eine scharfgeschnittene Palmette (Fig. 110); dann ebenfalls ein scharfgeschnittenes Blatt, das in drei oder mehrere Spitzen endet, oder eine löffelförmig abgerundete Gestalt aufzuweisen hat.

Fig. 108.
Fries aus dem Kloster zu Fulda.

Die derben, kräftigen Stengel sind entweder rund, vielkantig oder bandartig und dann häufig mit kleinen Kristallen besetzt. Häufig erhalten auch struktive Bauteile, so na-

Fig. 109. *Fries aus dem Kloster St. Gallen.*

mentlich Säulenschäfte einen schematischen Überzug von streng stilisiertem Blatt- und Rankenwerk (Fig. 111).

Was nun die neutralen Felder des *gotischen Stiles* anbelangt, so muss bemerkt werden, dass die Gotik fast keine neutralen Felder aufzuweisen hat, wenigstens nicht in dem Sinne der antiken Baukunst, und die wenigen, welche sie besitzt, sind mit figuralen Malereien geschmückt, so dass für das vegetabilische neutrale Ornament nicht viel Raum übrig bleibt. Der wichtigste Ort hiefür ist die Hohlkehle, die sich unter horizontalen Gesimsen hinzieht oder als Einrahmung bei Portalen, Türen und Fenstern dient. Wenn wir nun auch die Hohlkehle zu den struktiven Gliedern rechnen müssen, so ist die Art der Ornamentierung hier eine derartige, dass sie als neutrales Ornament aufgefasst werden muss; denn während bei den antiken Baugliedern die Allgemeinform ihre eigentümliche

Fig. 110. *Romanischer Fries aus der Kirche zu Rosheim.*

Gestaltung durch das Blattornament erhielt, hat in der Gotik die Allgemeinform und ihr plastischer Schmuck keine inneren Beziehungen zu einander, ausser die, dass das Ornament seiner Grösse und Form nach auf die Allgemeinform passen muss. Die Gotik aber schreitet in der Emanzipation vorwärts durch die Wahl ihres Blattwerkes, indem es die konventionellen Formen der altehrwürdigen antiken Blattarten verwirft und zum erstenmale die Macht der Traditionen insofern bricht, als sie die in ihrer Heimat befindlichen Wald- und Wiesenpflanzen ausschliesslich anzuwenden pflegt. Der Akantus ist nahezu verbannt und sind es namentlich im Anfang kleine unscheinbare Pflanzen gewesen, die seine Stelle vertreten haben, so namentlich der Wegerich, die Kronwicke, das Farrenkraut, die Primel, Waldrebe, Kresse, der Storchschnabel, das Leberkraut, Schöllkraut, der Sauerampfer u. s. w.; ferner die Blüten von Löwenmaul, Eisenhut, Erbse, Wasserlilie, Ginster, der Orchideen u. s. w. Hierauf kamen die Blätter und Blüten grösserer Pflanzenarten zur Nachahmung, so

Fig. 111. *Romanische Säulenschaft-Verzierung.*

namentlich die des Epheus, des Weines, der Stechpalme, der Malve, der Hagebutte, des Wachholders und des Ahorns. Gegen Ende des 13. Jahrhunderts wurde dann auch mit Vorliebe das Blattwerk der grossen einheimischen Baumgattungen, insbesondere die der Eiche, Zwetschge, Feige, Birne, Kastanie und des Ahorns angewendet und gleichzeitig damit auch kleinere Pflanzen, wie die Winde, Petersilie u. s. w.* damit in Verbindung gebracht. Wie

* Vergleiche Hauser, Stil-Lehre II., pag. 123.

Fig. 112. *Gesimse und Balustrade der Kirche „Notre Dame" zu Paris.*

bereits erwähnt, wurden diese Pflanzengebilde am häufigsten bei Hohlkehlen angewendet, und ist die Art ihrer Anwendung für den gotischen Stil sehr bezeichnend; sie standen nämlich im losesten Zusammenhang mit denselben, erschienen eben nur in die Hohlkehlen hineingelegt. Sehr häufig standen die Blätter aufrecht, dann zumeist mit ihren Blattstielen versehen (Fig. 112), selten wie in der Antike unten abgeschnitten; oft waren es auch ganze Zweiglein, die ohne weiteren Zusammenhang die Hohlkehle ausfüllten. Neben den aufrecht stehenden

Fig. 113. *Gotischer Ahornblatt-Fries.*

Blättern kam aber auch ein gewundenes Rankenwerk vor, zumeist mit Blättern, Blüten und Früchten versehen (Fig. 113).

In der Frühzeit wurde das Pflanzenornament trotz aller Stilisierung so gebildet, dass sich die Pflanzengattung erkennen liess und wurden namentlich in Frankreich zahl-

Fig. 114. *Gebuckeltes Blattwerk der gotischen Spätzeit.*

reiche Pflanzenarten hiezu verwendet. Im 14. und 15. Jahrhundert beginnt die gotische Barockzeit, die sich

Fig. 115. *Gotischer Tisch aus Kaisersheim.*

namentlich durch ein konventionelles, gebuckeltes und verziertes Blattwerk charakterisiert (Fig. 114).

In der gotischen Kleinkunst, namentlich an Möbeln, kommen zahlreiche neutrale Felder vor, die sehr häufig mit einem bandartig, alle leeren Stellen gleichmässig ausfüllenden Rankenornament verziert erscheinen, zumeist wenig plastisch und mehr wie ein Flachornament behandelt (Fig. 115).

Zuweilen kommt das Pflanzenornament als Ausfüllung bei Schrankthüren vor, zumeist in Verbindung mit Wappen, Initialen und Spruchbändern, oft in voller Plastik sich teilweise frei vom Grunde abhebend und mit grosser Sorgfalt durchgeführt.

Die Renaissance.

Nachdem sich in Italien das Mittelalter überlebt, entstand daselbst ein frisches Streben die Antike nachzuahmen, um dadurch einen neuen Stil zu bilden, welcher auch bald lebensfähig und thatkräftig genug auftrat. Die Aufgaben der Kunst, insbesondere aber der Architektur, sind unterdessen ganz andere geworden. Die antiken Formen und Ideen mussten sich den neuen Anforderungen anpassen und so wurde aus der Renaissance, wie bereits erwähnt, keine blosse Wiedergeburt der Antike, sondern ein lebensfrischer, neuer Stil. Die Renaissance schöpfte zunächst nur aus römischen Bauten, die griechische Kunst kommt so gut wie gar nicht in betracht. Die Renaissance, namentlich in der ersten Zeit ihrer Bildung, zeichnet sich insbesonders durch hervorragende Verzierungslust aus. Die architektonischen Bauteile, die sie von der römischen Baukunst ererbt, genügten, so wie sie waren, ihrer Dekorierungslust lange nicht und sah sie sich deshalb genötigt, neue Felder zu schaffen, an welchen sie ihren Sinn für das Dekorative bethätigen konnte; es war aber nicht das struktive Ornament, dessen Pflege nach ihrem Sinne war, sondern in hervorragender Weise das neutrale, und so sehen wir denn sehr häufig in der Renaissance, namentlich in ihrer Frühzeit, da neutrale Felder mit freiem Ornament entstehen, wo in der Antike stets nur struktive Bauteile angewendet wurden. Jede taugliche Fläche wurde mit einem Rahmenwerk versehen, deren Füllung zumeist mit einem leichten, zierlichen Ornament verziert wurde. (Vergl. Fig. 92.)

Während in Griechenland die neutralen Felder ausschliesslich und in Rom in der ersten Kunstperiode zumeist mit grossen figuralen, historischen Kompositionen geschmückt wurden, ist in der Renaissancezeit der historische Figurenschmuck an neutralen Feldern, insbesonders in der Frühperiode fast vollständig verbannt und dessen Stelle vertritt ein zierliches, spielendes Pflanzengeranke.

Eine klare Besprechung der Renaissanceornamente wird durch den überaus grossen Formenreichtum dieser Periode, der im Laufe der Zeit und in den verschiedenen Ländern wesentliche Umbildungen durchzumachen hatte, sehr erschwert. Aus diesem Grunde können wir nur das wichtigste des vegetabilischen Renaissanceornamentes besprechen; wir wollen insbesondere die Formen der italienischen Renaissance als Ausgangspunkt annehmen und, soweit es der Raum gestattet, ausführlich besprechen. Wir werden als Hauptgattungen des Ornamentes hier unterscheiden müssen:

1. Das plastische Ornament.
2. Das Ornament der Fläche.
3. Das gemalte Ornament.

1. Das plastische Ornament.

Eigentümlich und sehr bezeichnend für die Frühperiode ist der Umstand, dass sich das plastische Ornament der Frührenaissance viel selbständiger und eigenartiger entwickelte und weniger streng an die Antike anlehnte als das Ornament der Hochrenaissance. Ein zweiter, sehr charakteristischer Umstand ist der, dass das Material, in welchem sich das Frührenaissanceornament ausbildete, der Carrara-Marmor ist, welchem sich mehr als Spezialität die Terracotta in den Lucca della Robbia-Arbeiten zugesellte, während das beliebteste Material der Spätzeit der Stucco ist, welcher sich den phantastischen Arbeiten dieser Zeit viel leichter anbequemen liess.

Das vegetabilische Frührenaissance-Marmorornament zeichnet sich insbesondere durch eine elegante Linienführung aus, bei mässiger Bedeckung des Grundes und bei dünner, zarter Stengelbildung. Der Ansatz eines Seitentriebes geschieht tangential, sich allmälig vom Hauptstengel entfernend und in elastischen Kurven biegend.

Das Marmorrelief der Frührenaissance ist ein mässig hohes und zeichnet sich durch sanfte Übergänge aus, die in ihren grössten Tiefen keine Unterschneidungen zulassen, während das Ornament der Hochrenaissance, das sich mehr an die Antike anlehnt, voller und kräftiger und derber im Relief gebildet ist, so dass Unterschneidungen nicht selten vorkommen. Das Ornament der Zopfzeit steht in schärfstem Gegensatze zu dem der Frührenaissance; es vernachlässigt das vegetabilische Rankenornament überhaupt und pflegt mit Vorliebe die menschliche Gestalt und den Kartusch. Das Relief ist das kräftigste, nicht selten hebt sich das Ornament vollkommen von seinem Grunde ab.

Die italienische Renaissance hat eine Bezeichnungsweise für die verschiedenen Arten von Reliefs eingeführt, die auch noch heute gebräuchlich sind, weshalb wir sie hier anführen wollen.

Das flache Relief, das sich nur wenig über die Grundebene erhebt, nennt sie *„basso relievo“*. Das Hochrelief dagegen, das sich sehr stark über den Grund erhebt, stark unterschnitten sein kann und sogar in Formen überzugehen pflegt, die sich teilweise vom Grunde lostrennen, heisst *„alto relievo“*. Zwischen diese beiden Arten schiebt sich das Mittelrelief ein, ein kräftiges Relief, das im allgemeinen keine Unterschneidungen aufzuweisen hat und *„mezzo relievo“* genannt wird.

Die wichtigsten Arten des plastischen, vegetabilischen Renaissanceornamentes sind: Das Rankenornament, der Fruchtstrang, und der Feston.

Das Rankenornament

wird zunächst bei Pilasterfüllungen und ähnlichen Bauteilen mit grösserer Höhenentwicklung angewendet, um ein neutrales Feld in für den Beschauer anregender Weise zu schmücken. Am Fusse des Pilasters wächst es zumeist aus einer Akantusstaude mit auf- und abwärts gebogenen Blättern hervor und windet sich entweder in schneckenartig eingezogenen Linien nach oben (Fig. 116), oder es gruppiert sich das ganze Ornament um eine Mittelachse, aus welcher in mannigfaltigen Windungen sich zierliche Blatt-

873940

Fig. 116. *Pilasterfüllung aus Venedig.*

und Blütengebilde entwickeln, um oben in eine Blume, eine Fruchtschale oder Palmette, zu endigen (Fig. 117). Häufig steckt auch das untere Ende des Rankenornamentes in einer Vase, oder es entwickelt sich aus einem Delphin oder Menschenkopf oder aus verschiedenartig gestalteten Formen. Die hier in Anwendung kommenden Pflanzenarten entfalten eine grosse Mannigfaltigkeit, zeigen ein starkes Anlehnen an die Natur und wissen sich namentlich der eleganten, schwungvollen Linenführung des Ornamentes wohl anzupassen. An einem Rankenornament kommen Teile der verschiedenartigsten Pflanzengattungen vor; mit besonderer Vorliebe werden aber der Akantus und diesem ähnliche Blätter angewendet. Der Akantus der Renaissance ist der vielblätterige

Fig. 117. *Pilasterfüllung mit Mittelachse.*

römische, nur noch freier und meist zarter und zierlicher durchgebildet. Um einen wirkungsvollen Gegensatz zu den feinen Stengelbildungen und den dieselben begleitenden Blättern zu bilden, finden sich an geeigneten Orten, namentlich an den Enden der schneckenartigen Windungen

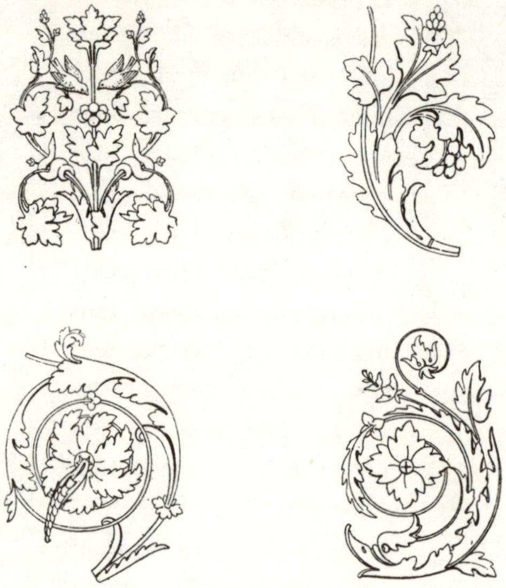

Fig. 118. *Details des Rankenornamentes*

zumeist breite, blumenartige Gebilde vor mit den verschiedensten Blattarten in ganzer oder halber Daraufsicht; dann entwickeln sich sehr häufig aus irgend einem Knotenpunkt des Stengels kleine Ranken, die spielend und unabhängig von der Gesamtlinienführung, mehr flächenausfüllend, sich durch das kräftigere Rankenwerk durchwinden (Fig. 118).

An Friesen oder horizontalen Füllungen findet man auch mit besonderer Vorliebe das schneckenartig sich ein-

Fig. 119. *Horizontale Füllung aus S. Pietro in Perugia.*

rollende Rankenornament, zumeist von einem Mittelpunkte ausgehend, welcher häufig durch eine Akantusstaude oder

Fig. 120. *Abschluss der Frührenaissance mit Palmettenornament.*

Vase hergestellt wird, dann entwickelt sich das Ornament vollkommen symetrisch nach rechts und links (Fig. 119).

Es finden sich aber auch an Friesen sehr häufig stehende Blatt- und Blütenelemente vor, die durch Rankenwerk mit einander verbunden werden. Charakteristisch für die Friesdekoration der Frührenaissance ist insbesondere eine eigentümliche, scharf geschnittene Palmette, die manchmal bohnenschotenartige Buckel aufweist, welche mit anders gestalteten Blättern abwechseln und so in der Gesamtanordnung an das Anthemienornament des jonisch-griechischen Säulenhalses erinnert. Diese Palmetten, in Verbindung mit ein oder zwei Rosetten, bilden auch eine sehr charakteristische Verzierung der halbkreisförmig geschlossenen Portale oder Kirchengiebel oder Grabdenkmale der Frührenaissance, wo sie als Akroterien angewendet erscheinen (Fig. 120).

Der Fruchtstrang.

Dieser besteht in einer wulstförmigen Aneinanderfügung von Blättern, Blumen und Früchten, die rahmenartig einzelne Bauteile umziehen. Entstanden ist diese Kunstform offenbar aus der provisorischen Festdekoration, die namentlich in Italien häufig angewendet wurde. Die gebräuchlichste Form war die, dass man drei Stangen nahm, dieselben rechtwinklig aneinanderfügte, so dass sie eine Thüre umrahmten. Die Enden dieser Stangen steckt man in passende Vasen, während die oberen Teile mit Blättern, Blüten und Früchten belegt wurden, welche mit Bandwerk an die Stangen festgebunden erschienen. Bei halbkreisförmig abgeschlossenen Portalen wählte man ein Stabwerk, das sich der Form der Thüre anschloss und verfuhr in derselben Weise. Aus dieser provisorischen Dekoration entstand eine ganze Reihe von Ornamenten, die an monumentalen Werken nachgebildet wurden, und zwar seltener in Marmor, dagegen anfangs mit Vorliebe in Bronzeguss oder Terracotta und in der Spätzeit in Stuck. Sowohl der Gegenstand, als auch die eben angeführten Materialien führten zu einer derbplastischen Durchbildung des Fruchtstranges. Das erste bedeutende Beispiel einer Umrahmung eines Portales durch den Fruchtstrang bietet die Thüre des Baptisteriums in Florenz, von Lorenzo Ghiberti in Bronzeguss ausgeführt (Fig. 121). Eine weitere charakteristische Ausbildung erhielt der Fruchtkranz oder die Fruchtwulst durch Lucca della Robbia, der seine Arbeiten in glasiertem Thone ausführte. Mit besonderer Vorliebe war es die Madonna mit dem Kinde, die er darzustellen pflegte, häufig in kreisförmigem Rahmen, der mit einer derbplastischen Fruchtwulst umzogen war, vollkommen entsprechend dem für Plastik so wohl geeigneten Materiale. Ausserdem erhielten seine Arbeiten eine dickflüssige Glasur und Farbe, welche feinere Details verdeckt hätten. Die wenigen von ihm angewendeten Farben waren: gelb, grün, blau, violett und weiss, und wusste er damit eine sehr bedeutende Wirkung zu erzielen.

Fig. 121.
Von der Thüre des Baptisteriums zu Florenz.

Der Fruchtstrang im allgemeinen weist mehrere Abarten auf, die am häufigsten angewendete ist die *Fruchtwulst.* Diese bildet ein ungeteiltes Ganzes und umzieht in gleicher Dicke das einzurahmende Objekt (Fig. 122). Daneben kommen aber auch Fruchtstränge oder Fruchtgehänge vor, die Zusammenziehungen durch Bandwerk aufweisen, so dass dadurch die Fruchtwulst in viele unter einander ziemlich selbständige Teile geteilt wird, wie wir dies an der Thüre des Ghiberti in Florenz gesehen haben; oder es können schliesslich einzelne Gruppen vollkommen getrennt erscheinen, wodurch Sträuschen entstehen, die ihren Zusammenhang durch Bandwerk erhalten und häufig in der Frührenaissance bei halbkreisförmigen Bekrönungen der Grabdenkmale und an anderen Orten angewendet wurden (Fig. 123).

Fig. 122. *Die Fruchtwulst.*

Fig. 123. *Fruchtgehänge.*

Die Hochrenaissance und noch mehr die Zopfzeit pflegt die plastische Fruchtwulst sehr häufig bei Dekoration der Innenräume, namentlich als Umrahmung von Gemälden oder Reliefs anzuwenden. Dieselbe ist dann in Stuck ausgeführt, zeichnet sich durch kräftige Plastik aus und wird entweder weiss gelassen, vergoldet oder erhält auch reiche, verschiedenfarbige Bemalung. Unter anderem sind die herrlichen Gemälde Rafaels in der Farnesina in Rom von derartigen plastischen Fruchtwülsten eingerahmt.

Der Feston.

Dieser zeigt viel Verwandtschaft mit dem Fruchtstrang. Zunächst muss bemerkt werden, dass er aus denselben Elementen besteht, nämlich aus Blättern, Blumen und Früchten; dagegen ist seine Form und noch mehr die Art und Weise seiner Anwendung grundsätzlich von dem Fruchtstrange zu unterscheiden. Der Feston besteht aus einem kleineren Fruchtstrang, welcher in der Mitte dicker ist und an seinen beiden Enden dünn auslauft. Diese beiden Enden erscheinen an passenden Stellen an der Wand befestigt, während die dickere Mitte in einer schönen elastischen Linie mehr oder weniger tief herabhängt. Noch mehr unterscheidet sich der Feston von dem Fruchtstrang oder der Fruchtwulst durch die Art seiner Anwendung; denn, während der Fruchtstrang wesentlich als Umrahmung diente, wird der Feston fast ausschliesslich zur Ausfüllung von neutralen Feldern verwendet.

Der Feston ist keine neue Form, vielmehr kam er bereits in der römischen Ornamentik vor. Dort wurde er seltener angewendet und hatte zumeist eine volle, derbe Bildung, während sich der Feston der Renaissance sowohl durch eine grosse Mannigfaltigkeit der Form, als auch der Art seiner Anwendung auszeichnet.

Die wichtigste Form des Festons der Renaissance ist der an zwei Punkten aufgehängte, in der Mitte dickere und herabhängende Fruchtstrang, der zur Ausfüllung kleinerer neutraler Felder dient. Die beiden dünnen Enden des Festons werden entweder durch eigene Hülsen gefasst und dann mittelst Bandwerk an den Aufhängepunkten befestigt, oder es erfolgt dies bloss durch Bänder mit Fortlassung der Hülsen. Das Aufhängen des Festons geschieht entweder an einem in die Wand eingeschlagenen, selten dekorierten Nagel oder an daselbst befestigten Ringen. Das Befestigen erfolgt durch Bandwerk, das an den Aufhänge-

Fig. 124. *Feston.*

punkten zumeist eine Masche bildet, während die Enden des Bandes herumflattern und die leeren Stellen in spielender Weise auszufüllen bestrebt sind (Fig. 124). Häufig erscheint auch die dicke Mitte des Festons durch ein kreuzweise gelegtes Band zusammengehalten, während nicht selten auch die Enden dieses Bandes sich in die unbedeckten Teile des Grundes einlegen. Zuweilen hängen von den Aufhängepunkten senkrecht nach abwärts gerichtete Teile eines Fruchtstranges herab, die zumeist oben dünner sind und sich gegen unten zu verdicken. An anderen Beispielen finden sich wieder an der leeren Stelle über der Einbiegung des Festons ein schöner Frauen- oder ein Satyr-Kopf oder verschiedenartig gestaltete Embleme vor.

Eine wichtige Abart ist der *Sträuschenfeston*. Dieser besteht aus mehreren Sträuschen, die an einem Bande befestigt erscheinen, und ebenfalls an zwei Punkten aufgehängt werden, so dass sich die Sträuschen in derselben elastischen Linie nach abwärts biegen, wie der oben besprochene Feston, während zumeist zu beiden Seiten der

Fig. 125. *Sträuschenfeston.*

Aufhängepunkte einige Sträuschen an Bändern befestigt senkrecht herabhängen (Fig. 125).

Der Feston dient aber nicht nur dazu, um kleine, selbständige, neutrale Felder zu schmücken, sondern er wird auch sehr häufig dazu verwendet, um in oftmaliger Wiederholung fortlaufende Friese zu dekorieren; dann sind die Festons entweder ebenfalls an Ringen oder Nägeln befestigt, oder sie werden von Kinderfiguren getragen, oder erscheinen an Kandelabern festgebunden, oder sie werden an den Hörnern von Stierschädeln befestigt.

2. Das Ornament der Fläche.

Es ist dies ein Ornament, das kein Relief, keinen sichtbaren Körper hat und dem Wesen nach in eine Fläche eingezeichnet erscheint, wobei allerdings etwaige kleine Erhabenheiten oder Vertiefungen den Charakter des Ornamentes der Fläche nicht alterieren.

Fig. 126.
Steinflachornament.

Es gibt verschiedene Arten des Flachornamentes und werden wir unterscheiden müssen:

1. *Das Steinflachornament.* Dieses wurde zumeist in Marmor ausgeführt, und zwar in der Weise, dass die Zeichnung auf eine glattpolierte Marmorfläche aufgetragen erschien, wobei der Grund um ein geringes vertieft und rauh gemacht wurde. Die Wirkung liegt hier wesentlich in dem Kontraste der Politur der Zeichnung und Rauhigkeit des Grundes (Fig. 126).

2. *Das Steinniello.* Hiebei wird ähnlich wie beim Steinflachornament verfahren; nur wird der ausgehobene Grund mit einer schwarzen Stuckmasse ausgefüllt (Fig. 127).

Fig. 127.
Stein-Niello.

3. *Die Holzintarsia.* Diese wurde dadurch hergestellt, dass aus einer Holztafel Ornamente in Flächen her-

ausgeschnitten und durch passende, anders gefärbte oder andersfärbige Holzausschnitte ersetzt wurden (Fig. 128).

4. Das Sgraffito. Dieses wird an der gemauerten Wand in Stuck hergestellt, indem man zunächst einen haltbaren schwarzen Untergrund erzeugt, welcher mit Kalkmilch überstrichen wird; hierauf wird die Zeichnung auf den noch feuchten, weissen Grund gepaust und nun die

Fig. 128. *Holzintarsia.*

entsprechenden Teile des weissen Kalkmilchüberzuges mit eisernen Instrumenten herausgekratzt, so dass der schwarze Untergrund sichtbar wird und dadurch die Zeichnung hergestellt erscheint (Fig. 129). Der Name kommt von *sgraffiare,* d. h. auskratzen.

Jede dieser Behandlungsweisen erfordert zwar eine ganz eigentümliche Formgebung des Ornamentes, zugleich haben sie aber auch gemeinschaftliche Charaktereigenschaften, die wir hier nun näher besprechen wollen.

Das Ornament der Fläche hat sich nun zunächst als das zu charakterisieren, was es in erster Linie ist, nämlich als eine Fläche.

Das *Steinflachornament* hat zwar einen schwach vertieften Grund, welcher aber als Relief stilistisch nicht zur Geltung kommt; auf alle Fälle aber liegt die Zeichnung in einer Fläche und der Grund in einer zweiten Fläche, so dass es der Künstler bloss mit Flächen zu thun hat.

Fig. 129. *Sgraffito vom Pal. Guadagni in Florenz.*
(Nach einer Aufnahme des Verfassers.)

Eine Ausnahme von dieser allgemeinen Regel macht das *Sgraffito*, das zwar thatsächlich auch eine Fläche ist, seinem Stile nach aber in der Nachbildung eines plastischen Ornamentes durch Strichlagen besteht. Es hat den Charakter einer grossen Federzeichnung oder eines Kartons.

Auch die *Intarsia* tritt zuweilen aus dem Charakter der Fläche heraus, seltener bei Darstellungen vegetabilischer Motive, mit denen wir es hier eigentlich zu thun haben, stets aber, wenn es sich um die Darstellung der in der Frührenaissance so beliebten baulichen Anlagen in Perspektive handelt. Auch das Pflanzenornament erhielt zu weilen eine leichte Schattierung durch eingekratzte Strichlagen.

Eine weitere allgemeine Eigenschaft des Ornamentes der Fläche ist die, dass die Wirkung wesentlich auf einer klaren und deutlichen Zeichnung beruht, und dass es in erster Linie auf *eine konventionelle scharfe Bildung der Umrisslinie* ankommen wird. Blätter, Blüten und Früchte werden in einer mehr schematischen Behandlung auftreten müssen, die mit der Naturnachahmung wenig zu thun hat, und zwar in einer entschiedenen Profilstellung oder vollen Daraufsicht der einzelnen Teile, während sich alle perspektivischen Ansichten oder Überschneidungen nicht gut für die Zeichnung eines Flachornamentes eignen werden. Sehr zu empfehlen wird in den meisten Fällen die Annahme stark kontrastierender Farben sein, die in der Wirkung dem Schwarz und Weiss nahekommen und wird es wesentlich auf das räumliche Verhältnis der Zeichnung zum Grunde ankommen. In dieser Beziehung wird der Künstler die Wahl haben, seine Arbeit so einzurichten, dass sich entweder eine weisse Zeichnung auf schwarzem Grunde oder eine schwarze Zeichnung auf weissem Grunde bilden wird; es gibt zwar noch eine dritte Art, nämlich die, wo Schwarz auf Weiss gleichmässig verteilt ist. Diese wird namentlich dort anzuwenden sein, wo es einen Gegensatz oder Ausgleich zu bilden hat, bei Zeichnungen mit überwiegendem Schwarz oder Weiss.

Der Künstler wird bei seinem Entwurfe aber auch darauf zu sehen haben, dass das Ornament die gegebene Fläche entsprechend ausfüllt, namentlich dass keine sogenannten „Löcher“ entstehen, worunter man grössere leere Stellen versteht, die sofort ins Auge fallen und stören; er wird aber auch darauf achten müssen, dass ein angenehm wirkender Kontrast hergestellt wird zwischen der Stengelbildung und dem Blattwerk. Mit Vorliebe wurden dünne Stengel gemacht, aus welchen sich mehr oder weniger breitblättrige Pflanzenformen entwickelten.

Die relative Grösse der einzelnen Teile hängt in erster Linie von dem Ort der Aufstellung ab, ob das Ornament z. B. das Innere eines Zimmers oder die äussere Wandfläche eines Hauses zu schmücken haben wird. In dieser Beziehung wird es kaum möglich sein, allgemein giltige Regeln aufzustellen, vielmehr muss der schaffende Künstler sich auf eigene oder fremde Erfahrung stützen und wird in erster Linie berücksichtigen müssen, dass der Beschauer unter normalen Verhältnissen die einzelnen Formen der Zeichnung mühelos unterscheiden kann.

Häufig besteht das Ornament der Fläche aus vollständig von einander getrennten Teilen, die bloss durch die angedeutete Linienführung ihren Zusammenhang erhalten, ein Verfahren, das dem Ornamente in den meisten Fällen viel Klarheit und Übersichtlichkeit verleiht. Ähnliches haben wir bereits an weit ältern Kunstformen beobachtet, so namentlich an den gemalten griechischen Ornamenten.

Schliesslich müssen wir noch hervorheben, dass zuweilen eine der hier angeführten Techniken in die andere übergeht, dass beispielsweise ganz entsprechend der Holzintarsia eine Marmorintarsia gebildet wird oder dass auf eine Marmortafel Zeichnungen eingeritzt werden, die, schwarz gemacht, vollkommen an die Sgraffitotechnik erinnern, u. s. w.

3. Das gemalte Ornament.

Das auf eine Wandfläche gemalte Ornament ist nicht zu verwechseln mit dem eben besprochenen Flachornament, mit welchem es sich sogar zumeist in starkem Gegensatz befindet, und zwar deshalb, weil das Flachornament sich in der Regel als eine Fläche charakterisiert, während das gemalte Ornament, das zwar thatsächlich sich in einer Fläche befindet, sich zumeist als Reliefornament darstellen will.

Das gemalte Pflanzenornament kommt vor:

1. Ohne jede Schattenangabe.
2. Mit Selbstschatten.
3. Mit Selbst- und Schlagschatten.

1. *Das Pflanzenornament ohne jede Schattenangabe*, das im griechischen Stile stets angewendet wurde und auch im römischen häufig vorkommt, findet sich in der Renaissance selten vor und dann meist in Verbindung mit andern Malereien als bedeutungslose Verzierung, häufiger als Teppichmuster.

2. Das am häufigsten angewendete *Pflanzenornament der Renaissance ist dasjenige mit Selbstschatten.* Die Vorbilder für diese Art Malereien fand die Frühperiode der Renaissance nicht im römischen Stile, nachdem die bedeutendsten römischen Malereien noch nicht entdeckt waren und die aufgefundenen geringen Reste nicht viel beachtet wurden; die Vorbilder fand sie vielmehr in ihrem eigensten Gebiete, denn das Vorbild des gemalten abschattierten Ornamentes der Renaissance ist das plastische Ornament derselben Periode. Auf diese Weise wird dem gemalten

Ornament durch Selbstschatten eine gewisse Körperlichkeit gegeben, wobei es zumeist auf eine täuschende Nachahmung der Plastik durchaus nicht abgesehen ist, und so hat denn das gemalte Pflanzenornament dieselbe elegante Linienführung, dieselbe zarte Stengelbildung und dieselbe Mannigfaltigkeit und den gleichen Reichtum der Motive aufzuweisen wie das plastische, modifiziert wird es nur durch die Farbe, welche zuweilen eine noch zartere Formgebung zulässt als die Behandlung in Marmor, um so mehr, als der Grund häufig in kräftigem Farbenkontrast mit dem gemalten Ornamente steht, so dass die zarteste Linie noch deutlich sichtbar wird. Mit Vorliebe wurde Gold oder ein dunkles Blau oder Weiss als Grund verwendet, ausserdem auch Rot, Gelb oder Braun und fast alle Farben. Die einzelnen Blätter des Ornamentes erhielten in der Regel eine Farbe, welche mit der der Natur zumeist nicht viel gemein hat; zuweilen bekam ein Blatt auch zwei Farben, die allmälig ineinander übergingen.

3. Weit seltener wird die dritte Art des gemalten Pflanzenornamentes angewendet, diejenige mit *Selbst- und Schlagschatten,* und gibt es hier zweierlei Gattungen anzuführen, nämlich einmal das vielfarbige Ornament mit Schlagschatten, das sich im Wesen kaum unterscheidet von dem einfach gemalten und abschattierten, und dann ein Ornament, das eine vollständige Nachahmung des plastischen Ornamentes sowohl in der Form als in der natürlichen Steinfarbe anstrebt; es ist das das sogenannte *Chiaroscuro,* eine Malerei, deren Gegenstand allerdings zumeist figurale Darstellungen umfasst und sich selten und dann nur nebensächlich auf das Pflanzenornament bezieht.

873940

Fig. 130. *Aus Rafael's Loggien in Rom.*

Zur höchsten Vollendung brachte es das gemalte Ornament zu Anfang des XVI. Jahrhunderts, einesteils durch die Entdeckung der schönen Malereien der Titus-

Fig. 131. *Grotteskenornament von Giulio Romano.*

thermen, und andernteils durch die künstlerische Verwendung der daselbst gefundenen Motive durch die grössten Künstler der Renaissancezeit, insbesondere durch Rafael.

Fig. 132. *Wandfüllung aus dem Hotel de ville zu Bordeaux.*

Es war aber jetzt nicht mehr das vegetabilische Ornament Hauptsache, sondern es diente dasselbe jetzt vielmehr dazu, um durch seine Rankengebilde ein Verbindungsglied der verschiedenartigsten Elemente abzugeben, als da sind:

Figurale Darstellungen, Tempelchen, Tafeln, Landschaften, chimärische Gebilde u. s. w. Diese Malereien wurden Grottesken genannt, da dieselben zum grossen Teil den Malereien der Thermen, Grotten zubenannt, nachgebildet wurden; ausserdem wurden sie auch mit der Plastik in Verbindung gebracht, so dass einzelne Teile, namentlich

Fig. 133. *Anordnung des Pflanzenornamentes der Spätzeit.*

das Rahmenwerk, sowie Täfelchen mit figuralen Darstellungen plastisch aus Stuck gebildet erschienen, überdies erhielten noch einzelne Teile eine Vergoldung in Linienornamenten. Diese so gebildeten reichen Malereien erforderten eine Summe von technischen Herstellungsweisen und repräsentirten das Vollendetste in seiner Art (Fig. 130).

Unter Rafaels Schülern, namentlich unter Udine, Giulio Romano und Perin del Vaga wurde diese Richtung weiter verfolgt und vorzügliches geleistet (Villa Madame, Palazzo del Te u. s. w.), zugleich aber schon ein mächtiger Schritt dem Barocken zu gethan (Fig. 131).

Wenn wir zum Schlusse noch einen Rückblick werfen auf die Bedeutung des vegetabilischen Ornamentes in der Renaissancezeit, so werden wir bekennen müssen, dass die Glanzperiode des vegetabilischen neutralen Ornamentes in die italienische Frührenaissance fällt. Die Hochrenaissance dekorierte ihre neutralen Felder entweder mit figuralen Kompositionen, Emblemen, Inschriften oder liess dieselben leer, oder sie bediente sich des gemischten Ornamentes, bei welchem das vegetabilische Element zumeist nur als verbindendes Beiwerk auftritt. Diesen Charakter behielt das Ornament dann auch fernerhin in der Barockzeit und in der französischen und deutschen Renaissance. Die wichtigsten Formen, die das vegetabilische Ornament in diesen Zeiten und Ländern annimmt, sind zunächst der Feston, der häufig von Kindergestalten gehalten wird oder mit Vasen in Verbindung gebracht erscheint. Ferner sind es Lorbeer- und Palmzweige, die sich symbolisch um einen Mittelpunkt gruppieren (Fig. 132). An andern Orten erscheint das Rahmenwerk durch zierliche Guirlanden geschmückt oder es wachsen aus demselben zarte Zweige und Blumen, die sich in ungezwungenster Weise ausserhalb und innerhalb des Rahmens bewegen (Fig. 133). Häufig hängen denn auch von denselben Embleme herab, die mit zierlichen Pflanzenranken umgeben sind; daneben werden kräftige akantusähnliche Blätter als Masken benutzt, um Verbindungsstellen zu verdecken oder um sich dekorierend über die glatten Teile von Kartuschen zu legen. In Frankreich wurde namentlich ein spielend dekoratives, leicht hingeworfenes Pflanzengeranke gepflegt; es sind ganze Zweiglein, Blumen und Knospen, die in Form und Bewegung der Natur abgelauscht erscheinen und in zierlicher Weise zumeist verschiedenartige Embleme umgeben. Als Beispiel mag unsere Schlussvignette gelten, welche von Berthault & Bachelier im Stile Ludwig XV. entworfen worden ist.

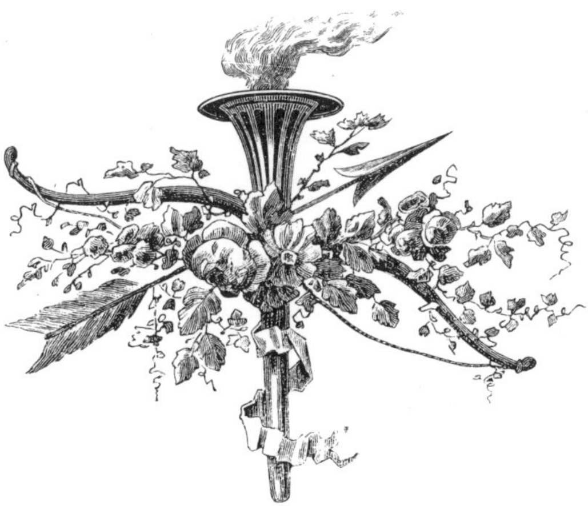

Verzeichnis der Illustrationen.

II. THEIL.

DAS STILISIEREN DER THIER- UND MENSCHEN-FORMEN.

Inhalts-Verzeichnis.

**

Einleitung.

Es sei uns gestattet an dieser Stelle einige Erläuterungen zu wiederholen, die wir bereits in der Einleitung des Werkes „Stilisieren der Pflanzen“ gegeben haben, namentlich aber wird es wichtig sein darauf hinzuweisen, dass die verschiedenen Bautheile sehr mannigfaltigen Zwecken zu dienen haben, die sich aber immerhin in zwei Hauptkategorien werden theilen lassen. Es gibt Bauglieder, die unumgänglich nothwendig sind zum Bestande des Bauwerkes, die zu dessen Construction gehören, solche Bautheile habe ich *structive Bautheile* genannt, dazu gehören insbesondere: die Säule, der Architrav, die Triglyphen des dorischen Frieses, die Gesimse, der Bogen, die Gewölbe u. s. w.

Dann gibt es aber auch Bautheile, die nicht nothwendig sind zum Bestande des Bauwerkes, die sehr wohl fortgelassen werden könnten, ohne dass dadurch das bauliche Object in constructiver Beziehung gefährdet wäre, es sind dies meist Ausfüllungen zwischen structiven Baugliedern, die mit der Construction entweder thatsächlich oder der Idee nach nichts zu thun haben, solche Bautheile habe ich *neutrale Bautheile* genannt, dazu gehören namentlich: das Giebelfeld, der jonische Fries, die Metopen des dorischen Frieses und nach griechischer Auffassung zum grossen Theile auch die Wand u. s. w.

Einzelne Culturvölker haben die Unterscheidung dieser principiell verschiedenen Bautheile nicht betont, dazu werden wir die meisten vorgriechischen Völkerschaften rechnen müssen; andere haben dieselben in schärfster Weise durchgeführt, dazu gehören insbesondere die Griechen; noch andere Culturvölker haben diese principiellen Unterscheidungen mit mehr oder weniger Freiheit behandelt, wie man dies bei allen nachgriechischen Völkern bis auf unsere Zeit ersehen kann.

Nun wird die Frage entstehen: Wodurch unterscheiden sich ihrer äusseren Erscheinung nach die structiven Bautheile von den neutralen? Die Antwort hierauf ist: Durch die richtige Anordnung des für diese Bautheile passenden Ornamentes. Um nun das passende Ornament zu finden, werden wir zunächst sagen müssen, dass schon der Natur der Sache nach structive Bautheile eine Ornamentierung werden erhalten müssen, die sich auf die structive Thätigkeit des Baugliedes bezieht, solche Ornamente wollen wir *structive Ornamente* nennen; ebenso folgerichtig werden alle neutralen Bautheile einen Schmuck erhalten sollen, der sich jeder Andeutung einer structiven Function enthält, und in freier Weise wesentlich den Bedingungen der Raumausfüllung und den allgemeinen Gesetzen der Schönheit zu genügen hat, solche Ornamente wollen wir *neutrale* oder *freie Ornamente* nennen. Als Beispiel mag der dorische Fries angeführt werden, welcher beide Bestandtheile aufzuweisen hat u. zw. die entschieden structiven Triglyphen und die vollkommen neutralen Metopen. Das Ornament der Triglyphen besteht in einer Art Cannelur — den Glyphen — welche den Zweck haben die structive Thätigkeit dieses Baugliedes hervorzuheben — während die Metopen figurale Darstellungen aufweisen, die mit der Andeutung einer Construction absolut nichts zu thun haben.

Dieselbe Unterscheidung, die wir hier bei monumentalen Bauwerken gemacht haben, lässt sich auch bei allen Werken des Kunstgewerbes durchführen — so hat z. B. eine Thüre ihre offenkundigen structiven Theile u. zw. den Rahmen, und ihre neutralen Theile: die Füllungen, desgleichen hat eine Cravattennadel dieselben zwei Theile aufzuweisen, nämlich zunächst einen neutralen Theil: den Edelstein, oder was dessen Stelle vertritt, und einen structiven Theil: die Einfassung, die einestheils den Edelstein festzuhalten und anderntheils mit der eigentlichen Nadel zu verbinden hat.

Dann wäre aber noch eine Sache zu berühren, die ich im 1. Theile nicht erwähnt habe, die aber dennoch von grosser Bedeutung für das richtige Verständnis unseres Themas sein dürfte, es wird die Antwort auf die Frage sein: Was hat das Ornament im weitesten Sinne in den Werken der Architektur und des Kunstgewerbes auszudrücken?

In dieser Beziehung werden wir sagen müssen, das Ornament kann 1. *den Zweck* eines Baugliedes andeuten, als Beispiel mögen uns die Wasserspeier dienen, als solche werden sehr häufig Löwenköpfe angewendet, die an der Wasserrinne angebracht sind und die Aufgabe haben das Regenwasser, das sich in der Dachrinne sammelt, möglichst weit vom Baugrund auszuspeien. (Vergl. Fig. 16.) Ein Thierkopf ist nun eines der wenigen Objecte der Natur, welcher die Fähigkeit besitzt in seinem Rachen Wasser aufzunehmen und es auszuspeien und in Folge dessen ist ein Thierkopf sehr wohl geeignet als ornamentaler Wasserspeier zu fungieren, ein solcher Thierkopf deutet den Zweck des Baugliedes an und ist demnach ein *Zwecksymbol*.

2. Kann ein Ornament eine *structive Thätigkeit*, die bei den einzelnen Baugliedern entweder thatsächlich auftritt oder bloss der Idee nach besteht, andeuten wollen. Als ein

hieher passendes Beispiel wollen wir die sogenannten Karyatiden anführen (Vergl. Fig. 14), es sind dies Frauengestalten, die durch Vermittlung eines bolsterartigen Zwischenstückes meist leichtere Architekturtheile auf ihrem Haupte tragen — ihre gedachte Thätigkeit ist eine eminent structive und können die Karyatiden als *Structur-Symbole* im weiteren Sinne gelten.

Zu bemerken wäre hier noch, dass sowohl Zwecksymbol als Structursymbole sich auf innere Functionen des Bauwerkes beziehen, eine grosse Verwandtschaft zu einander besitzen und in manchen Fällen schwer aus einander zu halten sind, weshalb ich in diesem Werke beide unter den allgemeinen Namen structive Ornamente eingereiht habe.

3. Kann ein Ornament Beziehungen andeuten, die ausserhalb des Bauwerkes liegen, dazu gehören insbesondere alle Abbildungen, Attribute und Embleme, die sich auf die im Tempel verehrte Gottheit beziehen, oder auf den Herrscher des Landes, unter dessen Mitwirkung der Bau entstanden, oder auf den Erbauer oder Gründer des Denkmals niedrigeren Standes. Derartige Symbole werden *tendenziöse Symbole* genannt und kommen dieselben namentlich in den vorgriechischen Stilarten sehr häufig vor. Die geeignetesten Orte zur Anbringung dieser Symbole sind namentlich die neutralen Felder, während es im Allgemeinen sehr zu vermeiden sein wird, structive Bautheile durch tendenziöse Symbole schmücken zu wollen.

Als ein Beispiel mag die Lyra gelten (Vergl. Fig. 81), die häufig auf Friesen von Tempeln wiedergegeben erscheint, deren Darstellungen dem gesangskundigen Gotte Apollo gewidmet sind, an anderen Orten sieht man wieder eine Eule abgebildet, diese steht in engeren Beziehungen zur Stadt Athen und ihrer Schutzgöttin Pallas Athene. Im

Mittelalter findet man häufig, dass Wandmalereien oder Stoffe in vielfacher Wiederholung das Wappenthier des fürstlichen Besitzers wiedergeben und so liessen sich noch viele Beispiele anführen, welche die häufige Anwendung tendenziöser Symbole zum Gegenstande haben.

Es ist von grossem Interesse zu untersuchen, wie die verschiedenen Völker die ebenangeführten Symbole behandelten und in ihren Kunstwerken durchführten, wir werden im Laufe unserer Betrachtungen reichlich Gelegenheit haben darauf hinzuweisen.

I. Abtheilung.

Das Stilisieren der Thier- und Menschenformen an structiven Theilen.

Allgemeines.

Das Ornament sucht seine Vorbilder entweder in der Natur oder es findet dieselben in den handwerklichen Producten der Menschen. Von den Gegenständen, welche die Natur bietet, sind es namentlich jene, welche dem Pflanzen- und Thierreiche angehören, die in erster Linie hier in Betracht kommen, die Motive des Mineralreiches erscheinen sehr wenig geeignet als Kunstform Verwendung zu finden und sind es in der That nur wenige mineralogische Objecte, die in der Ornamentik aufgenommen wurden. Den hervorragenden Einfluss, den das Pflanzenreich auf die ornamentale Kunstform ausübt, haben wir bereits in einem Buche *) ausführlich besprochen, es erübrigt uns nun noch die Bedeutung der Thierwelt in ihren Beziehungen zur Ornamentik etwas ausführlicher zu behandeln, was in dem vorliegenden kleinen Werke geschehen soll.

Die in vieler Hinsicht so grundsätzlich verschiedenen Formen der Thier- und Pflanzenwelt werden es natürlich erscheinen lassen, dass dem Thierreiche in der Ornamentik andere Aufgaben zugewiesen sein werden, als der Pflanzenwelt und dass es dieselben in einer principiell verschiedenen Weise zur formellen Anschauung bringen wird.

*) Das Stilisieren der Pflanzen. Von Zd. R. Schubert von Soldern Verlag v. Orell Füssli & Comp. Zürich und Leipzig.

In diesem Abschnitt haben wir es zunächst mit Ornamenten zu thun, welche eine structive Thätigkeit andeuten, und werden wir in dieser Beziehung noch hinzufügen können, dass thierische Formen neben der Andeutung einer structiven Thätigkeit sehr häufig zu gleicher Zeit eine tendenziöse Bedeutung erhalten, indem dieselben weit häufiger in Beziehung zu einer Gottheit, einem Herrscher, einem Lande oder einer Stadt treten, als dies beim Pflanzenornamente der Fall war.

Insbesondere aber muss an dieser Stelle hervorgehoben werden, dass sowohl ganze Thiere und Menschen, als auch bloss einzelne Theile derselben als Ornament Verwendung finden und dass sich in beiden Fällen eine sehr verschiedene Behandlung von selbst ergeben wird, über welche in den folgenden Blättern ausführlich gesprochen werden soll.

1. Stilisieren der einzelnen Theile einer Thier- oder Menschen-Form.

Die Motive des Pflanzenreiches sind im Vergleich zu jenem des Thierreiches weit neutraler und ihre Anwendung weit schematischer, die Vorbilder des Thierreiches aber sind schon ihrer Natur nach weit reicher an Beziehungen und deshalb eine gewisse Vorsicht in ihrer Verwendung nothwendig.

Zur besseren Übersichtlichkeit werden wir einige Hauptgrundsätze aufstellen, die als Leitfaden der formellen Behandlung animalischer Formen dienen können.

a) Sollen Theile eines Thieres oder des Menschen dazu verwendet werden, um Functionen eines Bautheiles oder einzelner Theile eines Werkes der Kleinkunst auszudrücken, so ist es in erster Linie nothwendig, dass dieselben eine analoge Anwendung finden, wie in der Natur beim Thier oder Menschen selbst.

So ist der Kopf der oberste Theil des Menschen oder eines Thieres, zugleich bildet er einen Abschluss, auf welchen weiter nichts mehr kommt — will ich nun im Bau- oder Geräthewesen einen Theil als den obersten Theil charakterisieren, so werde ich das sehr wohl durch Anfügung eines Menschen- oder Thierkopfes thun können. (Fig 1.)

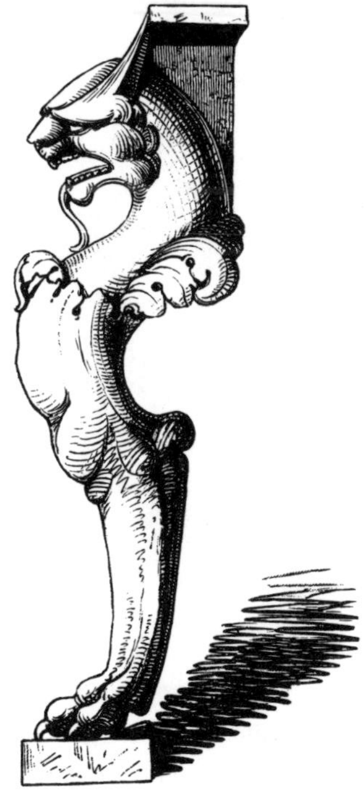

Fig. 1. *Tischfuss aus Pompeji.* (Nach einer Aufnahme des Verfassers.)

Bei dem vorliegenden Tischfuss dient der Löwenkopf in der That nur dazu, um eine schöne Endigung des Fusses nach Oben anzudeuten, eine structive Thätigkeit zu symbolisieren ist bei demselben gar nicht beabsichtigt, die Tischplatte wird vielmehr von einem rechtwinkeligen Ansatze aufgenommen und nicht von dem Thierkopfe.

Wir werden ferner behaupten können, dass der Kopf zugleich der wichtigste Theil des Menschen ist — auch dieser Umstand lässt sich in der Symbolik sehr wohl verwerthen. —

Will ich unter mehreren Bautheilen einen Theil als den bedeutsamsten hinstellen, so werde ich denselben mit dem Bilde eines Menschenkopfes auszeichnen können, wie dies namentlich häufig mit dem Schlusssteine der Bögen geschieht. (Fig. 2.) Dabei wird an der Sache nichts geändert, ob die übrigen Steine des Bogens als Keilsteine auftreten oder in einer Archivolte aufgehen.

Fig. 2. *Schlussstein vom Palazzo Giustiniani in Padua.*
(W. Bauhütte.)

Mit derselben Berechtigung, mit welcher der Thierkopf als oberer Abschluss gilt, wird der Thierfuss als Endigung nach unten angesehen werden müssen. Dabei ist aber noch zu bemerken, dass mit der Anwendung von Thierfüssen zugleich andere Beziehungen symbolisiert werden, welche sich auf analoge Vorgänge in der Natur stützen. In erster Linie ist mit einem Thierfuss der Begriff der Beweglichkeit unzertrennlich, will ich an einem Gegenstande die Beweglichkeit desselben andeuten, so werde ich ihn sehr wohl mit Thierfüssen in Verbindung setzen können, dies geschieht allerdings nur bei einer Gattung

Fig. 3. *Geschnitzte Truhe im Bargello in Florenz.*
(Teirich. Kunsth. Bg.)

von Objecten und zwar bei den Möbeln, diese müssen ja verrückbar, mobil sein, von dieser Eigenschaft haben sie auch ihren Namen erhalten*). In der Bewegbarkeit der Möbeln liegt auch der Hauptgegensatz im Vergleich zu dem unverrückbaren, auf festem Fundamente aufruhenden Monumente. Will ich demnach an einem Möbel 1. eine Endigung nach unten und 2. die Beweglichkeit andeuten, so werde ich das sehr wohl thun können, wenn ich das Möbel auf Thierfüsse stelle. (Fig. 3.)

Nun haben aber die Füsse der Thiere in der Natur neben ihrer Beweglichkeit und Endigung nach unten noch eine andere Aufgabe zu erfüllen und diese ist das Tragen des Thierkörpers, auch dieser Umstand findet im Geräthewesen analoge Anwendung, indem man z. B. Stuhlbeine einen Obertheil und den darauf sitzenden Menschen tragen lässt, nur wird in diesem Falle nicht bloss der untere Theil des Fusses zur Verwendung kommen dürfen, sondern das ganze Thierbein (Fig. 4), denn bloss dieses veranschaulicht das Tragen und Stützen eines Gegenstandes, zugleich wird aber auch der schaffende Künstler den Grad der Beweglichkeit leicht ausdrücken können, einmal indem er das Geräthe mehr oder weniger leicht aufbaut — dann aber auch durch die Gattung und eigenthümliche Form der verwendeten Thierbeine, so werden sich z. B. Rehfüsse sehr wohl eignen, einen leichten Gegenstand zu stützen und eine grosse Beweglichkeit anzudeuten, während schwere Löwentatzen am besten dort Anwendung finden werden, wo ein geringerer Grad von Beweglichkeit symbolisiert werden soll.

b) *Sollen Theile der Thiere dazu verwendet werden, um im Geräthewesen oder der Architektur gewisse structive*

---

*) Vergleiche Semper: Der Stil pag. 386 und des Verfassers Broschüre: Ein Beitrag zur Charakteristik der Stilgesetze. Prag, H. Dominicus. 1882, pag. 15.

Functionen anzudeuten, so darf niemals mehr von dem Thiere genommen werden, als gerade die Symbolik erfordert.

Nachdem ich die Thiertheile bloss deshalb anwende, um bestimmte Thätigkeiten anzudeuten, so ist es selbst-

Fig. 4. *Ägyptischer Stuhl.*
(Blümner.)

verständlich, dass ich nur jene Theile in Verwendung bringen darf, die im Stande sind dies zu thun, alle anderen Thiertheile, die etwa noch vorkommen, reden zwar auch eine symbolische Sprache, aber sie wird nicht auf den betreffenden Fall passen und daher nur dazu beitragen, die Formen unklar und unverständlich zu machen.

Als Beispiel einer richtigen Verwendung mag der Tischfuss, Fig. 1, fungieren. Ein Tisch bedarf eines oder mehrerer Füsse, und da derselbe beweglich ist, werden sich in der bereits angedeuteten Weise Thierfüsse sehr wohl dazu eignen, nun wird es sich darum handeln, wie diese Füsse mit der Tischplatte zu verbinden sind, das kann nun auf verschiedene Weise geschehen, entweder indem man die Füsse ohne besondere vermittelnde Glieder in die Tischplatte übergehen lässt, wie dies in analoger Weise bei dem ägyptischen Stuhl Fig. 4 erfolgte, oder man kann den Tischfuss als selbständige Form charakterisieren wollen, dann muss derselbe einen passenden Abschluss nach oben erhalten, welcher sich am zweckmässigsten durch einen Thier- oder Menschenkopf ausdrücken lassen wird, wie dies in Fig. 1 dargestellt ist, dabei ist allerdings die stützende Aufgabe des Fusses im Hintergrund gestellt, der Fuss aber gewinnt andererseits dadurch an Ausdruck und Leben. Diese beiden Theile genügen vollständig, das anzudeuten, was hier zu symbolisieren ist, würde ich noch einen dritten Thiertheil, etwa die Brust oder den Rücken des Thieres mit einbeziehen wollen, so würde die structive Aufgabe des Geräthes dadurch nur unklar und die Form unschön werden.

Als ein Beispiel, wie vorsichtig man in der Anwendung thierischer Bestandtheile sein muss, soll uns das persische Säulencapitäl Fig. 13 und 13 *a* dienen. Der Grundgedanke dieser Form ist der, dass der gemeinschaftliche Rücken zweier Thiere einen Tragbalken zu stützen hat, nun sind aber ausser dem Rücken auch noch die beiden Köpfe nnd Füsse angebracht, die vollkommen beschäftigungslos sind, in Folge dessen wirkt dieses Capitäl befremdend und unharmonisch auf den Beschauer.

c) *Sollen Theile von Thieren zu einem ornamentalen Ganzen combiniert werden, so wird es sich empfehlen, darauf zu sehen, dass diese Zusammenstellung keinen animalischen Organismus bildet, wie er in der Natur vorkommt.*

Zur besseren Übersicht werden wir unterscheiden müssen: 1. Zusammenstellungen von Thiertheilen desselben Thieres und 2. Combinationen von Thiertheilen verschiedener Thiere. Im ersten Falle kann ich die Thiertheile zunächst so zusammenstellen, dass ich das ganze Thier erhalte, es ist dies eine Combination, die in einem späteren Abschnitt zur ausführlichen Besprechung gelangen soll, hier sei nur soviel erwähnt, dass dadurch in dem Beschauer die Vorstellung des Thieres selbst erzeugt wird mit der Beweglichkeit und den specifischen Eigenthümlichkeiten der Thiergattung, dadurch wird aber Derjenige, welcher die Form ansieht, weit mehr beschäftigt, als durch die Erwägung der richtigen Lösung der structiven Aufgabe, es hat in Folge dessen immer etwas Bedenkliches, ganze Thiere, wie sie in der Natur vorkommen, in das structive Schema der Architektur oder des Geräthewesens einzuschieben. Dabei muss bemerkt werden, dass es aber immer noch besser ist ganze Thiere zu verwenden, als Combinationen von Theilen desselben Thieres, welche die Hälfte des Thieres oder noch etwas mehr von demselben ausmachen, denn dadurch wird die an und für sich schöne Gestalt des Thieres verstümmelt und Thiertheile mit in die Combination gezogen, die keinen Sinn haben, wie wir dies beim persischen Säulencapitale bereits gesehen haben. Ein anderes noch befremdenderes Beispiel bildet der ägyptische Parfumbehälter Fig. 10. Am meisten zulässig aber wird es sein, Theile desselben Thieres zusammenzustellen, wenn es sich nur um eine Combination von zwei oder höchstens drei Theilen handelt. Als Beispiel mag wieder Fig. 1 dienen; diese stellt einen Tischfuss dar, welcher aus einer Zusammenstellung eines Löwenkopfes mit einem Löwenfusse besteht und gewiss eine schöne Gesammtform bildet.

Weit sicherer aber wird es für den schaffenden Künstler immerhin sein, zu seinen Combinationen Theile von verschiedenen Thieren zu nehmen, umsomehr als er dann durch gar nichts gebunden ist, die verschiedenartigsten Thier- und Menschenformen zu einem Ganzen zu vereinigen, soferne dieselben nur im Stande sind eine entsprechende Lösung der structiven Aufgabe anzudeuten und zugleich eine dem Auge gefällige Combination zu bilden.

Es erscheint daher in allen diesen Fällen am angemessensten reine Gebilde der Phantasie zu construieren und anzuwenden. Wie schön und charakteristisch ist z. B. die Anordnung animalischer Formen an dem Fuss der römischen Wärmepfanne aus Pompeji, welcher in Fig. 5 abgebildet erscheint. Diese Combination hat zunächst eine Endigung nach unten, diese wird angedeutet durch eine kräftige Löwentatze und da ein Theil des Beines vorhanden ist, wird zugleich dieser Theil als Stütze charakterisiert, während der obere Abschluss durch Anordnung eines Kopfes ausgedrückt wird, wodurch zugleich auch die ganze Combination zu einer selbständigen Form erhoben wird, die Flügel drücken ein Umfassen und Emporhalten der Pfanne in sehr schöner Weise aus, zugleich dienen sie aber auch dazu, den Fuss mit der Pfanne zu verbinden, der Frauenoberleib aber erscheint einestheils nothwendig, da sich Flügel nicht gut anders als aus einem Leib hervorwachsend darstellen lassen, andererseits aber übernimmt derselbe auch mit seinem

Rückentheil eine stützende Aufgabe. Die ganze Anordnung dieser Zusammenstellung wirkt durch den grossen Contrast der Formen der verschiedenen Bestandtheile angenehm und anregend auf den Beschauer.

Fig. 5. *Fuss einer Wärmepfanne aus Pompeji.*
(Nach einer Aufnahme des Verfassers.)

d) Werden verschiedene Bestandtheile von Thieren zu einem Ganzen vereinigt, so spricht jeder Theil seine eigene symbolische Sprache und ist insoferne unabhängig von den anderen Theilen, als die einzelnen Bestandtheile durchaus nicht in dem Grössenverhältnis zu einander zu stehen brauchen, den dieselben in der Natur einnehmen.

Dies ergibt sich schon daraus, dass ich durch die Combination keinen lebensfähigen, animalischen Organismus schaffen will, sondern eine structive Form, bei welcher es am angemessensten erscheint, dass dieselbe nur eine geringe Verwandtschaft mit der Natur aufzuweisen hat und in Folge dessen auch unabhängig von den Grössenverhältnissen derselben sein muss. So wird man, wie dies in der pompejanischen Wärmepfanne (Fig. 5) ausgedrückt erscheint, aus einem mächtigen Thierfuss ohne Bedenken einen für die in der Natur vorkommende Grösse des Fusses nicht im Verhältnis stehenden menschlichen Oberleib herauswachsen lassen können, ohne dadurch das Gefühl des Beschauers zu beleidigen.

Selbstverständlich wird es aber auch hier gewisse Grenzen geben, die nicht ungestraft überschritten werden dürfen, soll das Kunstwerk noch schön bleiben, doch werden sich dieselben schwer feststellen lassen und muss daher die richtige Wahl des Grössenverhältnisses dem feinen Gefühl des schaffenden Künstlers überlassen bleiben.

2. Stilisieren ganzer Thiere und der ganzen menschlichen Gestalt.

Der Gedanke, Architekturtheile von ganzen menschlichen oder thierischen Figuren tragen zu lassen, ist sehr naheliegend, denn offenbar ist kein Object der Natur so geeignet in so unmittelbar verständlicher Weise anzudeuten, dass eine Last emporgehalten wird, als der menschliche oder thierische Körper, indem doch die sehr bedeutende Muskelkraft derselben wohl befähigt erscheint, diesbezügliche auch ziemlich schwierige Aufgaben zu überwinden. Auf den ersten Blick scheinen überhaupt animalische Gestalten sich viel besser zu eignen structive Functionen zu übernehmen, als dies bei den so gebräuchlichen vegetabilischen Formen der Fall ist; wenn wir aber die Sache ein wenig näher betrachten, werden uns verschiedene Bedenken aufstossen.

Wenn der gebildete Beschauer eine menschliche Gestalt eine bedeutendere architektonische Last tragen sieht, so wird in ihm sofort der Gedanke entstehen: Kann man denn einem Menschen eine so grosse Last aufbürden, ohne dass er zusammenbricht?

Der Beschauer weiss zwar sehr gut, dass diese menschliche Gestalt aus Stein hergestellt ist, aber nachdem dieselbe einen Menschen darstellt, wird er unwillkürlich erwägen, wie sich eine wirkliche menschliche Gestalt einer solchen Last gegenüber verhalten würde. Die Hervorrufung solcher Gedanken ist aber in der Architektur durchaus unzulässig — denn die Möglichkeit eines Zusammenbruches auch nur der Idee nach, darf absolut niemals angedeutet werden.

Damit im engsten Zusammenhange ist die Vorstellung der *Bewegungsfähigkeit* einer animalischen Gestalt. Eine jede ein vollständiges Individuum darstellende Form eines Menschen oder eines Thieres in das starre System der Architektur eingefügt, kann in dem Beschauer leicht den Gedanken erzeugen, dass — nachdem der stützende Mensch bewegungsfähig ist — der Bau unfehlbar einstürzen müsste, wenn sich derselbe bewegen würde. Diese Besorgnis, die allerdings bloss in der Vorstellung des Beschauers erregt werden kann, wird verringert, wenn die tragende animalische Form ruhig stehend dargestellt wird, wird aber bedeutend vermehrt, wenn diese Form in Bewegung befindlich gedacht erscheint und zwar wird die Besorgnis um so grösser sein, je bedeutender die Bewegung zur Anschauung kommt. Dass aber in dieser Beziehung sehr bedeutende Stilfehler gemacht werden, liesse sich durch zahlreiche Beispiele erhärten; wir wollen bloss eines hier anführen. So sah der Schreiber dieses an einem modernen Hause einen Balkon von Panthern getragen, welche die Stelle der sonst üblichen Consolen einnahmen — diese Thiere aber waren im Sprunge dargestellt — dann muss offenbar in der Vorstellung des Beschauers der Balkon mit fortgerissen werden und gehört nicht viel Phantasie dazu sich vorzustellen, die Panther sammt den Trümmern des Balkons auf dem Strassenpflaster liegen zu sehen. Solche Vorstellungen dürfen aber in dem gebildeten Beschauer niemals erzeugt werden und muss eine derartige Verwendung von animalischen Formen als ein grober Stilfehler bezeichnet werden.

Ausserdem ist aber die structive Symbolik ganzer Thier- oder Menschenformen viel materieller und aufdringlicher, als dies bei jener der Pflanzenformen der Fall ist, in Folge dessen müssen animalische Gestalten mit weit mehr Vorsicht behandelt werden. Bauformen, die mit den weit neutraleren Pflanzenornamenten verziert erscheinen, werden sich niemals im vollen Umfange durch Thier- oder Menschengestalten ersetzen lassen. So würde es ohne Zweifel einen recht ungünstigen Eindruck machen, wollte man beim griechischen Tempel die Säulen der herumlaufenden Halle durch tragende Menschengestalten ersetzen, dies würde den Eindruck einer militärischen Aufstellung hervorrufen, welcher weder vom schaffenden Künstler beabsichtigt sein kann, noch empfohlen werden dürfte.

Aus dem bisher Gesagten geht hervor, dass sich die ganze thierische oder menschliche Gestalt im Allgemeinen nicht eignet als structives Glied in das starre System der monumentalen Architektur eingefügt zu werden.

Wir können diesen Satz als einen Stilgrundsatz hinstellen, wollen aber zugleich bei dieser Gelegenheit ein Wort über die richtige Auffassung und Behandlung von stilistischen Grundsätzen einfügen. In dieser Beziehung kann nämlich ein „zu wenig“ ebenso schädlich werden, wie ein „zu viel“. Wenn der schaffende Künstler die Stilgesetze nicht kennt oder sich über dieselben vollständig hinwegsetzen zu können glaubt, so wird er Werke hervorbringen, die stillos und unbrauchbar sind; es kann aber ein Kunstjünger auch dadurch fehlen, dass er die Stilgesetze in stricter, unverstandener Weise mit allen daraus entstehenden Consequenzen durchgeführt haben will, dadurch werden Werke entstehen, die man zwar nicht stillos nennen kann, die sich aber durch hervorragende Nüchternheit charakterisieren und die ein beredtes Zeugnis der Talentlosigkeit des Künstlers geben werden. Liessen sich aber Stilgesetze aufstellen, die es einem Jeden ermöglichen möchten, wahre Kunstwerke hervorzubringen, dann würde die Kunst — keine Kunst mehr sein, sondern eine Wissenschaft, die Jedermann, der hinreichend Verstand und guten Willen besitzt, erlernen kann. Die aufgestellten Stilgesetze werden stets nur dazu dienen können, den Kunstjüngern die Richtung des Weges anzudeuten, den sie zu begehen haben, aber man wird niemals verlangen dürfen, dass die Stilgesetze Recepte sind, mittelst deren sich echte Kunstwerke fabricieren lassen. Es ist aber gerade das vorliegende Thema sehr wohl geeignet als Beispiel zu dienen, wie Stilgesetze von Seite der schaffenden Künstler aufgefasst und behandelt werden sollen. Wir haben hervorgehoben, dass die ganze menschliche oder thierische Gestalt im Allgemeinen nicht geeignet ist in der monumentalen Architektur als structives Bauglied aufzutreten, damit ist aber durchaus

Fig. 6. *Portal des Palais Clam-Gallas in Prag.*
(Nach Photographie v. C. Bellmann.)

nicht gesagt, dass man die animalischen Formen aus der Kunstwelt zu entfernen habe — wir werden im Gegentheil sagen können, dass nachdem sich die Thier- oder Menschen-form in der monumentalen Baukunst nicht gut verwenden lässt, wird sich dieselbe insbesondere zur Darstellung von Werken der Kleinkunst, gerade um einen Gegensatz mit ersterer zu bilden, sehr wohl eignen. Bei kunstgewerblichen Objecten sind die structiv symbolischen Andeutungen der Formen doch nur spielend zu nehmen und in diesem Falle werden sich Thier- oder Menschengestalten in Folge dessen sehr gut verwenden lassen. Thatsächlich findet man auch die menschliche Figur namentlich in zwei- oder viermaliger Wiederholung in der Kleinkunst sehr häufig, dabei wird es insbesondere auf einen passenden Grundgedanken ankommen; wie schön ist z. B. die Idee, die im Mittelalter häufig vorkommt, einen Reliquienschrein oder einen Sarkophag von Engelsgestalten tragen zu lassen.

Die menschliche Gestalt ist an und für sich so schön, dass sich die Architekten von jeher versucht fühlten, dieselbe auch mit der monumentalen Baukunst in Verbindung zu setzen und selbst dagegen wird sich nicht viel einwenden lassen, wenn man nur den Figuren keine eminent structive Aufgabe zuweist; so werden sie anstandslos nebensächliche oder schwach belastete Architekturtheile zu tragen vermögen und dann sogar eine wohlthuende Abwechslung mit den starren Formen der monumentalen Architektur bilden. Man findet fast in allen Stilarten leichte Vorhallen, vorspringende Balkone (Fig. 6) oder reiche Fensterverdachungen von menschlichen Gestalten getragen, dann ist aber ihre Aufgabe als eine mehr oder weniger spielend decorative aufzufassen und dadurch die Vorstellung des Beschauers in keiner Weise beunruhigt.

Ägypten.

Sehr charakteristisch für alle vorgriechischen Kunstanschauungen ist der Umstand, dass sie zwischen structiven und nichtstructiven Bautheilen, wenigstens was deren Ornamentierung anbelangt, keinen Unterschied machen, namentlich haben rein structive Theile in der Regel einen Schmuck, der mit einer Andeutung der Aufgabe der Bautheile absolut nichts zu thun hat. Die Symbolik dieser Völker und namentlich Ägyptens hat überhaupt eine ganz andere Richtung und ist eine vorwiegend tendenziöse zu nennen, indem sich die meisten Ornamente und darunter insbesonders jene, die ihre Vorbilder dem Thierreiche entnehmen, auf eine in dem betreffenden Monumente verehrte Gottheit oder auf den königlichen Erbauer und seine Thaten beziehen.

Wo aber in Ägypten dennoch eine structive Thätigkeit angedeutet wird, wird dieselbe fast ausschliesslich von Pflanzenformen besorgt. Animalische Theile werden zumeist in sehr unklarer Weise verwendet, sie kommen wohl auch an structiven Bautheilen vor, geben sich aber mit der Andeutung einer structiven Thätigkeit kaum ab, dazu gehört insbesondere das *Hathormaskencapitäl der Säulen* zu Denderah (Fig. 7), sehr der Spätzeit angehörig, da der Tempel von Kleopatra und Julius Caesar begonnen wurde.

Hier wird das Haupt der Hathor, der Göttin des Tanzes und Festrausches, in vierfacher Wiederholung zu einem Capitäle verwendet, über welchem sich noch ein Tempelchen erhebt. In diesem Capitäl haben wir den ägyptischen Zopf vor uns und machen die Formen den Eindruck, als wären sie von einem ägyptischen Künstler während eines zu Ehren der Göttin angetrunkenen Festrausches gebildet worden; für uns ist dieses Capitäl insoferne interessant, weil wir an diesem Beispiel sehr wohl erkennen können, wie Architekturformen nicht gemacht werden sollen. Zunächst muss gesagt werden, dass das Haupt einer Göttin überhaupt nicht tauglich ist, in so eminenter Weise als structives Bauglied aufzutreten, wie bei einem Säulencapitäl und wenn man es dennoch thun will, dann könnte es nur in leicht andeutender, aber nicht so roh materieller Weise geschehen, wie hier, ferner soll das Capitäl nicht so ohne Weiteres aus dem Schafte herauswachsen, vielmehr fordert der gute Geschmack die Anbringung eines verbindenden Gliedes und schliesslich hat das Aufsetzen eines Tempelchens auf das Maskencapitäl gar keinen Sinn. Zum richtigen Verständnis dieser Bauform muss gesagt werden, dass hier, wie es scheint, überhaupt keine structive Symbolik beabsichtigt wurde, sondern eine

Fig. 7.
Hathormaskensäule von Denderah. (Kunsth. Bg.)

rein tendenziöse, indem die im Tempel verehrte Göttin auch an dem hervorragendsten Baugliede abgebildet wurde, ohne weiter an irgend etwas zu denken als die Huldigung der Gottheit.

Fig. 8. *Pfeiler vom Ramesseum.*
(Nach Perrot et Chipiez.)

Für ägyptische Kunstanschauung sehr bezeichnend sind ausserdem die eigenartigen Anwendungen der *Wandstatuen*, diese finden sich bei Tempel- und Gräber-Anlagen sehr häufig vor und erscheinen stets in mehrfacher Wiederholung, wobei eine Statue genau das Ebenbild der anderen ist, hinter diesen Statuen steht der eigentliche Wandpfeiler, an welchen sich die figuralen Sculpturen anlehnen. (Fig. 8.) Hier ist demnach der structive Theil und die Decoration vollständig und materiell geschieden, denn bloss der Pfeiler trägt, während die davor stehende Statue reiner Schmuck ist. Diese ägyptische Auffassung steht in directem Gegensatze zur griechischen, dort ist der tragende Kern und die schmückende Hülle zu einem einheitlichen, untrennbaren Ganzen vereinigt und auf diese Weise entstanden die herrlichen Karyatiden, die wir noch zu besprechen haben werden; diese eigenartige Anschauung ägyptischer Kunst zeigt sich ja auch bei den Lotoskelchcapitälen, die wir im I. Theil dieses Werkes behandelt haben, bei welchen ebenfalls der tragende Kern und die decorierende vegetabilische Umhüllung materiell getrennt erscheint.

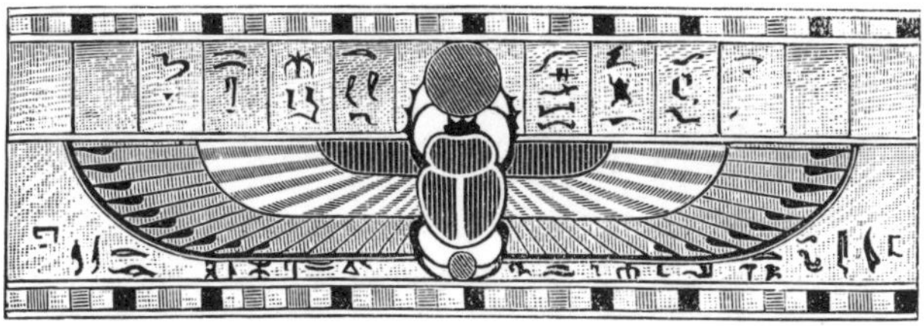

Fig. 9. *Scarabaeus als Mittelpunkt der geflügelten Sonne.* (Ornamentenschatz.)

Zu den in rein tendenziöser Verwendung stehenden Thierformen gehört namentlich der heilige Käfer (Scarabaeus, Fig. 9), der sehr häufig als Mittelpunkt der sogenannten geflügelten Sonnenscheibe auftritt und zwar in der Weise, dass statt der Sonne der Käfer abgebildet erscheint, desgleichen finden sich häufig heilige Schlangen vor, entweder ebenfalls in Verbindung mit der Sonnenscheibe.

indem sie zu beiden Seiten derselben angebracht wurden oder auch in friesartiger Anordnung, in oftmaliger Wiederholung Bekrönungen der Portale bildend.

Wir wollen dieses mystisch-religiöse Gebiet verlassen, das uns doch nicht recht zu interessieren vermag und selbst dann nicht, wenn die diesbezüglichen Formen auf structiven Bautheilen abgebildet erscheinen, und lieber noch einen Blick auf die ägyptische Kleinkunst werfen.

Hier tritt die Symbolik ganz unverhüllt und offen auf, das Vorbild der Natur und die Absicht des schaffenden Künstlers lässt sich leicht erkennen, dabei ist die Darstellungsweise eine recht primitive und naive. Die einzelnen Thiertheile werden mit anderen Formen meist ohne vermittelnde Glieder in Verbindung gesetzt, was einen etwas rohen, befremdenden Eindruck macht.

Fig. 10. *Ägyptischer Parfumbehälter.*
(Perrot et Chipiez.)

Stuhlbeine erhalten häufig die Gestalt von Thierfüssen (vergleiche Fig. 4), um das Mobile derselben zu charakterisieren, dabei ruhen die Füsse wohl noch auf kleinen Klötzchen, was an der Symbolik weiter nichts ändert, während das Thierbein nach oben zu bloss durch Bandwerk in recht materieller Weise an den horizontalen Theil des Stuhles gebunden erscheint. Um Endigungen nach Oben anzudeuten, pflegte man einzelnen Theilen die Form von Menschenköpfen zu geben, so namentlich bei ägyptischen Aschenurnen, dann sitzt aber auch der Kopf ganz unvermittelt auf dem Bauch des Gefässes. In anderen Beispielen, ebenfalls der Keramik angehörend, sieht man ganze menschliche Figuren als Träger verwendet. Was soll man aber zu den abenteurlichen Combinationen von Thier- und Menschenformen sagen, welche uns Fig. 10 vorführt? Als praktisch dürfte sich dieselbe kaum bewährt haben und schön ist sie ebenfalls nicht zu nennen, namentlich unangenehm berührt der unvermittelte Übergang der lang gezogenen menschlichen Form in den Thierkörper und die Wiedergabe der ganzen menschlichen Gestalt, der aber der Hauptheil, der Kopf fehlt, welcher wiederum an einer anderen Stelle, wo er aber zum animalischen Organismus nicht passt, angebracht erscheint.

Babylon, Assyrien und Persien.

Über den gesammten Aufbau der architektonischen Denkmale dieser innerasiatischen Völker sind wir leider nicht genügend unterrichtet, die Reste dieser höchst umfangreichen Bauten sind heute nicht viel mehr als formlose Trümmerhaufen. Der Grund liegt wesentlich in dem vergänglichen Materiale, das dieselben zu ihren Bauten verwendeten und welches namentlich aus gebrannten und ungebrannten Ziegeln und Holz bestand. Dennoch fand man in diesen meist unförmlichen Schutthügeln ziemlich zahlreiche Objecte aus Marmor und Alabaster, die es dennoch ermöglichen, uns ein beiläufiges Bild des Kunstschaffens dieser Völker zu bilden.

In vielen Reliefdarstellnngen sehen wir Möbel abgebildet, die Füsse derselben werden häufig durch Thierbeine hergestellt, wie wir dies in Ägypten gesehen haben, ebenso werden in ganz analoger Weise Endigungen nach oben, durch Anordnung von Thier- oder Menschenköpfen charakterisiert.

Sehr bezeichnend für die naive Anschauung dieser Völker ist der Umstand, dass sie mit besonderer Vorliebe *den Thierrücken* namentlich dort verwendeten, wo das Tragen einer Last angedeutet werden sollte, dies thaten sie offenbar deshalb, weil bei ihnen das Lasttragen fast ausschliesslich von den Rücken lebender Thiere besorgt wurde und sie für analoge Functionen in der Baukunst kein unmittelbar verständlicheres Symbol fanden, als das eben angeführte, dabei übersahen sie allerdings, dass es denn doch, wie wir sogleich sehen werden, einige Schwierigkeiten hat, einen Rücken als Kunst-Symbol zu verwenden.

Fig. 11. *Assyrischer Stuhl.*
(Layard.)

Undeutliche Andeutungen eines Thierrückens finden sich bereits an assyrischen Sitzmöbeln, an welchen das obere Querholz zuweilen leicht wie ein Rücken ausgebogen erscheint (Fig. 11), die Ausläufer der hervorragenden Holzstücke nehmen die Gestalt von Thierköpfen an, um eine Endigung der Form anzudeuten.

Aber auch in der Architektur wird der Thierrücken verwendet und erscheint dessen Anwendung da um so naiver und ungeschickter, je monumentaler das Werk ist, so sehen

Fig. 12. *Assyrische Säulenfüsse.* Relief von Kujjundschik. (Kunsth. Bg.)

wir in einem Relief zu Kujjundschik Säulen auf gemächlich einherschreitenden, geflügelten und ungeflügelten Löwen ruhen, welche Thiere trotz der starren, unbeweglichen, architektonischen Last schweifwedelnd ihres Weges ziehen (Fig. 12); die Idee ihrer Anwendung gipfelt, wie es scheint, in der Anschauung, dass der Rücken des stärksten Thieres am meisten geeignet sein muss, das Tragen einer Last anzudeuten. Wir dürfen im übrigen wohl annehmen, dass diese Thiere auch nebenbei eine tendenziöse Bedeutung haben, die mit der mystischen Religion dieser Völker in Verbindung steht.

Die Hauptanwendung des Thierrückens als Träger von Lasten findet sich in dem persischen Säulencapitäl (Fig. 13 und 13/*a*) vor, hier wird der gemeinschaftliche Rücken zweier Stiere, Pferde oder Einhorne dazu benützt, um einen Deckenbalken aufzunehmen. Die Zweizahl ist ohne Zweifel der Symmetrie wegen und zwar mit vollem Rechte gewählt, denn mit *einem* Rücken und *einem* Kopf dürfte es schwer sein, eine dem Auge gefällige Lösung herbeizuführen; es macht aber auch das zweiköpfige Thiercapitäl den Eindruck des Naiven und primitiv Unbeholfenen und zwar wesentlich deshalb, weil ausser dem structiv thätigen Rücken auch noch vollkommen beschäftigungslose Theile, als Kopf, Füsse und Brust in die Symbolik aufgenommen werden, diese

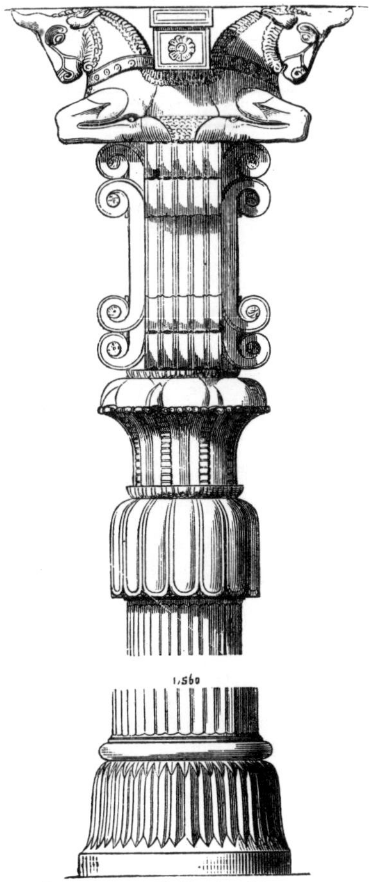

Fig. 13. *Säule von der Halle des Xerxes zu Persepolis.*
(Kunsth. Bg.)

Theile mussten aber dabei sein, da sich ein Thierrücken allein nicht darstellen lässt. In einem solchen Falle bleibt

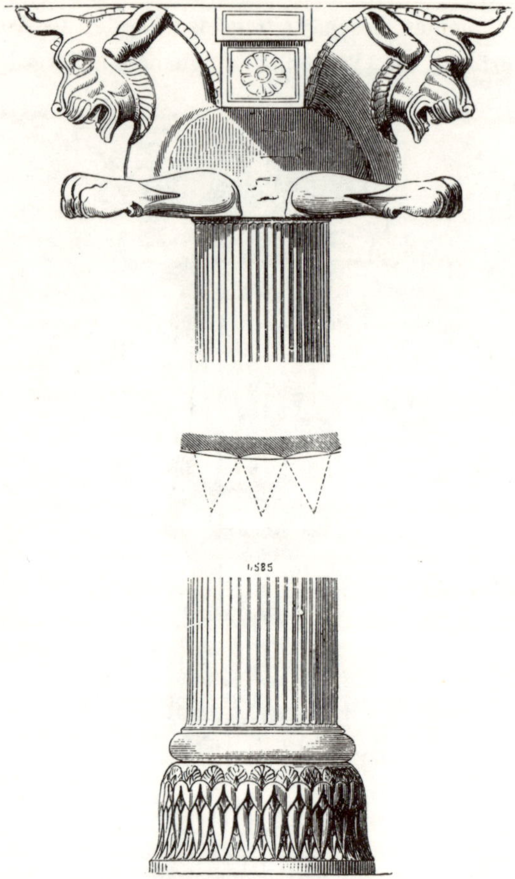

Fig. 13*a*. *Säule vom östlichen Porticus der Halle des Xerxes.*
(Kunsth. Bg.)

dem Stilisten kein anderer Ausweg übrig als der, von der Anwendung solcher Objecte überhaupt ganz abzusehen und lieber solche Vorbilder zu suchen, die sich besser zu einer Kunstform umgestalten lassen.

Griechenland.

Die menschliche Gestalt sowohl, als auch die Thierform wird in Griechenland in der monumentalen Architektur selten als structives Symbol verwendet, wo dies aber geschieht, zeigt sich der klare Sinn der griechischen Kunst in der richtigsten und schönsten Form; sie hatte aber, bevor sie zur hohen Vollendung kam, verschiedene Vorstufen zu durchlaufen; eine davon findet sich am Tempel zu Assos, bei welchem der gegen das griechische Wesen so sehr verstossende Fehler vorkömmt, dass der structiv thätige Architrav mit friesartigen, figuralen Darstellungen von gewöhnlichen und Fischmenschen bedeckt ist, ein Verstoss, der jedenfalls noch auf das ungeklärte asiatische Bauprincip zurückzuführen ist, denn niemals und bei keinem anderen Stil findet sich der Hauptgrundsatz der Architektur so strenge befolgt wie in Griechenland, der da lautet: Structiv thätige Bautheile sind ausschliesslich bloss mit Ornamenten zu versehen, die eine structive Thätigkeit andeuten, während neutrale Felder bloss mit solchem Schmuck auszufüllen sind, der mit der Symbolisierung einer structiven Thätigkeit nichts zu thun hat.

Was griechische Kunst zu leisten vermag und mit welch hoher Vollendung sie insbesondere den menschlichen Körper als structives Bauglied zu verwenden verstand, zeigen namentlich die *Karyatiden* der Vorhalle des Erech-

Fig. 14. *Karyatidenhalle vom Erechtheion.*
(Kunsth. Bg.)

theions (Fig. 14). Im Gegensatze zu der ägyptischen Auffassung, die an den tragenden Pfeiler gänzlich unthätige Statuen anlehnt, demnach die Decoration von der Structur scharf trennt, findet sich in der griechischen Karyatide beides vereinigt, hier sind es herrlich gebildete Frauengestalten, die thatsächlich die Functionen des Tragens übernommen haben, es scheinen Priesterinnen der Pallas Polias zu sein, die ruhig dastehen, eingedenk der übernommenen Pflichten, ihre Aufgabe erscheint nicht allzuschwer, sie haben bloss das Dach einer leichten Vorhalle zu tragen und um ihnen die Last noch ein wenig zu erleichtern, hat man an dem Gebälke, das sie zu stützen haben, den Fries fortgelassen, an der ruhigen und elastischen Haltung der Jungfrauen erkennt man aber, dass sie mit überschüssiger Kraft ihre übernommenen Verpflichtungen zu erfüllen vermögen. Der hohen, echt griechischen Auffassung nach trägt die Karyatide demnach die ihr auferlegte Last thatsächlich, sie tritt somit an Stelle der Säule, das Lasttragen aber wird ihr leicht, indem die griechische Kunst structive Functionen im Allgemeinen nur andeuten und durchaus nicht die statisch wirkenden Kräfte materiell betonen will.

Neben den Karyatiden finden sich in Griechenland auch *Atlanten*, diese leiten ihren Ursprung vom sagenhaften Atlas ab, welcher an der Erstürmung des Olymps durch die Titanen theilgenommen hatte, zur Strafe dafür musste er das Himmelsgewölbe tragen. Nach der Auffassung Homer's trägt er die Säulen und das Gebälke, welches den Himmel gewissermassen als Oberstock von der Erde trennt und ihn hindert, auf sie herabzustürzen, denn für den Griechen ruht das Himmelsgewölbe auf dem Meere selbst und die Säulen bilden nur eine bildliche Vermittelung.*) Später sehen wir

*) Denkmäler des classischen Alterthums pag. 224.

den Atlas das Universum, in Form einer mächtigen Kugel, tragen, da er diese Last aber strafweise zu tragen hat, muss sie ihm schwerfallen, weshalb er durch seine Bürde tiefgebückt erscheint.

Die Anwendung von Atlanten als architektonische Stütze entspricht wenig griechischen Anschauungen, weshalb dieselben nur mehr ausnahmsweise vorkommen, so am gewaltigen Zeus-Tempel zu Agrigent (Fig. 15), hier tragen eine Reihe von Atlantenfiguren das verkröpfte Gebälkstück einer Gallerie und damit zugleich die Decke, ihre structive Aufgabe scheint nicht allzuschwierig zu sein und wird unzweifelhaft durch ein Emporhalten der Hände angezeigt, welche eine Last zu tragen haben.

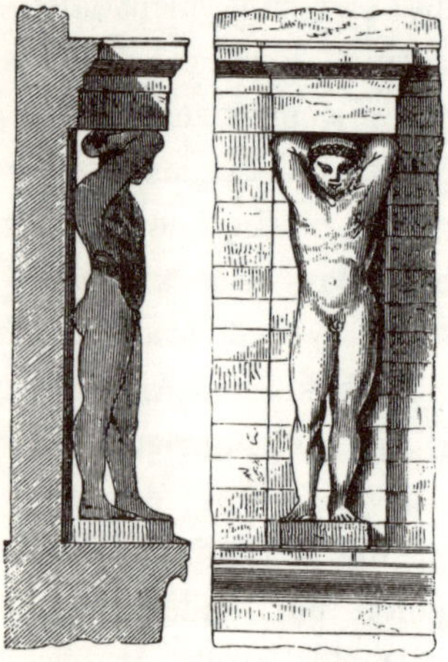

Fig. 15. *Atlant vom Zeustempel zu Agrigent.* (Kunsth. Bg.)

Structiv unthätig und wie die ägyptischen Pfeilerstatuen an den tragenden Mauerkörper angelehnt, erscheinen die Atlanten, wenn man sie so nennen darf, des Obergeschosses der sogenannten „Incantada“ zu Salonichi, eines bereits halbrömischen Baues.

Wurden Atlantenfiguren in Griechenland selten angewendet, so kam, wie es scheint, die architektonische Verwendung der sogenannten „*Hermen*“ gar nicht vor, nichtsdestoweniger ist diese Form in Griechenland entstanden und leitet ihren Ursprung vom Gotte „Hermes“ ab, diese vielseitig beschäftigte Gottheit wurde in ältesten Zeiten namentlich auch von Hirten und Viehzüchtern verehrt und galt als Herdengott, die Hirten setzten ihm Marksteine an den Wegen, welche anfangs ungestalt waren, späterhin wurden sie viereckig gebildet und erhielten einen Kopf angearbeitet. Solche Hermen fanden sich namentlich häufig im Hirtenlande Arkadien, dann aber auch zu Athen, wo es eine Hermenstrasse gab, unter den Pisistratiden wurden sie in ganz Attika sehr häufig an Strassen und Wegen, als Grenzpfähle und Wegweiser benützt und oft mit frommen Sittensprüchen versehen, ohne dass dadurch ihr religiöser Charakter eine Einbusse erlitten hätte. *)

Thier- und Menschenformen werden aber in Griechenland nicht nur zur Bildung von structiv thätigen Bautheilen verwendet, sondern auch ziemlich häufig als Endigungen nach oben und als Ausklang eines architektonischen Bauwerkes, so namentlich in den *Akroterien*, dem bedeutsamen Schmuck der Giebel. Der Giebel des antiken Daches bildet ein dreieckiges Rahmenwerk, das keine Last mehr aufzunehmen hat, sondern nur als oberer Abschluss fungiert, zugleich ist er der Repräsentant oder Chorführer der ganzen Reihe der inneren Giebeldreiecke der Dachconstruction und so ein sehr wichtiges Glied der ganzen Tempeltektonik. Der griechische Giebel unterscheidet sich vom römischen durch seine geringere Höhe, infolge dessen fordert derselbe, um das Ausgleiten der flach aufliegenden Schenkel zu vermeiden, wenigstens für das Auge eine stärkere Belastung der Ecken, aus diesem Grunde haben griechische Giebel zumeist eine massigere Eck-Akroterie aufzuweisen, seltener ist es eine Palmette, meist sind es Thiergestalten, namentlich Greifen; die Mitte des griechischen Giebels dagegen, die keine

---

*) Vergleiche Denkmäler des classischen Alterthums, pag. 673.

besondere Belastung bedarf, ist zumeist durch Palmetten verziert oder durch eine der Idee nach gewichtlose Siegesgöttin, die mit Flügeln versehen, halb schwebend, halb schreitend die Giebelspitze ziert, so namentlich am Zeus-Tempel zu Olympia.

Fig. 16. *Eckakroterie vom Athenatempel zu Ägina.*

Der höhere römische Giebel verträgt, der Idee nach, eine stärkere Belastung der Mitte, infolgedessen wurde dieselbe nicht selten durch Quadrigen, d. h. einen mit vier Rossen bespannten und zumeist von einer Gottheit gelenkten Siegeswagen ausgezeichnet, während sich die Eckakroterien mit einem der Masse und Idee nach nebensächlichem Schmuck begnügen mussten.*)

*) Vergleiche G. Semper, der Stil. II., pag. 215.

Von den griechischen Akroterien hat sich wenig an Ort und Stelle vorgefunden, indem der Zahn der Zeit diese so sehr exponierten Ornamente zuerst zerstörte und das, was man aus dem umliegenden Schutte ausgrub, bietet nicht immer genügende Anhaltspunkte zu einer gründlichen Restauration. Bedeutendere Reste fanden sich namentlich bei dem Athena-Tempel auf der Insel Ägina vor, dort waren, wie es scheint, die

Fig. 17 *). *Mittelakroterie vom Athenatempel zu Ägina.*

Ecken des Giebels durch grosse geflügelte Greifen ausgezeichnet (Fig. 16 *), während die Mitte eine lyraähnliche Akroterie schmückte, mit zwei Jungfrauen in archaischen Gewändern an den Seiten, Granatäpfel in den Händen

*) Fig. 16, 17 und 19. Nach Mauch: Die architektonischen Ordnungen der Griechen und Römer und der neueren Meister. Berlin. Verlag von Wilh. Ernst und Sohn.

haltend, vielleicht Personificationen der Hoffnung. (Fig. 17.) Die lyraähnliche Mittelakroterie wurde rückwärts von einem löwenköpfigen Greif mit den Tatzen gehalten.

Ausser den Akroterien, die, wie es scheint, sehr häufig aus animalischen Elementen gebildet wurden, sind es noch die Wasserspeier der griechischen Tempeldachrinnen, die hier Erwähnung finden müssen. Diese sind zumeist in der Gestalt von Löwenköpfen gebildet, die aus ihrem Rachen das Wasser weit weg vom Tempelgrund auszuspeien haben. Nachdem der Thierkopf zum Ausspeien des Wassers vollkommen befähigt erscheint, ist seine Anwendung als architektonischer Wasserspeier wohl gerechtfertigt und dass unter den verschiedenen Thieren fast ausschlieslich der Löwe hiezu ausersehen wurde, hat seinen Grund darin, dass dieses Wüstenthier als Quellenbeschützer mit dem Wassercult in nahen Beziehungen stand. (Vergleiche Fig. 16.)

Dass aber die griechische Kunst nicht immer allzu akademisch streng in ihren stilistischen Principien war, dass sie es vielmehr zuweilen verstand, sich über das nüchterne Schema hinweg zu setzen, um neue lebensfähige Formen zu gestalten, sehen wir unter anderem an den ausgegrabenen Säulen des Artemistempels zu Ephesus, bei diesen ist der untere Theil des Säulenschaftes, ein eminent structives Bauglied, dadurch in ein neutrales Feld umgewandelt, dass man die Canneluren fortgelassen und statt dessen figurale Compositionen angeordnet hat, von welchen eine davon nach Plinius' Berichten sogar von der Hand des berühmten Skopas herrühren soll. (Fig. 18.) Einige Jahrhunderte später hat die Renaissancezeit, ohne eine Ahnung von diesem griechischen Beispiele zu haben, Säulenschäfte in gleicher Weise verziert.

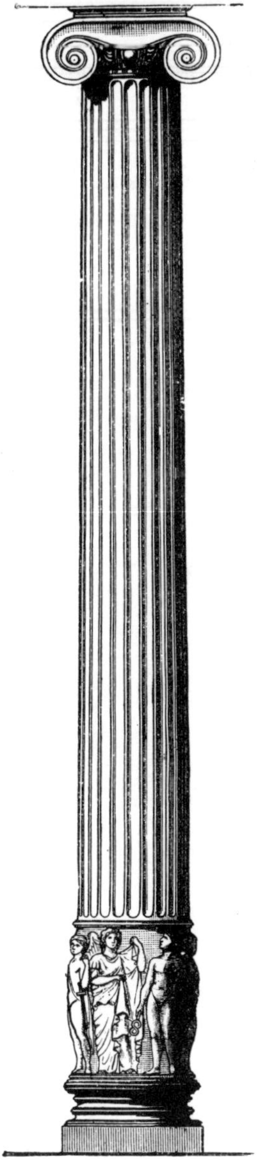

Fig. 18. *Säule vom Artemision zu Ephesus.* (Kunsth. Bg.)

Etwas Ähnliches finden wir an den Capitälen der Eigangshalle und Vorhalle des Tempels zu Eleusis, hier sind nämlich an Stelle der sonst üblichen zierlichen kleinen Voluten des korinthischen Capitäles, entweder Greifen, oder ein geflügeltes menschliches Haupt angeordnet. (Figur 19.) Wir

Fig. 19. *Pfeilercapitäl von der Eingangshalle zu Eleusis.*

sehen hier ebenfalls an einem structiven Bautheil in spielend decorativer Weise animalische Formen angewendet, die mit der Andeutung einer structiven Thätigkeit nichts zu thun haben. Auch dieses Motiv ist in der Renaissancezeit an Capitälen sehr häufig gebraucht worden, und der unbefangene Kritiker wird wohl sagen müssen, mit weit mehr Glück und Geschick als in Griechenland, denn bei den eleusinischen Beispielen ist die Verbindung der animalischen Elemente mit den vegetabilischen eine lockere und unorganische, es ist wie ein erster Versuch, ein neues Decorationsprincip einzuführen.

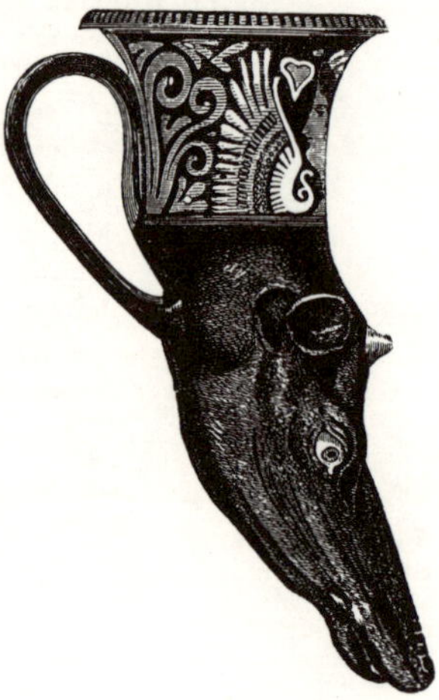

Fig. 20. *Griechisches Trinkhorn.*
(Rhyton. Kunsth. Bg.)

Aber auch in der griechischen Kleinkunst finden sich animalische Elemente häufig genug vor, so namentlich bei Gefässen; ein sehr beliebtes Trinkgefäss hatte die Gestalt eines Thierkopfes, in dem Mund desselben befand sich eine kleine Öffnung, aus welcher der Wein in einem feinen Strahl in den Mund des Trinkers floss, dabei wurde aber das Gefäss nicht etwa an die Lippen des Trinkenden angesetzt, sondern weit weg davon gehalten und mit der rechten Hand hoch emporgehoben. (Fig. 20.)

Fig. 21. *Thongefäss in Form einer Aphrodite in der Muschel.* (Blümner.)

Ohne Zweifel tranken die alten Griechen der Vorzeit aus wirklichen Thierschädeln, die sich naturgemäss zur Aufnahme von kleinen Mengen von Flüssigkeiten sehr wohl eigneten, dieses usrprüngliche Trinkgefäss fand in der classischen Periode seine veredelte Umgestaltung in einer Nachahmung in einem anderen Materiale und wurden namentlich die Köpfe des Pferdes, Stieres, Widders, Rehes und Hundes als Trinkhorn angewendet und zumeist noch reichlich mit bunten Farben bemalt.

Andere Gefässe nahmen die Form von Menschenköpfen an oder es wurde sogar die ganze menschliche Gestalt mit mehr oder weniger Geschick dazu ausersehen, einem Gefässe als Vorbild zu dienen. (Fig. 21.) Letztere Gefässformen haben allerdings viel Bedenkliches an sich, es ist eben nur ein Beweis, wie frei die Griechen zuweilen in Formgebungen sich bewegten, wo es sich nicht um die grossen Aufgaben der monumentalen Architektur handelte, thatsächlich kann die Idee, den menschlichen Körper als Gefäss darzustellen, als keine passende und schöne bezeichnet werden, zunächst ist die menschliche Körperform an und für sich gar nicht geignet als Gefäss aufzutreten und überdies ist es sehr schwierig, die wichtigen Gefässtheile, als da sind: Hals, Henkel und Ausgussöffnung in natürlicher und ungezwungener Weise durch die menschliche Gestalt auszudrücken.

R o m.

Bevor wir zur Betrachtung der römischen Kunstformen übergehen, sei es uns gestattet, einen Blick auf Etruskische

Fig. 22. *Thor zu Volterra.*
(Canina. Kunsth. Bg.)

Bauwerke zu werfen, weil in der naiven Auffassung dieses halbgebildeten, den Römern nahe verwandten Volkes, die

Symbolik der Formen weit nackter und ungeschminkter zur Darstellung kommt, als bei den übrigen Völkern Italiens. Ein sprechendes Beispiel bildet der Thorbogen von Volterra (Fig. 22), an welchem der Schlussstein, so wie die beiden Steine des Bogenanfanges, als die bedeutsamsten Steine des Bogens durch Menschenköpfe ausgezeichnet sind, in richtiger Würdigung des Umstandes, dass auch der Kopf den wichtigsten Theil des menschlichen Körpers bildet. Der

Fig. 23. *Schlussstein vom Tituslager in Rom.*
(Raguenet.)

Gedanke ist richtig, die Darstellung aber ist eine ungemein naive, zunächst wirkt es befremdend auf den Beschauer, dass der Kopf sammt dem Hals angewendet worden ist, wobei theilweise sogar eine natürliche, etwas coquette Kopfwendung dargestellt wurde und ausserdem ist des Guten dadurch etwas zu viel gethan worden, dass der Baumeister gleich drei Köpfe auf einen Bogen anwandte. Derselbe Gedanke wurde späterhin in weit feinerer und richtig empfundener Weise, namentlich in der Renaissancezeit zur Darstellung gebracht, hier aber ist es stets nur der Schlussstein, der durch einen Kopf ausgezeichnet erscheint, und dieser tritt nicht weit über den Rahmen desselben heraus, sondern erhebt sich bloss als mehr oder weniger hohes Relief ein wenig über den Grund. (Vergleiche Fig. 2 dieses Werkes.)

Die römische Periode pflegte dem Schlusssteine mit Vorliebe die Gestalt einer zweimal in sich verschlungenen Volute zu geben, nach dem Vorbilde der Console, welche den Zweck hat, der Idee nach, durch ihre Federkraft den Architrav zu unterstützen, auf der unteren kleineren Volute wurde dann häufig eine stehende Figur angebracht. (Fig. 23.)

Im Uebrigen muss bekannt werden, dass die monumentale römische Architektur thierische und menschliche Formen als structive Bestandtheile des Baues äusserst selten zur Anwendung bringt und wo dies dennoch geschieht, im Allgemeinen dem griechischen Formengefühl nachgeht, so dass es nicht nothwendig sein dürfte, hier noch einmal darauf einzugehen und zwar um so mehr, als die römische Kleinkunst eine Fülle von animalischen structiven Formen aufzuweisen hat, die eine ausführlichere Besprechung erfordern.

Das römische Kunstgewerbe wendet theils ganze thierische oder menschliche Gestalten, theils auch nur einzelne Bestandtheile derselben an und sind es insbesondere die letzteren, welche eine ungemein häufige Anwendung und besondere formelle Durchbildung erhalten haben.

Eine hervorragende Rolle spielt:

1. *der Thierfuss*, dieser wird zunächst angewendet, um ein Geräthe als etwas Bewegliches, Mobiles, zu charakterisieren, in richtiger Erwägung des Umstandes, dass Thierfüsse

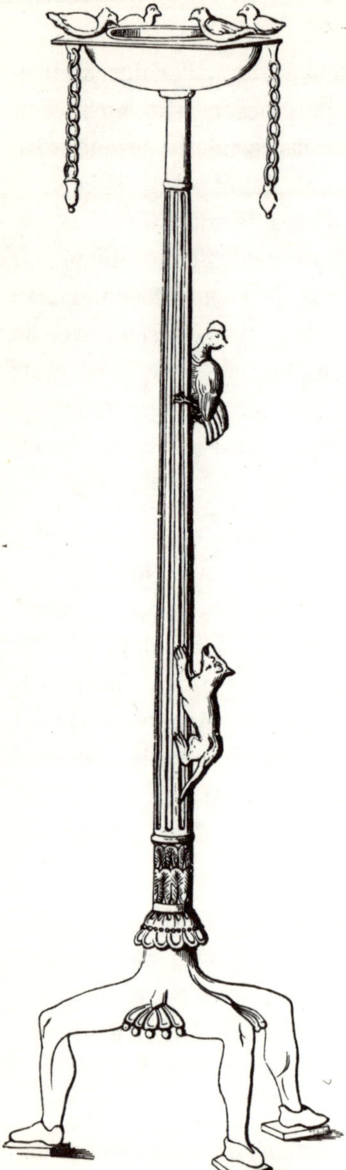
Fig. 24. *Etruskischer Candelaber. Florenz.* (Kunsth. Bg.)]

auch in der Natur die Bewegung der Thiere ermöglichen, aber auch der Grad der Beweglichkeit wird sich darstellen lassen, je nach dem die Beine eines leichtfüssigen oder schwerfälligen Thieres als Vorbild genommen werden, wie dies bereits im Anfang dieses Werkes (Siehe Fig. 1, 3 u. 4) besprochen wurde.

Wie aber ein stilistisch ganz richtiger Grundgedanke durch eine unbeholfene Darstellung verunstaltet werden kann, lässt sich an dem etruskischen Candelaber (Fig. 24) ersehen, derselbe steht auf Menschenfüssen, die möglichst naturwahr nachgebildet sind und sogar in Schuhen stecken, das Ganze macht auf den Beschauer einestheils der energie- und charakterlosen Formen und anderentheils der derb materiellen Symbolik wegen einen unangenehmen Eindruck.

Wie dasselbe Grundthema durch eine geschickte Stilisierung zu einem formenschönen Object umgestaltet werden kann, lässt sich aus zahlreichen römischen Dreifüssen und

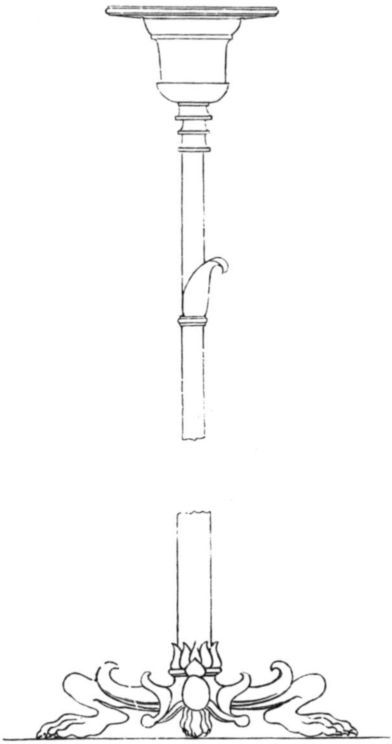

Fig. 25. *Candelaber aus Pompeji.*
(Nach einer Aufnahme des Verfassers.)

Candelabern ersehen, die zumeist Thierfüsse verwenden, welche in mehr oder weniger energischen Biegungen das elastische Tragen einer Last andeuten. (Fig. 25.)

Die Füsse werden mit dem Geräthe auf die mannigfaltigste Weise verbunden, selten erfolgt dies ohne Einschiebung eines vermittelnden Gliedes, zuweilen zieht sich gleichsam die Haut des Fusses noch über die Ecke des Gerähes und ist hier mit einer Art Naht oder leichtem Bande mit demselben verbunden (Fig. 26); in den meisten Fällen

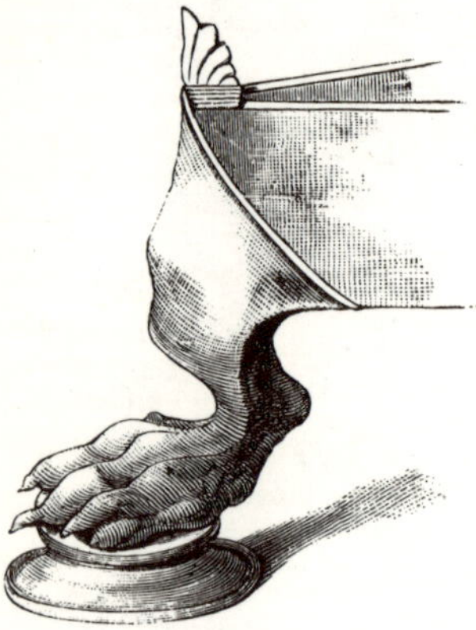

Fig. 26.
Verbindung des Fusses mit dem Geräthe ohne Zwischenglied.
(Nach einer Aufnahme des Verfassers aus Pompeji.)

Fig. 27.
Verbindung des Fusses mit dem Geräthe durch Blattwerk.
(Nach einer Aufnahme des Verfassers aus Pompeji.)

ist es Blattwerk, welches die Verbindung zwischen Fuss und Gegenstand bewerkstelligt, dabei haben die Blätter selten eine ausgesprochene structive Bedeutung, zumeist ist es bloss ein Vermitteln und Maskieren der Verbindungsstellen, das hier beabsichtigt wird (Fig. 27); zuweilen treten jedoch neben dem Blattwerk auch noch rankenartige Glieder auf, die weit charakteristischer eine thatsächliche

Fig. 28.
Verbindung des Fusses mit dem Geräthe durch Blatt- und Rankenwerk.
(Nach einer Aufnahme des Verfassers aus Pompeji.)

Umklammerung und Verbindung andeuten, es geschieht dies in ganz analoger Weise, wie die Ranke in der Natur einen Gegenstand umschliesst. (Fig. 28.)

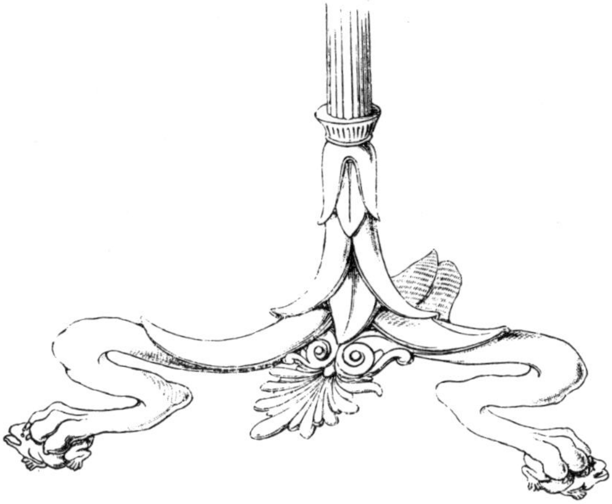

Fig. 29. *Candelaberfuss aus Pompeji.*
(Nach einer Aufnahme des Verfassers.)

In den meisten Fällen ruhen die Füsse unmittelbar auf dem Erdboden (Fig. 28), oder sie erhalten auch besondere Untersätze (Fig. 26, 27 und 29), zuweilen kommen dabei humoristische Züge aus dem Naturleben angedeutet vor, dazu gehören insbesondere manche Candelaberfüsse, die in Thiertatzen endigen und Kröten umfassen und festhalten, welche letztere dann gleich als Unterlagen dienen. (Fig. 29.)

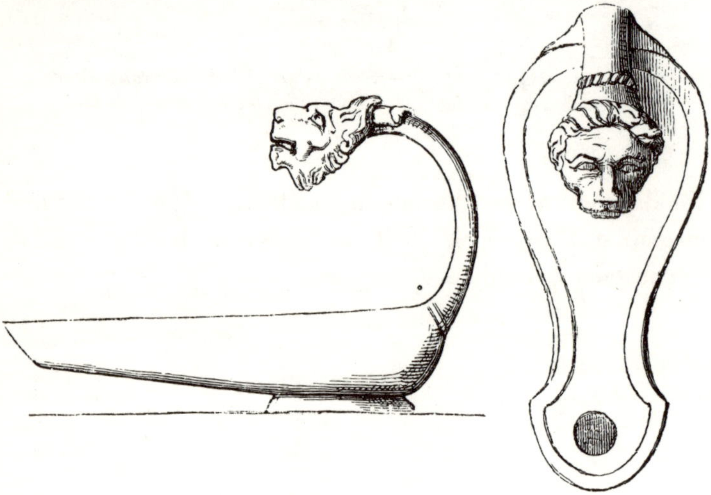

Fig. 30. *Bronce-Lampe.*
(Mus. Greg.) Nach Semper.

2. *Der Thierkopf*, dieser erfährt eine sehr vielseitige Anwendung, zunächst *a*) um eine Endigung nach Oben auszudrücken, als obersten Abschluss von Stöcken oder Haarnadeln, zuweilen auch als Endigung der Handhaben von Lampen und dann zugleich so angeordnet, dass das Rutschen der Lampe aus der Hand verhindert wird (Fig. 30); *b*) um zwei Theile mit einander zu verbinden; um dies zu bewerkstelligen, wird an den Verbindungsstellen zumeist mehr

maskierend als structiv thätig ein Thier- oder Menschenkopf angebracht, so namentlich in der Keramik dort, wo der Henkel sich an den Bauch des Gefässes ansetzt (Fig. 31), ferner wird der Thierkopf häufig *c*) als thatsächliche Ausflussöffnung verwendet, nach einem uralten Gebrauch, sowohl bei Dachrinnen, Brunnen, Wasserleitungshähnen, als

Fig. 31. *Handhydria.*
(Nach Semper.)

auch bei Bronce- und Thongefässen. (Vergleiche die gleichartige Anordnung des griechischen Wasserspeiers Fig. 16.) Zu dieser Function wurden Thiere gewählt mit breitem Munde, namentlich diejenigen, die dem Katzengeschlechte angehören. Schliesslich erhalten *d*) Thierköpfe häufig tendenziöse Bedeutung, so finden sich namentlich häufig auf Opferaltären an den Ecken Widderköpfe angebracht als Symbole der am häufigsten geopferten Thiere (Fig. 32), oder auch mit Blumen und Bändern geschmückte Stierschädel.

3. *Combinationen von Thiertheilen.* Handelt es sich in der römischen Kleinkunst darum, verschiedene Thätigkeiten bei einem Objecte auszudrücken und zugleich die Selbständigkeit eines Theiles hervorzuheben, dann werden nicht selten mehrere Bestandtheile der Thierwelt in Combination

Fig. 32. *Dreiseitiger römischer Altar.*
(Nach Meyer.)

gezogen. Am häufigsten findet man den Thierfuss verwendet, der als oberen Abschluss einen Thierkopf aufzuweisen hat, diese Combination bildet dann ein selbständiges Ganzes, und wird sehr häufig als Tischfuss gebracht (Fig. 33), auch erhält der Thierkopf zumeist die unklar ausgesprochene Aufgabe, die Tischplatte zu tragen, diese einfache Combination wird häufig bereichert durch Hinzufügen eines Flügelpaares, welchem die Function zuertheilt wird, vermöge der den

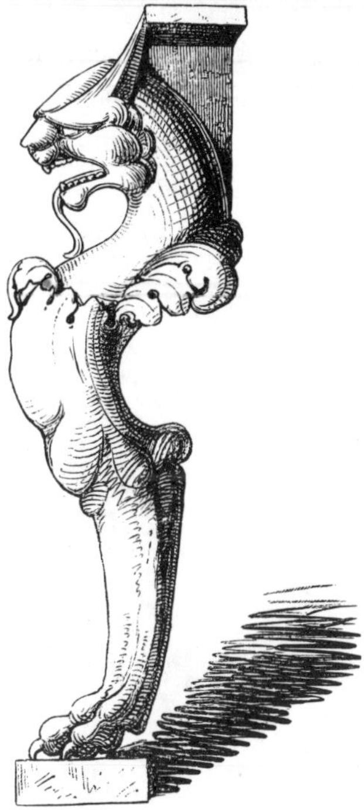

Fig. 33. *Römischer Tischfuss aus Pompeji.* (Nach einer Aufnahme des Verfassers.)

Flügeln innewohnenden Kraft das Gefäss zu stützen und zugleich den Fuss mit demselben zu verbinden. Bei Anwendung von Flügeln ist es allerdings nothwendig, auch die in der Natur vorkommenden Ansatztheile der Flügel — den Rücken und in Folge dessen den ganzen Oberleib zu verwenden, woraus sich dann reiche Combinationen ergeben; eine der beliebtesten besteht aus einem Frauenoberleib mit einem Flügelpaar versehen, welcher sich aus einem Löwenfuss entwickelt. (Fig. 34.) Diese Combination hat es offenbar auch mit tendenziöser Symbolik zu thun, jedenfalls scheinen hier die Sirenen, jene fabelhaften Jungfrauen der griechischen Mythologie, die mit Vogelkrallen und Flügeln versehen sind und von den Ufern ihrer Insel mit bezauberndem Gesang die Vorübersegelnden anlockten, um sie dem sicheren Verderben zuzuführen, und ausserdem die ebenfalls fabelhaften Sphinxe, die schon in Ägypten eine grosse Rolle spielten, als Vorbilder gedient zu haben. An römischen Apollo-Altären sehen wir dieselben Gestalten als Füsse in offenbar structiver Weise verwendet, hier stehen die sirenenhaften Sphinxe ebenfalls mit dem des Gesanges und Spieles in so hervorragender Weise begabten Gotte jedenfalls in näherem tendenziösen Zusammenhange.

Diese der Phantasie des Künstlers entsprungenen Gebilde der Thierwelt, welche aus Theilen verschiedener Thierarten zusammengesetzt erscheinen, nennt man *Chimären*,

Fig. 34. *Fuss einer römischen Wärmepfanne aus Pompeji.*
(Nach einer Aufnahme des Verfassers.)

es ist dies die Verallgemeinerung eines mythischen Thieres griechischen Ursprungs, Chimära genannt, bestehend aus einem Löwenkörper, aus dessen Rücken ein Ziegenkopf herauswächst, während sein Schweif sich in eine Schlange verwandelt zu haben scheint. (Fig. 35.)

Diese chimärischen Gebilde haben namentlich in der römischen Kleinkunst eine ausgebreitete Anwendung gefunden, und das mit gutem Grunde, denn sie eignen sich sehr wohl dazu, structive Functionen spielend anzudeuten und hat der schaffende Künstler vollkommen freien Spielraum, beliebige Theile von Thieren, die er zu seiner Symbolik braucht, zu einem phantastischen Ganzen zu vereinigen, während die Zusammenstellung von Thiertheilen, so wie sie die Natur in der That combiniert, stets etwas Bedenk-

Fig. 35. *Chimära. Florenz.*
(Kunsth. Bg.)

liches hat, da sie auf den Beschauer mehr oder weniger den Eindruck des Lebendigen und Beweglichen machen werden, was sich zumeist nicht mit der Stilisierung des Gegenstandes verträgt.

Mit der structiven Aufgabe nehmen es die chimärischen Gestalten in der römischen Kleinkunst nicht sehr strenge, häufig sind es Anhängsel, die mit dem Thiere gar nchits zu thun haben, welche die eigentliche Function des Tragens übernehmen, so soll offenbar die in (Fig. 36) abgebildete Sphinxgestalt eine Tischplatte tragen, sie übernimmt diese Aufgabe bloss der Idee nach, denn thatsächlich wächst zwischen den Flügeln eine Stütze der Tischplatte hervor, die mit dem Thiere selbst nichts gemein hat. (Ver-

Fig. 36. *Tischfuss aus Pompeji.*
(Nach einer Aufnahme des Verfassers.)

gleiche auch Fig. 1. dieses Werkes.) Zuweilen werden die Combinationen allzu willkürlich gewählt und allzu unorganisch zusammengesetzt, wie dies z. B. an dem linksseitigen Prachtdreifuss aus Herculanum (Fig. 37) der Fall ist, dieser wird zunächst gebildet aus drei kräftigen Rehfüssen, diese sind oben plötzlich abgeschnitten, und auf der Schnittfläche sitzen kleine chimärische Gestalten, die wiederum nicht selbst tragen, sondern dies von einem verzierten Stengelwerk besorgen lassen, das ihnen aus dem Rücken herauswächst. In dem vorliegenden Dreifuss fehlt der verbindende einheitliche Gedanke, die angewendeten Formenelemente bauen sich ohne Übergang und inneren Zusammenhang systemlos auf und schliesslich ist das Grössenverhälltnis

Fig. 37. *Römische Dreifüsse.*
(Kunsth. Bg.)

des kräftigen stützenden Fusses und des zwecklos darauf sitzenden Fabelthieres denn doch etwas zu auffällig, um angenehm zu wirken.

Auch die ganze menschliche Figur wird im römischen Kunstgewerbe in der freiesten Weise angewendet, meist spielend decorativ, häufig ohne organischen Zusammenhang mit dem Ganzen, bald ist es ein dickbauchiger Silene, aus dessen Kopf zwei Lampenarme herauszuwachsen scheinen.

bald ein jugendlicher Bacchus, auf einem Panther reitend, bald ein schelmischer Amor, der sich auf einem Lampendeckel niedergelassen hat, bald ein Silene in nachlässiger Haltung, der eine Schlange emporhaltend, damit zugleich einen Aufsatz trägt (Fig. 38), alle zumeist in mehr genrehafter, als streng structiver Auffassung angewendet.

Fig. 38. *Silene aus Pompeji.* (Nach Photographie.)

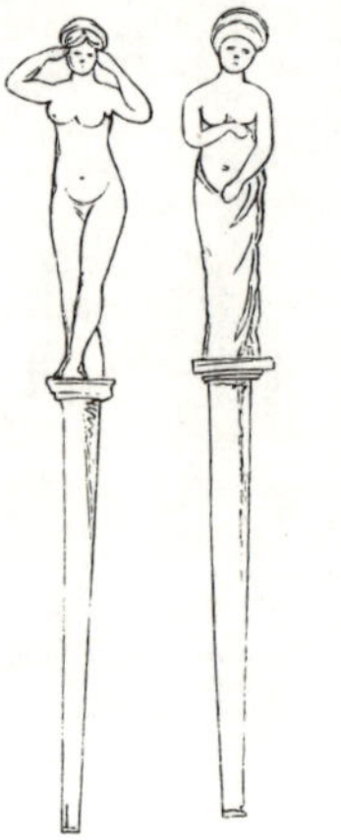

Fig. 39. *Pompejanische Elfenbeinnadeln.* (Nach Blümner.)

Von Toilettegegenständen sind es namentlich Spiegel, die nicht selten von menschlichen Figuren gehalten werden, ferner Elfenbein-Haarnadeln, die häufig in ihrem oberen Theile eine Darstellung der ganzen menschlichen Gestalt (Fig. 39) aufzuweisen haben, die nur als Endigung und rein decorativer Schmuck auftritt, ohne eine bestimmte structive Aufgabe zu übernehmen.

Das Mittelalter.

Auch das Mittelalter wendet, wenn auch nicht allzuhäufig, thierische und menschliche Formen an structiven Bautheilen an, aber dieselben haben in den wenigsten Fällen eine structive Aufgabe zu erfüllen und wenn, so ist sie doch recht nebensächlich gemeint. In der ersten Zeit hatten Thier- und Menschenformen vorwiegend eine religiös-tendenziöse Bedeutung, dabei konnten die Baumeister durchaus nicht neutrale Felder von structiven Bautheilen unterscheiden und nahmen gar keinen Anstand, auf eminent structiven Theilen figurale Decorationen anzubringen. In der zweiten Hälfte des Mittelalters trat ein Element in die Architektur ein, das sonst in keiner Baukunst zu finden ist, es ist dies der Humor; mit besonderer Vorliebe wurden genrehafte Scenen aus dem bürgerlichen Leben, namentlich aus dem Leben der Steinmetzen oder auch portraitähnliche Darstellungen bekannter Persönlichkeiten an structiven Bautheilen mit oder ohne structiver Nebenbedeutung angewendet, die einen derben Humor ausdrücken, den Beschauer anregen und häufig zum Lachen reizen sollen.

Die erste Zeit der mittelalterlichen Periode, *die altchristliche*, lehnt sich in ihren structiven Theilen so sehr an römische Formenbildung an, dass sie Animalisches wie diese im Allgemeinen überhaupt nicht anwendet, dagegen ändert die altchristliche Ornamentik ihren Charakter sofort, sobald sie von Byzanz beeinflusst erscheint. Dies zeigt sich insbesonders dadurch, dass die Thier- und Menschenformen, zumeist in tendenziöser Bedeutung, ziemlich reichlich an structiven Theilen, insbesondere an Säulen-Capitälen angewendet werden. Namentlich häufig findet sich die Gestalt des Cherub vor, dies ist eine aus dem alten Testamente

Fig. 40.
Capitäl aus der Kirche des heiligen Petrus und Marcus zu Constantinopel.
(Nach Pulgher.)

ins Christenthum herübergenommene symbolische Figur, ursprünglich stets in Verbindung mit Jehovah stehend und seine Gegenwart andeutend, in christlicher Zeit erhält der Cherub zumeist die einfache Engelgestalt. Der altchristliche Cherub wird mit vier Flügeln abgebildet, wovon sich zwei nach oben und zwei nach unten schlagen, wobei die Flügel nicht selten mit zahlreichen Augen bedeckt erscheinen, wohl als Werkzeug der Allwissenheit Gottes, der seine Engel überall hinsendet, welche somit Alles sehen, Gutes sowohl, als Böses. Verwandt mit den Cherubim sind die Seraphim und ebenfalls aus dem alten Testamente stammend, auch diese umgeben den Thron Gottes.

An dem Capitäl der Kirche des hl. Petrus und Marcus in Constantinopel (Fig. 40) sind vier Cherubim

Fig. 41. *Capitäl aus der Kirche zu Hamersleben.*
(W. L. Kunsth. Bg.)

angebracht, jeder Cherub hat 6 Hände und eine grosse Anzahl von Augen, seine Füsse ruhen auf der Wulst des Säulenhalses, eine structive Thätigkeit haben diese Gestalten offenbar nicht auszuüben.

Neben den Engelsgestalten sind es auch Thierformen, die sich nicht selten auf byzantinischen Capitälen vorfinden, zumeist ebenfalls auch als tendenziös christliche Symbole angewendet, so z. B. Tauben als Sinnbild des heiligen Geistes.

In der *romanischen Baukunst* findet sich das animalische Element ziemlich häufig vor und geht es zumeist eine weit innigere Verbindung mit den vegetabilischen Gebilden ein, als in dem altchristlichen Stile, ausserdem geschieht die Anwendung weit häufiger ohne christlich-tendenziöser Nebenbedeutung und zwar meist rein spielend decorativ, seltener eine structive Thätigkeit andeutend.

Namentlich finden sich auf Capitälen häufig Thiergestalten, welche in leichtes Rankenornament übergehen und spielend den Capitälkern umgeben, so werden zuweilen die vier Ebenen des Würfelcapitäls als neutrale Felder behandelt und mit animalischen Elementen geschmückt (Fig. 41), dabei ist es eine Eigenthümlichkeit der romanischen Bauweise, dass dieselbe mit besonderer Vorliebe dadurch Abwechslung in ihre Formenwelt hineinzubringen sucht, dass sie, wo es möglich ist, jede Seite des Capitäles mit einem anderen ornamentalen Motiv zu schmücken bestrebt ist. Das Naive und Unbeholfene des romanischen Stiles zeigt sich hiebei weit mehr an figuralen und thierischen Darstellungen, als an vegetabilischen Ornamenten. Ganz einzig in seiner Art ist aber die romanische Bauweise in dem naiven Vermischen der höheren tendenziösen Kunst mit dem vegetabilischen Ornament auf eminent structiven Bautheilen, so finden sich zuweilen ganze historische Compositionen auf dem hiezu möglichst wenig passendsten Orte, dem Capitäle dargestellt, so ist z. B. auf einem Säulenknauf der Abteikirche zu St. Benoit (Fig. 42) die Flucht der heiligen Familie abgebildet, die Madonna mit dem Jesukindlein im Schosse, reitet auf einem Esel, rechts und links von diesem Mittelbilde befinden sich andere Heilige, die Ecken des kelchförmigen Capitäles markierend — als wie wenn sich in der ganzen Kirche kein geeigneterer Ort hätte finden lassen, derartige Werke der höheren christlich-tendenziösen Kunst darzustellen, als gerade dieser. Die kindlich naive Auffassung zeigt sich auch noch darin, dass der ausführende Künstler es für angemessen hielt, der Madonna, trotzdem sie reitend dargestellt ist, einen Fussschemel zu geben.

Fig. 42. *Capitäl aus der Abteikirche zu St. Benoit.* (Nach Ornamentenschatz.)

Im Dome von Monreale bei Palermo gibt es Capitäle, welche Bogenstellungen darstellen, die Säulen derselben ruhen hiebei auf Akanthusblättern, während die durch die Bogenstellungen gebildeten Nischen eine ganze Reihe von Heiligenfiguren aufnehmen.

Dieselbe Naivetät, zumeist gepaart mit einer ungewöhnlich materiell gedachten Symbolik, zeigt sich auch an den Säulenfüssen des romanischen Stiles. Einzelne davon erinnern an uralte Traditionen, so das Oberitalienische Motiv: Säulen, namentlich der Portale und Kanzeln auf Löwen zu stellen, offenbar liegt hier vorwiegend eine tendenziöse Symbolik zu Grunde, welche etwa sagt: die Kirche, äusserlich repräsentiert durch die Säulen der Vorhalle und innerlich am besten durch den Ort, wo das Wort Gottes verkündiget wird, die Kanzel, ruht auf den stärksten Grundlagen, welche hier symbolisch angedeutet werden durch das stärkste Thier — den Löwen. (Fig. 43.) Dies ist allerdings eine naive und primitive Symbolik, welche sich aber merkwürdiger Weise viele Hundert Jahre vorher in fast derselben Weise wiedergegeben findet und zwar in den assyrischen Reliefdarstellungen, wo Säulen ebenfalls auf geflügelten und ungeflügelten Löwen ruhend, abgebildet erscheinen (vergleiche Fig. 12). Dass ein Zusammenhang zwischen der romanischen und assyrischen Anwendung des Löwen als Säulenträger besteht, ist zwar möglich, nachdem die altchristliche und mit dieser die romanische Kunst manche alttestamentarische Motive übernommen hat, aber nothwendig ist es nicht, indem Kunstperioden in ihren Anfängen gerne eine roh naturalistische und zugleich tendenziöse Symbolik annehmen und dann ist es leicht möglich, dass zwei Stilarten zu einem und

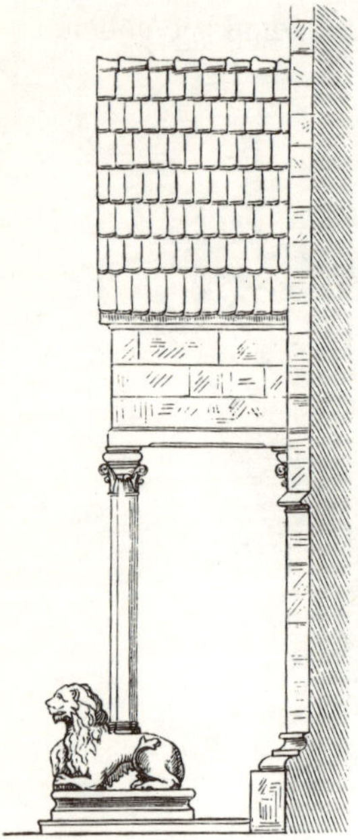

Fig. 43. *Portal der Domkirche zu Bozen.*
(Nach W. Bauhütte.)

demselben Motiv gelangen, ohne sich gegenseitig beeinflusst zu haben.

Den grössten Reichthum an animalischen Elementen findet man namentlich im Norden an den Portalen, so insbesondere an der goldenen Pforte des Freiberger Domes. hier ruhen die Bogen auf Löwen und sind an passenden und

Fig. 44. *Tragstein aus der Kirche zu Gelnhausen.*
(Nach Ornamentenschatz.)

unpassenden Orten Köpfe oder thierische und figurale Darstellungen in ziemlich ungeschickter Weise angebracht.

Der romanische Stil pflegt die menschliche Kraft in derb naturalistischer Weise als Andeutung des in der Architektur wirkenden Druckes und Gegendruckes zu verwenden, so namentlich an Bogenanfängen und Consolen, dann aber trägt die menschliche Figur ihre Last nicht leicht und federkräftig wie die griechische Karyatide, sondern ächzend und mit gekrümmtem Rücken, denn nur auf diese Weise meinte das Mittelalter das Aufliegen einer grossen Last veranschaulichen zu können (Fig. 44.), während die ideale Antike den Druck der Masse überhaupt nicht dem

Fig. 45.
Spätromanisches Taufbecken im Dom zu Hildesheim.
(Kunsth. Bg.)

Beschauer deutlich vor Augen halten wollte, sondern bloss leicht andeutend das Vorhandensein eines Druckes symbolisierte.

Auch in *Werken der Kleinkunst* wird die menschliche Figur häufig als Trägerin einer Last angewendet, so z. B.

auf Taufbecken und ähnlichen Objecten, dieselben tragen das Gefäss zumeist mit ihrem Rücken oft in devoter Stellung, namentlich häufig kniend. (Fig. 45.) Eine nicht unbedeutende Rolle spielt der Löwenkopf*), der nicht selten theils als Thürklopfer abgebildet erscheint, einen mächtigen Ring in seinem Rachen haltend (Fig. 46), theils als Wasser-

Fig. 46. *Thürklopfer vom Dom zu Hildesheim.*
(Gewerbehalle.)

speier verwendet wird, wobei zumeist aus einem im Mund gesteckten Röhrchen oder unmittelbar aus dem Rachen das Wasser fliesst. Der Löwenkopf erscheint meist streng stilisirt, oft ist es schwer, ihn seiner Gattung nach

*) Vergleiche: Heider. Über Thiersymbolik und das Symbol des Löwen. Wien, 1849.

zu erkennen, zuweilen zeigt er sogar viel Ähnlichkeit mit dem menschlichen Antlitz.

Aber auch Gefässe erhalten zuweilen die Gestalt von Thieren, sie erscheinen zwar stilisiert, geben aber doch in vielen Fällen die ganze thierische Form ohne Zuthaten wieder. so namentlich bei kirchlichen Gefässen. (Fig. 47.) Das hier

Fig. 47. *Peristerium. Weihbrodbehälter.*
(Kunsth. Bg.)

abgebildete Peristerium, ist ein Weihbrodbehälter, welcher die Form einer Taube annimmt, jedenfalls in Bezug auf den hl. Geist, der in der Gestalt einer Taube abgebildet zu werden pflegt. Ausserdem erhalten Aquamanile häufig Thierformen, schliesslich muss auch der Reliquienbehälter hier Erwähnung geschehen, diese erhalten sehr häufig den

Körpertheil abgebildet, welchem die Reliquie entnommen worden ist, am häufigsten kommt ein Arm mit einer Hand vor, wenn Reste von dem Arm eines Heiligen sich in dem Behälter befinden, ausserdem auch noch plastische Brustbilder, in welchen zumeist Schädelknochen der Heiligen aufbewahrt werden.

Fig. 48. *Gewölb-Console aus der Capelle der Burgruine Landeck.* (Heideloff.)

In der *gothischen Periode* findet das animalische Element in structiver Thätigkeit sehr selten Anwendung, es liegt durchaus nicht im Geiste der Gothik, welche die Architektur der Construction genannt werden kann, structive Gedanken andeutungsweise zu geben — vielmehr lässt sie die reine Construction als solche wirken und die Decoration wird nur lose an dieselbe angehängt. — Das einzige structive animalische Element von einer einigermassen allgemeineren Anwendung ist die Tragsteinfigur, selten aber deutet sie ein Tragen an, meistens ist sie nur spielend decorativ an den Tragstein angeheftet und häufig ist eine scherzhafte, genrehafte figurale Darstellung damit in Verbindung gebracht, die mit dem Tragen selbst in keiner Beziehung steht. So sieht man nach der Anschauung Heideloff's in der beiliegend abgebildeten (Fig. 48) Gewölb-Console den Par-

Fig. 49. *Console aus der Marienkirche zu Reutlingen.*
(Heideloff.)

lierer oder Obmann in seinem Bauhütten-Costume, mit der Gogel oder Mazetta angethan, dargestellt, er stösst in sitzender Stellung in das Horn, um die Handwerksleute nach der Ruhepause zur Arbeit aufzufordern. Auch die anderen Consolen der Capelle enthalten ähnliche Figuren, so gewahrt man an einer Console einen Schläfer, der durch den Ruf des Hornes aus seiner Mittagsruhe erwachend, im Begriffe ist, sich zu erheben, an einer anderen sieht man einen Steinmetzen sich mit seinem Spitzeisen in Bewegung setzen und an der vierten Console erblickt man ebenfalls einen mit seinem Werkzeug versehenen Arbeiter in sitzender Stellung sich zur Arbeit anzuschicken.

Bei Kirchenbauten ist in sinniger Weise häufig die geflügelte Engelsgestalt dazu ausersehen, der Idee nach eine Console, auf welcher eine Heiligenfigur steht oder einen Tragstein, auf welchem der Bogen aufruht, zu tragen. Gleichzeitig wird der Engel aber häufig auch, um das Nützliche mit dem Schönen zu vereinen, dazu benutzt, um das Wappenschild des Patrones oder Erbauers der Kirche zu halten. (Fig. 49.)

Eine äusserst charakteristische Durchbildung erhielten in der Gothik die *Wasserspeier*, ihre Thätigkeit ist eigentlich keine rein structive, sondern eine den Zweck des Objectes andeutende, dieser ist, Bauformen zu schaffen, welche das Regenwasser weit weg vom Baugrunde ablaufen machen, Analoges findet sich in der Natur nur beim menschlichen oder thierischen Organismus vor, welcher die Fähigkeit besitzt, in sich aufgenommenes Wasser auf gewisse Entfernungen auszuspeien. Denselben Gedanken hat bereits der antike Tempel aufzuweisen, die gothischen Baumeister aber wussten deiser Bauform eine originelle Gestalt zu geben, an welcher sie ungemein viel Witz und Humor anzubringen verstanden, es sind stets fratzenhafte, in die Länge gezogene Gestalten, welche fast ausschliesslich ihre Vorbilder an lebenden Wesen suchen. Nicht selten nimmt dann der Wasserspeier die Form eines Hahnes an (Fig. 50*a*), oder diejenige eines Raubvogels mit ungewöhnlich ausgedehntem Halse (Fig. 50), aber auch Katzen, Tiger oder Löwen werden hiezu verwendet, dann aber fratzenhaft gebildet mit langgestrecktem Körper, daneben werden aber auch menschliche Gestalten in carikierter Form häufig

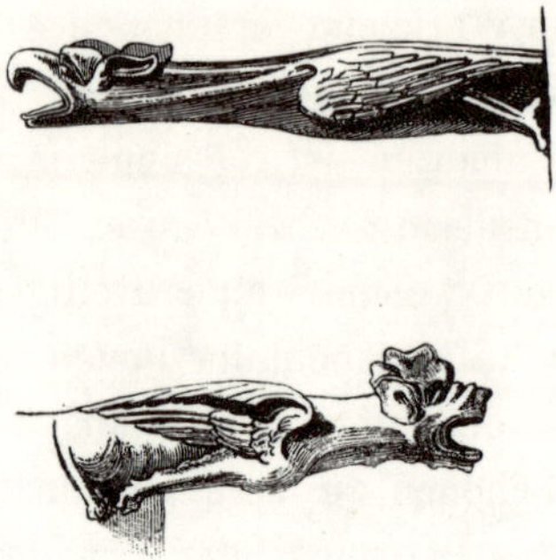

Fig. 50 und 50*a*. *Wasserspeier von der Kathedrale zu Meaux.*
(Raguenet.)

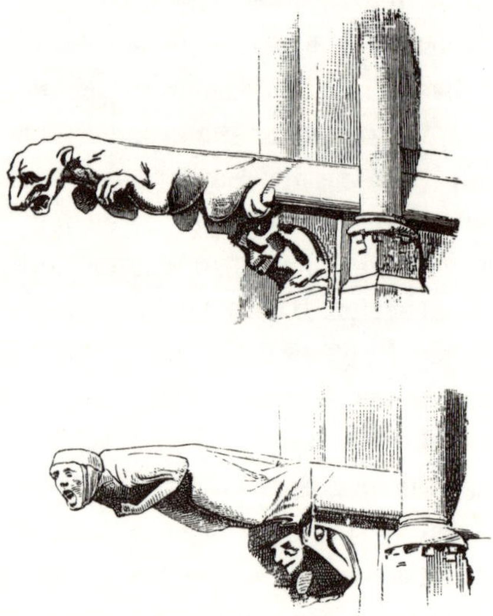

Fig. 50*b* und 50*c*. *Wasserspeier von Notre Dame zu Paris.*
(Raguenet.)

gebraucht, zuweilen sogar mit Anspielungen auf bestimmte Persönlichkeiten. (Fig. 50*b* und 50*c*.)

Der wesentlichste Unterschied zwischen der mittelalterlichen und antiken Auffassung der Wasserspeier ist der, dass die Gothik den ganzen Körper verwendet und denselben möglichst fratzenhaft bildet, während die Antike nur den Kopf des Thieres benützt (Vergl. Fig. 16) und demselben zumeist eine zwar stilisierte, aber doch edle Form zu geben sucht. Die gothische Behandlung ist in gewissem Sinne praktischer aber derber, da hiebei das Regenwasser in der That weiter vom Baugrunde fortgeschafft wird, die antike Auffassung entspricht dagegen mehr den höheren ästhetischen Anforderungen.

Dieselben Züge von Humor, nicht selten verbunden mit der Darstellung von bestimmten Personen finden sich zuweilen auch auf halbmonumentalen Objecten vor, als Beispiel mag das bekannte Sacramenthäuschen in der St. Lorenzo-Kirche zu Nürnberg angeführt werden, bei demselben sehen wir den Bildhauer Adam Kraft in seiner handwerklichen Kleidung, im Vereine mit zwei Gesellen das Häuschen knieend auf ihren Rücken stützen, ihre structive Aufgabe ist nicht sehr ernst zu nehmen, das Ganze ist nur ein Scherz und als solcher in der Gothik sehr beliebt. Immerhin haben derartige humoristische Züge in der strengen Architektur etwas Bedenkliches, namentlich wenn dieselben zusehr überhand nehmen, auf alle Fälle ziehen sie den Beschauer von der Betrachtung des Kunstwerkes ab, auch ist hier in diesem Beispiel die Person des ausführenden Bildhauers allzusehr in den Vordergrund gestellt, mit der offenbaren Absicht, sich selbst zu verewigen.

Auch an einem anderen hochbedeutenden, mittelalterlichen Kunstobjecte, dem Sebaldusgrabe in der St. Sebaldus-Kirche in Nürnberg finden wir animalische Formen in structiver Thätigkeit verwendet, hier sind es Schildkröten, auf welchen das ganze Grabdenkmal ruht, welche wahrscheinlich den langsamen Gang des Leichenbegängnisses andeuten sollen. Zugleich mag hier einer Eigenthümlichkeit Erwähnung geschehen, die sich sehr häufig auf Werken der gothischen Kleinkunst vorfindet, diese besteht darin, dass der, den eigentlichen Sarkophag umgebende baldachinartige Aufbau in den Formen der strengen monumentalen, gothischen Baukunst errichtet ist, so zwar, dass sogar an den strebepfeilerartigen Gliedern die Wasserspeier nicht vergessen sind, trotzdem auf das Grabdenkmal kein Tropfen Wasser fallen kann, da es sich im Innern der Kirche befindet.

Fig. 51. *Gothischer Lesepult in Bronce. Münster zu Aachen.* (Kunsth. Bg.)

Aber auch was das Geräthewesen anbelangt, steht das Mittelalter im entschiedensten Gegensatze zur Antike, während letztere fast ausschliesslich bloss einzelne Theile der Thierformen nahm und dieselben zu einem Gebilde der Phantasie zusammensetzte, nimmt die Gothik sehr häufig *ganze Thiere*, so wie sie in der Natur vorkommen und überträgt ihnen structive Functionen, so findet man z. B. einen Adler mit ausgebreiteten Flügeln als Lesepult verwendet, (Fig. 51), wenn man nun sehr wohl auf den Rücken dieses Thieres einen Folianten aufstellen und anlehnen kann, so macht dieses Geräth dennoch auf den unbefangenen Beschauer einen befremdenden Eindruck, es wird in ihm der Gedanke hervorgerufen, dass der Adler sich bewegen, die Flügel zusammenklappen, ja, dass er sogar fortfliegen könnte. (Figur 51.) Diese Ideenverbindung wird allerdings

Fig. 52.
Wasserspeier vom Brunnen des Altstadtmarktes zu Braunschweig.
(Gewerbehalle.)

um so weniger aufdringlich sein, je weniger naturgetreu das Thier gemacht ist. Übrigens hat der geflügelte Adler hier auch eine tendenziöse Bedeutung, denn er ist das symbolische Thier eines Evangelisten. An anderen Geräthen findet man sehr häufig Drachen, Löwen, Schnecken und selbst die ganze menschliche Gestalt, zumeist den Gegenstand auf ihrem Rücken tragend.

Als Thürklopfer und als Wasserspender bei Brunnenanlagen wurde uralten Traditionen zufolge mit grosser Vorliebe der Löwenkopf angewendet. (Fig. 52.) Der hier dargestellte Kopf ist allerdings nicht sehr typisch, er ist ein Mittelding zwischen einem Löwen-, Hund- und Menschenkopf.

Die Renaissance.

In der monumentalen Architektur der Renaissanceperiode findet das animalische Element wenig Anwendung,

Fig. 53. *Doppelkaryatiden vom Louvre in Paris.*
(Baldus. Meyer Formenlehre.)

namentlich ist es die Frühperiode dieser Stilrichtung, die sich der menschlichen oder thierischen Reproduction als structives

6*

Bauglied nicht zu bedienen pflegt, wesentlich aus dem Grunde, weil sie zu sehr an dem vegetabilischen Füllungs-

Fig. 54. *Atlantenportal vom Palais Clam-Gallas in Prag.* (Nach Photographie v. C. Bellmann.)

ornamente hängt. In der Spätzeit dagegen wird insbesondere die menschliche Gestalt weit häufiger angewendet, es sind aber weniger Karyatiden, die hier eine Rolle spielen, sondern zumeist sind es Atlanten-Figuren, die mit Vorliebe Verwendung finden. Karyatiden werden, wo sie vorkommen, in der Regel im antiken Sinne aufgefasst, d. h. kräftige Jungfrauen tragen stehend und mit Leichtigkeit, ohne sichtbare Anstrengung die nicht allzu grosse Last. Zu den bekanntesten Beispielen gehören die schwesterlich gepaarten Jungfrauengestalten des Louvre in Paris. (Fig. 53.) Atlanten-Figuren aber werden in der Spätrenaissance häufig angewendet, und stehen in directem Gegensatz zu den antiken Karyatiden, denn es werden hiezu kräftig gebaute, männliche Gestalten verwendet, die zumeist einen Balkon oder eine Thür- oder Fensterverdachung zu tragen haben und von der geringen Last schwer gedrückt erscheinen. Die Spätzeit liebt die Übertreibung, diese zeigt sich an der oft übermässig betonten Muskulatur der Gestalten und an der energischen Bewegung, welche sich in der Haltung der Figuren ausdrückt. Die Last wird meist mit den Armen gestützt, der Körper ist nach vorne etwas übergeneigt und in den Hüften elastisch gebogen. (Fig. 54.) In den deutschen Ländern werden überdies gerne Hermengestalten angewendet, die bekanntesten Beispiele finden sich am Otto-Heinrichsbau zu Heidelberg, an welchem Palaste auch zahlreiche Karyatiden vorkommen. Die Hermen der Renaissance sind männliche oder weibliche Gestalten, welche zunächst auf dem Kopfe einen capitälartigen Ansatz tragen, der ganze Oberleib ist menschlich, dann beginnt durch Vermittlung eines zierlich umgelegten und geknüpften Tuches der starre Untertheil, der aus einem sich nach unten zu verjüngenden Prisma sammt Fuss besteht. (Fig. 55.)

Mit dem Losbrechen des vollen Zopfes erfährt die Darstellung der menschlichen Figur eine vollständige Umgestaltung, bald sind es naturalistisch gebildete Atlanten, welche die mächtigen Gewölbe der Vestibule tragen helfen, (z. B. Belvedere in Wien), bald sind es frivole Karyatiden, die sich durch ihre Nacktheit bemerkbar machen, bald sind es mit den abenteuerlichsten Zuthaten ausgestattete Hermen-

Fig. 55. *Hermen vom Schloss zu Heidelberg.*
(Raguenet.)

gestalten, bald, und dies namentlich bei Deckenverzierungen, sind es springende, sitzende, stützende oder Festons haltende Gestalten in buntem Wirrwarr durcheinander, die keine besondere Beschäftigung zu haben scheinen, ausser etwa die, als plastisch wirksame Decoration zu dienen. Die Urtheile über derartige barocke Anordnungen lauten sehr verschieden, nichtsdestoweniger wird sich aber wohl behaupten lassen, dass dieselben in der Regel entschieden von grosser Wirkung sind und dies namentlich durch die volle Beherrschung der Technik und die kräftige, kecke und selbstbewusste Behandlung der Form. (Fig. 56.)

Fig. 56. *Deckendecoration vom Palazzo Pitti in Florenz.* (Croquis d'architecture.)

Neben den ganzen Figuren werden aber auch einzelne Theile von Thieren und den Menschen verwendet. Am häufigsten kommt der *Menschenkopf* in der späteren Renaissanceperiode auf Schlusssteinen vor, in der Regel mit der einfachen, klaren Absicht, die bereits beim Thorbogen von Volterra hervortrat: den wichtigsten Stein des Bogens mit dem wichtigsten Theil des menschlichen Körpers, dem Kopf, in Analogie zu bringen, nur ist die Lösung in der Renaissancezeit nicht so naiv aufdringlich gemacht, wie bei dem etruskischen Beispiel, vielmehr ist die Symbolik als solche mässig betont und sind es meist schöne Männer- oder Frauenköpfe, welche die Bedeutung des Schlusssteines auch durch die Schönheit der Form hervorheben. (Fig. 57.)

Fig. 57. *Schlussstein vom Pal. Giustiniani in Padua.* (W. Bauhütte.)

Ausserdem finden sich an Capitälen sowohl Menschenköpfe als auch Thierfragmente sehr häufig vor, die Art und Weise ihrer Verwendung ist aber eine so mannigfaltige, zumeist spielend decorative, seltener structiv thätig auftretende, dass hier nur mehr andeutungsweise der Gegenstand behandelt werden kann. In erster Linie sind es die Eckvoluten, welche durch chimärische Gebilde in der Weise ersetzt werden, dass zumeist der Kopf des Thieres statt der Voluten erscheint, selten ist es der eingeringelte Fischschwanz der Bestie, der diese Stelle einnimmt. (Fig. 58.) Zuweilen sind es Pferde, Panther- oder

Löwen-Körper, die in einem Fischschwanz endigen, und mit dem Stengel der Mittelblume in ornamentale Verbindung treten Eine weitere Verwendung finden Thier- und Menschenfragmente als Ersatz der Mittelblume des Capitäles; bei kirchlichen Bauten wird hier mit besonderer Vorliebe ein geflügelter Engelskopf angewendet (Fig. 59), bei weltlichen

Fig. 58. *Florentinisches Säulencapitäl.*
(Kunsth. Bg.)

Bauten aber die mannigfaltigsten, chimärischen Gebilde. Ist das Capitäl aber fast ausschliesslich aus vegetabilischen Elementen gebildet, dann finden sich nicht selten an einem freien Plätzchen pickende Vögel angebracht, um etwas Leben in die starre Pflanzenwelt zu bringen.

Die Kleinkunst bemächtigt sich für ihre Detailbildungen mit grosser Vorliebe der animalischen Formen, doch können wir uns hier kurz halten, nachdem die Anwendung der thierischen und menschlichen Elemente im Wesentlichen in der Renaissance derjenigen entspricht, die wir bereits im römischen Stile kennen gelernt haben.

Um die Beweglichkeit eines Geräthes oder Möbelstückes anzuzeigen, erhalten sie nach antikem Muster ebenfalls Thierfüsse. (Fig. 60.) Das ganze Geräth oder einzelne Bestandtheile werden nicht selten von Fabelthieren oder der entwickelten menschlichen Gestalt in mehr

Fig. 59. *Pilastercapitäl vom Palazzo vecchio in Florenz.* (Kunsth. Bg.)

spielend decorativer Weise, wie in Rom, getragen, auch hier sind es häufig sphinxartige Phantasiegebilde, die mit besonderer Vorliebe angewendet werden, in der ersten Zeit erfolgt dies in mehr antiker Auffassung, in der Spätzeit mit verschiedenen Übertreibungen, so z. B. mit Hinzufügung eines gebogenen Schwanenhalses und anderer ins Unschöne verzerrten Formen. Dann findet man häufig Brunnen, die eine sinnige Symbolik des Wassers durch das fabelhafte Wassergethier angedeutet haben, bald sind es drachenähnliche Ungeheuer mit Menschenköpfen, Drachenflügeln und Fischschweif (Fig. 61), bald sind es Sirenen mit üppigem Frauenoberleib, der ebenfalls in einen Fisch-

Fig. 60. *Geschnitzte Truhe im Bargello zu Florenz.*
(Teirich. Kunsth. Bg.)

schwanz endigt, bald sind es Tritonen oder Delphine, oft in Begleitung des Gottes Neptun, welche direct aus der

Fig. 61. *Brunnen der Sacristei von S. Lorenzo in Florenz.*
(W. Bauhütte.)

antiken Welt in die Renaissance übertragen wurden, ihre structive Thätigkeit ist meist nicht ernst zu nehmen, am

Fig. 62. *Weihwasserbecken im Dom zu Orvieto.*
(Kunst. Bg.)

häufigsten ist dieselbe nur spielend angedeutet. Desgleichen findet man zumeist bei Brunnen auch Löwenköpfe angewendet, entweder wasserspeiend oder unthätig (Fig. 61); immer in

Nachahmung der römischen Anwendung. Dieselben rein decorativen Löwenköpfe finden sich auch in entsprechenden Abständen an der Sima angebracht, jedoch bloss als Reminiscenz der alten klassischen Wasserspeier, ohne in

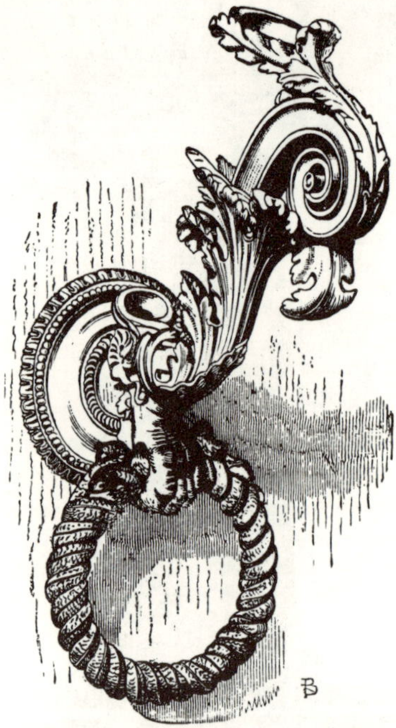

Fig. 63. *Fackelhalter vom Pal. del Magnifico in Siena.* (Kunsth. Bg.)

Function zu treten. Aber auch die kirchlichen Geräthe werden durch chimärische Gebilde in heiterer, leichter Weise geschmückt; insbesondere bei Taufbecken, Grabmälern und dem Chorgestühle. Charakteristisch ist hiebei der Umstand, dass christliche und heidnische Elemente in der unbefangensten und naivsten Weise durcheinander geworfen werden, namentlich findet sich die Form des antiken Opferaltares und des Dreifusses in der mannigfaltigsten Weise in der christlichen Kleinkunst verwendet und durch Sphinxe, Amorinen, Tritonen und Delphine geschmückt, die sich in bester Harmonie mit geflügelten Engelsgestalten, Heiligen-Figuren und anderen christlich

Fig. 64. *Thürklopfer aus Bologna.*
(Kunsth. Bg.)

tendenziösen Symbolen befinden. (Fig. 62.) So erhalten Candelaberständer nicht selten an ihren Ecken Widderköpfe, eine Kunstform, die offenbar den klassischen Altären entnommen ist, welche aber hier angewendet wird, ohne an den ursprünglichen oder gegenwärtigen Zweck der Form zu denken.

Im Allgemeinen wird man sagen können, dass sich die Frühperiode bei aller Verzierungslust durch einfache Klarheit auszeichnet. Wie einfach und schön ist der Fackelhalter vom Pal. del Magnifico in Siena (Fig. 63). Die Fackel wird durch ein volutenartiges Glied gestützt, während der untere Theil derselben in eine Thierklaue endigt, die einen Ring festhält, welcher wieder aus verschlungenen Schlangen besteht. Hier ist das animalische Element mit Maass und in klarer Darstellung ihrer zwecklich structiven Functionen angewendet. Die Spätzeit dagegen liebt eine Häufung von Thierelementen, die oft in unklarer Weise zusammengestellt sind, gerne wird der Kopf, sei es des Menschen oder eines Thieres gebraucht, niemals aber der Natur nachgebildet, man sucht vielmehr durch Übertreibungen und Verzerrungen desselben und durch Verbindung mit Delphinen oder Schlangen oder anderen Unthieren, die sich einbeissen und so eine feste Verbindung herstellen, den Beschauer zu fesseln (Fig. 64), oder es kommen scheussliche Ungeheuer in Verbindung mit üppigen Frauengestalten vor, so dass der Contrast des Schönen und Hässlichen möglichst stark zur Geltung kommt.

II. Abtheilung.

Das Stilisieren der Thier- und Menschenformen an neutralen Theilen.

Allgemeine Bemerkungen.

Wir werden es hier nicht nur mit der Besprechung der neutralen Felder zu thun haben, sondern werden insbesondere auch jene selbständigen Reproductionen des Menschen in Betracht ziehen müssen, welche in engen Beziehungen zur Architektur stehen, wie dies insbesondere bei den Statuen der Fall ist.

Dabei werden uns namentlich die Göttergestalten interessieren, weil sich an diesen das höchste Streben nach vollkommen künstlerischer Durchbildung am meisten bemerkbar macht und weil die Götter im Alterthum die wichtigsten Objecte der statuarischen Kunst bildeten.

Völker, welche auf einer geringen Culturstufe stehen, geben ihren Göttern nicht die menschliche Gestalt, ihre Phantasie ist auf das Ungeheuerliche und Schreckhafte gerichtet, weshalb sie ihre Götter zu colossalen und fratzenhaften Gebilden umzugestalten suchen. Allerdings haben sie aber auch nicht das Vermögen die menschliche Gestalt naturwahr oder schön zu bilden, weshalb sie ihren Sculpturen auf andere Weise Bedeutung und Anerkennung zu verschaffen suchen.

Die weiter vorgeschrittenen Völker des Alterthumes pflegten dann wohl ihren Göttern die Menschengestalt zu geben, soweit dies ihr künstlerisches Können zuliess, immer aber werden sich dieselben, sei es durch ihre Grösse, durch ihre abnorme Bildung oder durch besondere Zuthaten von der menschlichen Form unterscheiden. Erst die Griechen und nach diesen die Römer gaben ihren Göttern die reine menschliche Gestalt und das Göttliche an denselben suchten sie durch die Schönheit ihrer Formbildung

Fig. 65. *Ältere Medusa.*
(Nach A. Baumeister.)

anzudeuten — vom künstlerischen Standpunkte gewiss die höchste und vollendeteste Anschauung. Wir können das Ebengesagte am Medusenhaupte am charakteristischesten illustrirt finden. In der ältesten Zeit Griechenlands, als die Kunst dort noch vorwiegend barbarisch asiatisch war, wurde das Medusenhaupt als scheussliche, abstossende Fratze gebildet (Fig. 65), die griechischen Künstler der guten Zeit erhoben das Medusenhaupt bereits zu einem erhaben schönen Menschenkopf, während die Römische Periode diesen Kopf bereits stereotyp als vollendet schön, wenn auch erstarrend wirkend gestaltete. (Fig. 66.)

Dann treten allerdings und dies namentlich in der neuen Zeit, Perioden auf, in welchen zwar die Künstler

Fig. 66. *Medusa Rondanini. München.*
(Kunsth. Bg.)

wohl das Vermögen gehabt hätten, die menschliche Gestalt correct nachzuahmen, dagegen fehlte ihnen die Absicht dies zu thun, in diesen Zeiten haben sich die Schönheitsbegriffe soweit verschoben, dass nicht mehr die einfache menschliche Gestalt für schön galt, sondern dass in gewissen Übertreibungen, Ausartungen und Verzerrungen das damalige Gefühl für das Schöne Befriedigung suchte und fand. Dies ist der Barockstil, der sich in der Wiedergabe des menschlichen Körpers vom zierlich Coquetten bis fratzenhaft Verzerrten bewegte. Als Beispiel mag beiliegend abgebildeter Kopf (Fig. 67) aus Schloss Decouen in Frankreich dienen, dieser hat ebenfalls eine ähnliche selbstständige Stellung wie das Medusenhaupt, wenn auch nicht die grosse mythische Bedeutung, er ist aber immerhin an einem architektonisch ausgezeichneten Ort angebracht,

Fig. 67. *Kopf von Schloss Decouen.*
(Raguenet.)

dabei ist er ebenfalls eine Fratze, wie das ältere Medusenhaupt, nur in modern vollendeter Form, bei welcher der Künstler sowohl das Material als auch den Gegenstand vollkommen beherrschte.

Zugleich sehen wir, dass sich der Anfang und das Ende grosser Culturperioden die Hand reichen, indem sie sich in der Unnatur begegnen. Dies darf uns nicht wundern, denn der Kreislauf aller Dinge ist ein fundamentales Weltgesetz, welches sich mit derselben Unerbittlichkeit auch auf die menschlichen Kunstwerke erstreckt. Aus dem chaotischen Nebel haben sich durch Anziehung der Elemente im Laufe der Zeit Welten gebildet, welche ohne Zweifel einmal ihren vollständigen Untergang finden werden, um wieder als neue Weltkörper in verjüngter Form den Weltenkreislauf zu beginnen. Ebenso sind die Kunstformen aus einem chaotischen Urzopf entstanden und zwar durch Läuterung der Formen und Ausscheiden des Unnöthigen und Unpassenden, bis schliesslich die reine schöne Form daraus entstand — aber auch die konnte nicht ihre Macht für immer behaupten, bald begann sie das Natürliche abzustreifen, ihre Einfachheit und Klarheit einzubüssen und sich dem chaotischen Urzopf wieder zu nähern. Zopf ist aber nicht allein die charakteristische Stilform der späten Renaissancezeit, es hat fast eine jede grössere Stilperiode, gegen ihr Ende zu, eine gewisse Ausartung aufzuweisen, die mit vollem Rechte als Zopf zu bezeichnen ist, so kann sich beispielsweise die römische Kunst eines ausgesprochenen Zopfes in ihrer Spätzeit rühmen.

Neben der menschlichen Figur sind es aber auch Thiergestalten, welche häufig in ähnlicher Weise Verwendung finden wie die Statue. Diese Thierstatuen, wenn man dieselben so nennen darf, nehmen entweder die natürliche Gestalt der Thiere an oder sie sind reine Phantasiegebilde, welche sich jede Stilart eigenartig zu bilden wusste.

Ausser den freistehenden Statuen, die in einem loseren Zusammenhange mit der Architektur stehen, werden wir aber auch die decorative Ausfüllung der neutralen Felder besprechen müssen. Hier ist es aber die ganze menschliche Gestalt, welche die bedeutendste Rolle spielt, insbesondere sind es Darstellungen aus der Götterwelt oder der vaterländischen Sage oder Geschichte, welche gerne an solchen Orten angeordnet erscheinen, mit bestimmtem Bezug auf das Gebäude, welches sie zu schmücken bestimmt sind.

Ausserdem finden an solchen Stellen auch zuweilen einzelne Theile von Thieren oder Menschen Anwendung, dann aber nicht für sich allein, sondern meist in Verbindung mit vegetabilischen Elementen.

Agypten.

Zunächst muss hier wiederholt werden, dass in der ägyptischen Architektur eine scharfe Trennung der structiven Theile und neutralen Felder durch das Ornament nicht angezeigt erscheint. — Das Andeuten einer structiven Thätigkeit kommt selten vor und kann fast das gesammte ägyptische Ornament als ein neutrales bezeichnet werden.

Unter den animalischen Formen nimmt die menschliche Gestalt den ersten Rang ein und wird dieselbe mit besonderer Vorliebe angewendet, obzwar auch die Thierwelt eine ziemlich reichliche ornamentale Verwendung findet.

Die menschliche Gestalt tritt entweder als freie Statue auf oder ist in dem eigenthümlichen ägyptischen Flachrelief wiedergegeben. Letzteres besteht zunächst in einer Austiefung des Grundes, über welchem sich die Form wieder als Erhöhung gestaltet, so dass sich die Sculptur niemals über die äussere Fläche des Steinblockes erheben kann. Ausserdem wird die Menschengestalt in Ägypten auch nur durch Malerei dargestellt. Die ägyptischen Ornamente und Bildhauerarbeiten prangen in den hellsten, lebhaftesten Farben, die sich zum Theil in voller Farbenfrische bis auf den heutigen Tag erhalten haben. Die

Zeichnung der menschlichen Gestalt und auch der thierischen Formen charakterisiert sich durch eine ungemein elegante Linienführung, welche eine naturwahre Darstellung nicht zu geben vermag, dieselbe aber auch gar nicht beabsichtigt. — Eine grosse Unbeholfenheit zeigt sich namentlich darin, dass die ägyptischen Künstler nicht im

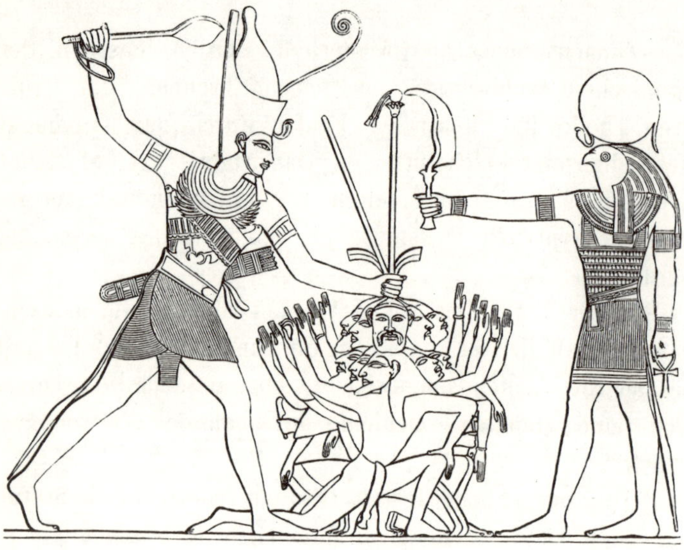

Fig. 68. *Von den Gräbern zu Ipsambul in Nubien.* (Lepsius.) *König* (Ramses II.?) *tödtet seine Feinde.* (Kunsth. Bg.)

Stande waren den menschlichen Körper, der auf einer Fläche abgebildet erscheint, correct im Profil oder en face wiederzugeben. In der Profilstellung sind die Augen stets in der Vorderansicht gezeichnet und der Oberleib mit dem Halskragen ebenfalls stets en face dargestellt, während die übrigen Körpertheile meist ganz richtig im Profile gegeben sind. (Fig. 68.) Bei Darstellungen aber, wo Menschen in der Vorderansicht gezeichnet erscheinen, wurden die Füsse stets schreitend, demnach in der Profilstellung befindlich wiedergegeben. Ein weiterer Hauptcharakterzug jedes ägyptischen Ornamentes ist das Vermengen desselben mit tendenziösen Symbolen, das sich insbesondere dort, wo Thiere und Menschen dargestellt werden, in seiner ganzen mystischen Hohlheit zeigt. Der tendenziöse Sinn

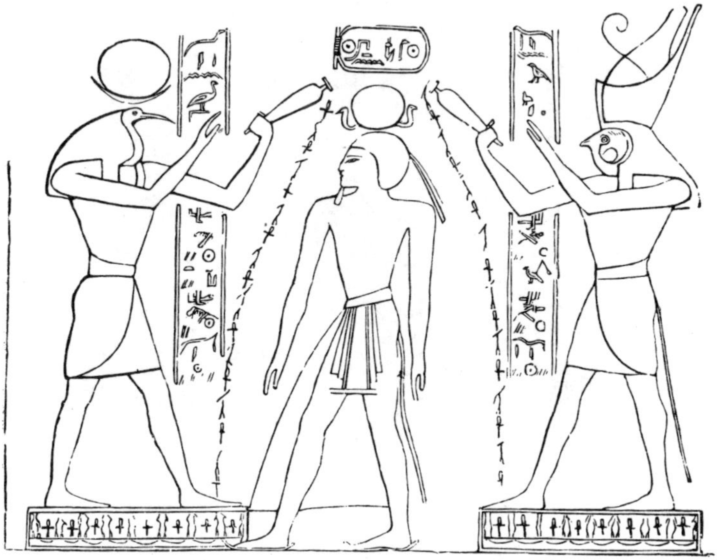

Fig. 69. *Reliefbild von Theben.* (Rosellini.)
Ramses III. zwischen Thot und Horus. (Kunsth. Bg.)

manifestiert sich durch Hinzufügung von Attributen, welche dem Beschauer von der Macht und den Eigenschaften der dargestellten Persönlichkeit eine klare Anschauung geben sollen, zu diesem Ende wird insbesondere den Königen nicht nur eine hohe Krone aufgesetzt, sondern auch verschiedene Gegenstände in die Hand gegeben, namentlich die Geissel, der Krummstab oder der Nilschlüssel, die Götter erhalten zwar die gewöhnliche menschliche Gestalt, aber um ihre specielle Gottheit anzudeuten, bekommen sie Thiermasken aufgesetzt (Fig. 69), welche in ganz klar ausgesprochener Weise sich thatsächlich als

Fig. 70. *Pfeiler vom Ramesseum.*
(Nach Perrot et Chipiez.)

Masken charakterisieren, denn die Gottheit hat beispielsweise keinen Ibiskopf angewachsen, sondern als Zeichen ihrer Göttlichkeit die Maske eines Ibiskopfes aufgesetzt. Ausserdem wird auch die Macht und geistige Bedeutung durch relative Grösse dargestellt, Götter und Könige erscheinen sehr gross, die gewöhnlichen Menschenkinder verhältnismässig klein, so dass es kein Wunder nehmen kann, wenn in den bildlichen Darstellungen der grossmächtige König in offener Feldschlacht mit einem Dutzend seiner kleinen Feinde leicht fertig wird. (Siehe Fig. 68.) Sehr eigenthümlich ist der Umstand, dass die ältesten ägyptischen Statuen portraittreue Nachbildungen der alten Könige geben, während die späteren Kunstwerke auf jede Nachahmung der Natur verzichten und bloss die Sprache der mystisch tendenziösen Symbole sprechen wollen. Es geht daraus die höchst interessante Thatsache hervor, dass die älteste ägyptische Kunst auf freieren und natürlicheren Grundlagen stand und sich später namentlich durch den übergrossen Einfluss der Hierarchie in die so ganz eigenthümliche conventionelle ägyptische Stilbildung umgestaltete.

Wandstatuen stehen, wie bereits einmal erwähnt, stets vor dem eigentlich tragenden Pfeiler unthätig da und sprechen bloss eine tendenziös symbolische Sprache, es ist hier die structive von der decorativen Idee ebenso getrennt, wie bei der ägyptischen Wand und Säule. Zumeist sind mehrere Statuen neben einander angeordnet (Fig. 70), in colossalen Dimensionen, sehr häufig aus den härtesten Materialien, als Granit, Porphyr und Syenit hergestellt, dabei ist aber eine Statue genau so wie die anderen gebildet, sie werden demnach dem streng architektonischen Gesetze der Reihung unterworfen, wie etwa die Säulen des griechischen Tempels oder die gleichartig gebildeten Fenster der Renaissancepaläste — nur ist dabei sehr wohl zu berücksichtigen, dass leblose Formen sich weit besser eignen in einer Reihung verwendet zu werden als Darstellungen belebter Wesen, mit welchen der Begriff der Individualität und Beweglichkeit innig verbunden ist.

Ausser der menschlichen Gestalt werden auch häufig genug Thiere dargestellt, aber stets in einer mystisch symbolischen Weise, am bekanntesten sind die *Sphinxdarstellungen*, es sind dies ruhende Löwenleiber mit der Kopfmaske eines

Fig. 71. *Ägyptische Sphinxdarstellungen.*
(Kunsth. Bg.)

Mannes, eine Zusammenstellung, welche wahrscheinlich symbolisch anzeigen will, dass sich die Kraft mit der Weisheit vereinigt hat — statt der menschlichen Maske nehmen sie auch häufig diejenige vom Widder oder

Sperber an. (Fig. 71.) Die Sphinx mit einem weiblichen Oberkörper kommt in Ägypten nicht vor, sondern ist griechischen Ursprunges. Einzelne dieser Sphinxe sind von colossaler Grösse, so derjenige in der Nähe der Pyramiden von Gizeh, der eine Höhe von circa 23 Meter erreichen dürfte. An anderen Orten finden sich dieselben wieder in ungeheuerer Anzahl, Alleen bildend, nebeneinander stehend angeordnet vor, so befindet sich zwischen den beiden berühmten Tempeln vor Karnak und Luksor eine Allee von 600 Sphinxen, die von Zeit zu Zeit durch Pylonenthore unterbrochen ist.

Ausser diesen Thier- und Menschen-Statuen kommen in Ägypten auch zahlreiche gemalte Reliefdarstellungen, namentlich häufig an den Wandflächen der Grabkammern vor, diese Bilder beschränken sich zumeist auf Nachbildungen friedlicher Scenen aus dem gewöhnlichen Leben der Verstorbenen und zeigen in Folge dessen weit mehr das Bestreben, naturwahr zu sein, als die eben angeführten Statuen und Reliefdarstellungen mit mehr officiellem Charakter.

Babylon, Assyrien und Persien.

Die Kunstwerke der oben angeführten Völker sind für die Entwicklung des Ornamentes von grossem Interesse, denn sie gewähren uns einen Einblick in die ältesten Zeiten und zeigen uns insbesondere, womit die Phantasie der asiatischen Völkerschaften am meisten beschäftigt war, — in dieser Beziehung scheint es nun, dass schon im grauen Alterthume das „*Fabelgethier*“ die bedeutendste Stellung einnahm und dieselbe bis kurz vor der griechischen Blüthezeit behauptete, dasselbe fand sich insbesondere auf Teppichen, auf den uralten Metallbekleidungen und soweit bekannt, wohl auch auf Wandmalereien abgebildet. Euripides erwähnt dieser Darstellungen auf den Teppichen der Barbaren und berichtet, dass darauf zu sehen sind: vielruderige Schiffe, den Helenen feindlich und Mischthiere, wilde Reiterschaaren, Jagden von Hirschen und wüthenden Löwen. Dieser Bericht stimmt auch vollkommen überein mit dem was man in Assyrien ausgegraben, namentlich auffallend sind colossale Gestalten von fabelhaften Thieren, die einen Stierleib darstellen, auf welchem ein bekrönter, bärtiger Menschenkopf aufsitzt, während aus dessen Seiten Adlerflügel herauswachsen. Damit soll ohne Zweifel die Kraft symbolisiert werden, welche sich mit der Weisheit und Allgegenwart paart. (Fig. 72.) Diese Colossalsculpturen befanden sich an den

Portalen und hatten, wie es scheint, die Aufgabe, dem Palast als mit aussergewöhnlichen, mystischen Gaben versehene Wächter zu dienen und denselben vor dem Bösen zu beschützen. Dieser Auffassung entsprechend, zeigen sie auch, trotzdem sie in die dicken Thorwände eingelassen sind, keine structive Thätigkeit an, der Vordertheil dieser Thiere ist freie Sculptur mit 2 Füssen versehen, während die Seitenansicht sich als Relief darstellt und dem Ungeheuer naturgemäss seine vier Füsse gibt, so dass das

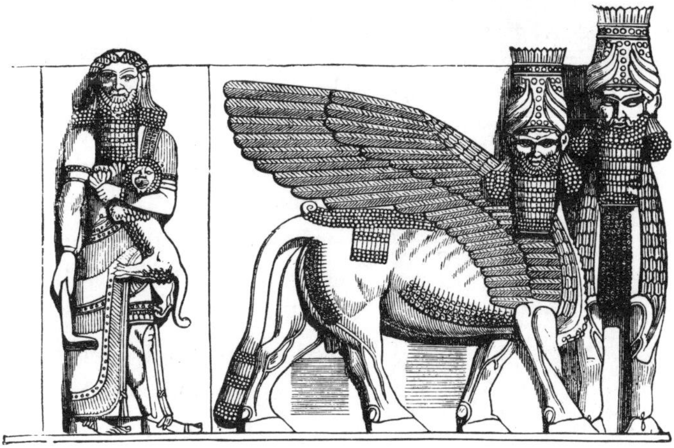

Fig. 72. *Portal von Khorsabad.*
(Kunsth. Bg.)

Thier im Ganzen 5 Füsse aufzuweisen hat. Bei grossen und ausgezeichneten Portalen kommen vier derartige Fabelthiere vor, die senkrecht zu einander stehen und mit den Köpfen gegen einander gerichtet sind.

Thiere und auch die menschliche Figur wurden in Assyrien häufig angewendet, um eine Bekrönung, einen oberen Abschluss auszudrücken, häufig wohl auch mit einem mehr oder weniger tendenziösen Beigeschmack, so findet man z. B. Steinböcke als Bekrönungen an Zeltstangen oder eine ernste Männergestalt als oberen Abschluss eines Prachtstuhles. Ein häufig wiederkehrendes Motiv stellt Männer neben einander stehend dar, welche die Hände nach oben gerichtet haben — offenbar haben wir es hier mit einem altorientalischen Gebrauch der asiatischen Hofetikette zu thun, der nämlich darin bestand, dass Männer dazu verwendet wurden, Teppiche gespannt zu halten, so dass der König vor den Blicken der Menge verborgen, seines Weges gehen konnte. Diese friesartigen Teppichhalter finden sich namentlich auf königlichem Geräth (Fig. 73) und insbesondere auch auf dem Aufsatze des Felsengrabes des Darius vor, auf welchem dargestellt ist, wie der König sein Opfer vollbringt.

Fig. 73. *Persischer Thronsessel.* (F. S. Meyer. Formenlehre.)

Was uns Euripides von den alten Teppichen berichtet, fand sich namentlich wieder in den Friesen der ausgegrabenen assyrischen Paläste bestätigt. Diese friesartig den Sockel der Gemächer umziehenden Alabasterplatten zeigen in mässig hohem Relief Scenen aus dem Hof- und Kriegsleben, seltener geben sie culturhistorische Darstellungen aus dem gewöhnlichen Leben der Assyrier, meistens sind es Schlachten, Jagden, Aufzüge von tributbringenden unterjochten Völkerschaften, Processionen, Festmahle u. dgl. (Fig. 74.) Die

Künstler hatten hier offenbar die Absicht, die Scenen möglichst naturgetreu wiederzugeben. was ihnen bei aller Naivetät und Steifheit in der That auch wohl gelang. Durch ihre Naturwahrheit unterscheiden sich die assyrischen Reliefdarstellungen sehr vortheilhaft von den eleganteren aber schematisch stilisierten Abbildungen der Ägypter, welche in ihrer Convention schon mit sich abgeschlossen und sich als nicht mehr weiter bildungsfähig erwiesen haben. Etwas

Fig. 74. *König im Kampfe. Nimrud. Layard.*
(Kunsth. Bg.)

erheiternd wirkt auf den modernen Beschauer die Ruhe und Gemüthlichkeit, mit welcher die assyrischen Helden ihre Feinde überwinden oder wilde Thiere zu tödten vermögen.

Charakteristich für die assyrische Behandlung des menschlichen Körpers ist insbesondere eine strenge Stilisierung des Kopf- und Bart-Haares, dasselbe erscheint sorgfältig geordnet und eigenthümlich gekräuselt. (Fig. 75.) Dieselbe Haar- und Bartbildung findet sich auch an den Köpfen der ältesten griechischen Sculpturen, auch der

Kopf, Rücken und Bauch der geflügelten Portalungeheuer hat dieselbe Haarkräuselung aufzuweisen. Den assyrischen Künstlern gelang es schon besser die menschliche Figur

Fig. 75. *Assyrischer Reliefkopf von Nimrud.*
(Kunsth. Bg.)

in Vorderansicht oder Profilstellung zu zeichnen, nur das Auge pflegte noch in Köpfen, die im Profile gegeben sind, in der Vorderansicht gezeichnet zu werden. (Fig. 75.)

Griechenland.

Den genauen chronologischen Gang der Entstehung der griechischen Formen zu erforschen, ist bisher noch nicht gelungen, so viel steht aber fest, dass die mittelasiatische Formenwelt einen grossen Einfluss auf die griechische hatte, sind ja doch die Griechen selbst in vorhistorischer Zeit aus Mittelasien nach Griechenland gewandert und brachten die asiatische Cultur mit sich und ausserdem blieben sie auch noch späterhin mit ihrem Mutterlande in engem Contacte. Echt asiatisch ist jedenfalls unter Anderem auch *das Fabelgethier*, das in Griechenland mit grosser Vorliebe angewendet wurde, dazu gehören namentlich: die Kentauren, Satyren, Silenen, Panen, Sphinxe, Sirenen, Greifen, Nereïden, Tritonen, Chimären, Harpyien u. s. w.

Griechenland aber verstand es, diese sagenhaften Gebilde ihrer Urzeit in ein poetisches Gewand zu hüllen, fern von jeder Sentimentalität und denselben eine einfache, schöne Form zu geben, fern von jeder Übertreibung. Mit den Fabelthieren der ägyptischen Kunst stehen sie in scharfem Gegensatze, zwar bilden sich beide Völker ihr Fabelgethier durch Zusammensetzung von thierischen Bestandtheilen der verschiedensten Gattungen, die Art der Zusammensetzung ist aber eine wesentlich verschiedene. Der Ägypter lässt Thiere und Menschen Kopfmasken aufsetzen, um sinnbildlich irgend etwas zu veranschaulichen, unter der Maske steckt aber offenbar der gewöhnliche Mensch oder das gewöhnliche Thier, ganz anders der Grieche, der die einzelnen Bestandtheile der Thiere zu einem neuen, in der regen Phantasie des Griechen lebensfähigen Individuum zusammensetzt, bei welchem ein fremder Bestandtheil in den anderen übergeht, wie bei einem thierischen Organismus der Natur.

Fig. 76. *Metope von der Südseite des Parthenon. London.* (Kunsth. Bg.)

Der Grieche, dessen Wesen Anschauung ist, verstand es, gewisse Eigenschaften oder Fähigkeiten der Thiere oder Menschen in klarer Weise durch die Form auszudrücken, so waren die *Kentauren* ein wilder Volksstamm in Thessalien, berühmt durch ihre Kunst, wilde Rosse zu bändigen, die Griechen wussten diese Eigenschaften in einem schönen Gebilde zu veranschaulichen, das halb Mensch, halb Ross ist. (Fig. 76.) Der Kampf der Helenen mit den Kentauren ist ein sehr beliebter Gegenstand ihrer figuralen

Darstellungen auf Friesen, Wand- und Vasen-Gemälden. Die Kentauren sind dem Griechen die Personification der rohen Naturkraft, der gesetzlichen Rauf- und Raublust, über welche schliesslich die hohe griechische Cultur dennoch den Sieg davonträgt. Darstellungen von Kentauren finden sich schon frühzeitig, so namentlich in den Metopen des Tempels zu Assos, es blieb aber diese Gestalt auch noch zur Zeit der höchsten griechischen Kunstblüthe sehr beliebt; die herrlichsten Kentaurengestalten finden sich in den Metopen des Parthenon, wohl von Phidias selbst herrührend und am inneren Fries des Theseus-Tempels, leidenschaftlich bewegte Kentauren hat überdies auch der Fries des Tempels zu Phigalia aufzuweisen. Dabei scheint die Idee und die Form der Kentauren nicht von Mittelasien herübergebracht, sondern eine dem Lande eigenthümliche zu sein, welche wesentlich entstanden ist aus der den Griechen gänzlich fremdartigen Erscheinung eines Reitervolkes, es wird vielfach behauptet, dass die Griechen zur Zeit der Homerischen Gesänge noch kein Reitervolk kennen gelernt haben.*)

Den Kentauren verwandt sind die *Satyren*, *Silenen* und *Panen*, insoferne diese dämonenhaften Gestalten, ebenfalls Personificationen der rohen Naturkraft sind, die sich den Menschen feindlich gegenüber stellen, meist erscheinen sie als Begleiter des Dionysos und sind als solche dem Genusse des Weines ergeben. Die jugendlichen Gestalten pflegen *Satyren* genannt zu werden, sie zeigen schlanke, menschliche Körperformen, sind oft mit struppigem Haar, zugespitzten Ohren, aufgeworfenen Nasen und am Rücken mit einem Ziegenschwänzchen verziert, dargestellt (Fig. 77.), sie er-

*) A. Baumeister. Denkmäler des classischen Alterthums. pag. 775.

scheinen bald Flöte blasend, oder das Cymbalum schlagend, bald tanzend mit dem Thyrsosstab in der Hand und zumeist in Gesellschaft niedlicher Nymphen. Die alten Satyren werden vorzugsweise *Silenen* genannt, sie erscheinen dickbäuchig und haben meist Glatzen und Bärte, sie finden sich zumeist abgebildet mit dem Pokal in der Hand oder in berauschtem Zustande. Die jungen Satyren pflegen auch *Satyrisken* genannt zu werden und wurden in späterer Zeit oft mit den *Panen* und *Panisken* verwechselt und erhielten dann Hörner und Bocksfüsse.

Fig. 77. *Friesstück vom Denkmal des Lysikrates zu Athen.* (Kunsth. Bg.)

Zugleich seien hier die *Amazonen* genannt, ein kriegerisches Weibervolk, das im Kampfe mit Griechen sehr häufig abgebildet erscheint. Die Amazonen zeigen stets die jugendliche, kräftige, weibliche Gestalt in verschiedenartiger Bekleidung und Bewaffnung. (Fig. 78.)

Ebenfalls noch zur Hälfte dem Menschengeschlechte angehörend ist die *Sphinx*, dieselbe bestand in Griechenland aus einem weiblichen Oberkörper und einem Löwen-

Fig. 78. *Vom Fries des Apollon-Tempels zu Phigalia.*
(Kunsth. Bg.)

unterleib, welchem Adlerflügel hinzugefügt erscheinen. Die griechische Sphinx steht im scharfen Gegensatze zu der ägyptischen, indem erstere stets weiblichen Geschlechtes

Fig. 79. *Sphinxe und Eris. Vasenbild.*
(Nach A. Baumeister.)

war und sich die verschiedenen Bestandtheile zu einem vollkommen thierischen Organismus gestalteten (Fig. 79), während die ägyptische Sphinx, wie bereits erwähnt, stets dem männlichen Geschlechte angehörte und bloss eine Kopfmaske aufgesetzt erhielt. In Griechenland ist insbesondere die Thebaische Sphinx berühmt, die der Sage nach den Vorübergehenden folgendes Räthsel aufgab: Welches

Fig. 80. *Lekythos mit Darstellung einer Sirene.*
(Blümner.)

Geschöpf geht am Morgen auf vier Füssen, am Mittag auf zweien und am Abend auf dreien? Wer dieses Räthsel nicht lösen konnte, musste sich von dem Felsen in Abgrund stürzen. Oedipus löste dasselbe, indem er sagte, dass es der Mensch in seinen verschiedenen Lebensaltern sei, worauf sich die Sphinx selbst vom Felsen herabstürzte. In Griechenland stand die Sphinx durchaus nicht in so nahen Beziehungen zur Architektur, wie in Ägypten, sie wurde vielmehr nur äusserst selten und dann zumeist in neutralen Feldern abgebildet.

In den ältesten griechischen Sagen ebenso verflochten wie die Sphinx, erscheinen die *Sirenen*, es sind dies reizende Jungfrauen, die auf einer blumigen Insel des Westmeeres die vorüberziehenden Schiffer durch ihren unwiderstehlichen Gesang anlockten, um sie zu verderben.

Fig. 81. *Pfeilercapitäl und Fries vom Apollotempel zu Milet.* (Kunsth. Bg.)

Namentlich ist es Odysseus, der von ihren Gesange berichtet, in nachhomerischen Sagen werden sie als mit Flügeln versehen geschildert, auch wohl mit Vogelleib und Vogelbeinen dargestellt. (Fig. 80.)

In weit nähere Beziehungen zur Architektur tritt ein anderes Fabelthier, das bloss aus thierischen Bestandtheilen zusammengesetzt erscheint, es ist dies der *Greif*, derselbe besteht aus einem Löwenleib, mit mächtigen Flügeln versehen, ferner aus einem Adlerkopf und Krallen an den Füssen. Der Greif findet sich häufig auf griechischen

Bauwerken vor und zwar entweder als freie Sculptur oder als Relief auf neutralen Feldern, häufig tritt er in Verbindung mit dem Gotte Apollo auf, so namentlich an dessen Tempel zu Milet, sowohl auf den Pilastercapitälen, als auch auf dem damit in Verbindung stehenden Friese. (Fig. 81.)

Fig. 82. *Greif als Eckakroterie. Athenatempel zu Ägina.* (J. M. v. Mauch.)

Hier aber erfährt das Fabelthier eine äusserst charakteristische Behandlung, es erscheint nämlich in oftmaliger Wiederholung, in derselben Stellung, den einen Fuss gegen eine aufrecht stehende Lyra erhoben, demnach ebenso behandelt, wie die Elemente eines aufwärts gerichteten Pflanzen-Ornamentes und nicht wie eine freie Composition belebter Wesen. Ähnliche Anordnungen von Greifen finden sich auch an der Seitenansicht der Pfeilercapitäle der Propyläen zu Priene, welche Theile auch als neutrale Felder behandelt erscheinen. Greifen bilden aber auch nicht selten in freistehender voller Sculptur die Eckakroterien der Tempel, so z. B. am Athena-Tempel auf der Insel Ägina (Fig. 82), wie sich dies aus den vorgefundenen Fragmenten

Fig. 83. *Mittelbild des Mosaikfussbodens vom Tempel zu Olympia.*
(Kunsth. Bg.)

erweist. Aber auch die Mittelakroterie dieses Tempels zeigt eine lyraförmige Verzierung zwischen zwei Figuren, welche von einem löwenköpfigen Greifen von rückwärts gestützt gewesen zu sein scheint. Auch an anderen Tempeln fand man Fragmente von Greifen, welche beweisen, dass dieses Fabelthier mit Vorliebe angewendet wurde.

Einer grossen Beliebtheit erfreuten sich ferner auch die *Tritonen*, es sind dies niedere Meeresgötter mit menschlichem Oberkörper und Fischunterleib, zumeist auf Muschelhörnern blasend, häufig höhere Meeresgötter auf ihren Rücken tragend oder in einem Fahrzeuge durch das Meer ziehend; sie finden sich namentlich häufig dargestellt, wie sie dem Gotte Triton huldigen, welcher ein Sohn des Poseidon und der Amphitrite war. Bei den Ausgrabungen an dem Zeustempel zu Olympia fand man einen Mosaikfussboden, der einen Triton als Mittelbild nachweist. (Fig. 83.)

Verwandt mit den Tritonen sind die *Nereïden*, es sind dies die 50 Töchter des Nereus, eines guten, weissagenden Meergreises, welcher zumeist mit einem Scepter oder Dreizack in der Hand dargestellt wurde. Die Nereïden sind schöne Mädchengestalten, zumeist nackt und häufig auf Tritonen oder Delphinen reitend, (vergleiche die Nereïden auf einem römischen Sarkophag. Fig. 105), sie sind den Menschen freundlich gesinnt und kommen bedrängten Schiffern gerne zu Hilfe.

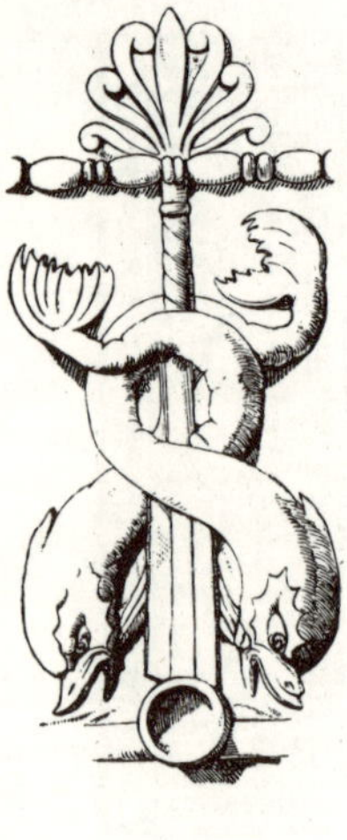

Fig. 84.
Delphine aus einem graeco-italischen Terracottafries. Campana-Sammlung. Paris. (F. S. Meyer.)

Fast stete Begleiter der Nereïden und Tritonen sind die *Delphine*, dieses sind dickköpfige Fische, sie dienten entweder den niederen Meeresgöttern als Reitthiere oder waren bloss ihre einfachen Begleiter. (Fig. 84.) Der Delphin ist Attribut des Gottes Neptun, er galt als Wahrzeichen vieler Seestädte, und fand sich als solches häufig auf Münzen vor.

Des Zusammenhanges wegen erwähnen wir ferner noch der *Chimära*, die von uns bereits besprochen wurde, diese ist griechischen oder vorgriechischen Ursprunges und stellt ein hässliches und eigenthümlich gebildetes Fabelthier vor, bestehend aus einem Löwenleib, welchem mitten aus dem Rücken eine Ziege herauswächst, der Schweif scheint in einen Schlangenkopf zu endigen. (Fig. 85.) Der Name Chimära und chimärisch hat heute eine Verallgemei-

Fig. 85. *Chimära. Florenz.*
(Kunsth. Bg.)

nerung erfahren und versteht man darunter Phantasiegebilde, namentlich willkürliche durch die Einbildungskraft des Künstlers aus Theilen verschiedener Thiere zusammengesetzte Fabelgestalten, die sonst keinen Namen oder historische Bedeutung haben, wie solche insbesondere in der römischen Kunst und Renaissance häufig vorkommen. In sagenhafter Verbindung mit der ungestalten Chimära ist der edelgebildete *Pegasos*, ein schön gebildetes Ross mit mächtigen Flügeln, entsprungen dem Blute der von Perseus enthaupteten Medusa, Bellerophon fing dieses Ross ein und besiegte die Chimära. Später wurde der Pegasos Musenross, welcher mit einem Hufschlag die Musenquelle hervorschlug und in neuerer Zeit galt er als Dichterross, auf welchem sich die Dichter in Begeisterung emporschwangen, und wurde so Gegenstand zahlreicher Darstellungen.

Fig. 86. *Relief vom Harpyienmonument zu Xanthos.* (A. Baumeister.)

Zum Schlusse sei noch der *Harpyien* Erwähnung gethan, es sind dies Sturmgöttinen, die Personen oder Dinge fortführen können, die Darstellung der Harpyien ist eine sehr verschiedene, auf dem Harpyienmonument von Xanthos sind es geflügelte Frauengestalten mit eirundem Vogelunterleib, Schwanzfedern und Vogelkrallen, sie stellen Todesgöttinnen vor, die klein gebildete Menschenleichen fortführen (Fig. 86), sie erscheinen aber auch als ehrbare Frauengestalten mit langen Gewändern.

Unter den einzelnen animalischen Bestandtheilen nimmt insbesondere das *Gorgonenhaupt* den hervorragendsten Platz ein; dieses bildet den Gegenstand einer alten griechischen Sage — darnach ist Gorgo, ein Ungethüm der Unterwelt, in drei Personen geschieden und zwar als Stheno, Euryale und Medusa, namentlich letztere ist durch den Mythus bekannt, sie hat ein schlangenhaariges, versteinerndes Haupt,

Fig. 87. *Ältere Medusa.*
(Nach A. Baumeister.)

das ihr von Perseus abgeschlagen wurde und welches Athenae auf ihre Aegide befestigte. Die Gestaltung des Medusenhauptes ist namentlich charakteristisch für den Gang der griechischen Kunst, welche sich aus den asiatisch-barbarischen Verhältnissen zur höchsten Vollendung in verhältnismässig kurzer Zeit emporgeschwungen hat. *) In

*) Vergl.: Levezow, Entwickelung des Gorgonenideals. Berlin 1833.

archaischer Zeit ist das Gorgonenhaupt eine scheussliche, abstossende Fratze mit dickem Kopf, in die Breite gezogenem Gesicht, plattgedrückter Nase und breitem weit geöffnetem Mund mit ausgestreckter Zunge und Schweinshauern. (Fig. 87.) Das beiliegend abgebildete Medusenhaupt scheint den ältesten Typus zu bilden, man fand dasselbe auf einem thönernen Stirnziegel dargestellt, welcher im Jahre 1836 aus dem Schutte des Unterbaues des Parthenons ausgegraben wurde. Der Kopf war bemalt und zwar hatte das Gesicht einen gelben Ton, die Haare waren bläulich schwarz, die Schlangen bläulich, Lippen und Zunge roth und die Zähne weiss. Eine andere alterthümliche Abbildung findet sich in einer Metope von Selinunt. Hier wird Perseus dargestellt, wie er in der Gemüthlichkeit, die man auf archaischen Sculpturen zu finden pflegt, der Medusa den Kopf abschneidet. Auch der Schild der Athenae ist uns in einer Nachbildung noch erhalten, hier bildet ein Medusenkopf den Mittelpunkt, aber auch hier ist das Antlitz noch hässlich, wenn auch nicht so abstossend, wie in Selinunt und anderen Beispielen. Erst Skopas und Praxiteles konnten es wagen, an Stelle der dickwangigen Fratze ein wirkliches Menschenantlitz zu setzen mit dem Ausdruck der Erstarrung, und des eintretenden Todes. Um das regelmässige Angesicht winden sich Schlangen, welche die Haare ersetzen, daneben kommen wohl auch wirkliche Haare vor, aus welchen zu beiden Seiten des Kopfes kleine Flügel wachsen. Fast regelmässig ersetzt ein Schlangenknoten den fehlenden Hals. *)

*) Denkmäler des classischen Alterthums von A. Baumeister, pag. 908.

Neben den Thier- und Menschen-Gebilden, die mit der griechischen Mythe in Verbindung stehen, kommen aber auch der Natur und dem wirklichen Leben entnommene Thiere in der griechischen Kunst vor. Die be-

Fig. 88. *Relief vom Löwenthor zu Mykenae.*
(Kunsth. Bg.)

deutendste Stellung in dieser Hinsicht nimmt der *Löwe* ein, er erscheint seiner gefürchteten Kraft wegen häufig als Wächter angewendet, so finden sich an der alterthümlichen Sculptur am Thor zu Mykenae (Fig. 88) zwei

Löwen zwischen einer Säule stehend, abgebildet vor, dieses soll in der naiven Symbolik jener Zeit offenbar andeuten, dass zwei Löwen den Königspalast zu Mykenae, der durch eine Säule repräsentiert ist, bewachen. Ähnliches haben wir auch an den Palastportalen Assyriens gefunden, welche von fabelhaften Thierungeheuern beschützt wurden. Häufig wird auch der Löwe als Wächter an Grabmonumenten verwendet, so befanden sich am Mausoleum zu Halikarnass zwanzig Löwen vor den jonischen Säulen angebracht und ausserdem bewachten noch zwei den Eingang zum Grabesinnern. Auf dem Grabmal des Leonidas war ein Löwe angebracht — desgleichen errichteten die Thebaner — nach der verhängnisvollen Schlacht von Chäroneia über dem Grabe der gefallenen Helden einen colossalen marmornen Löwen. Hier sehen wir den Löwen in einer anderen Eigenschaft auftreten und zwar nicht mehr als Wächter, sondern als Sinnbild des löwenhaften Heldenmuthes.

Auf Reliefdarstellungen findet man nicht selten die Götter in Verbindung gebracht mit dem Löwen, dann aber erscheinen sie durch den göttlichen Einfluss gezähmt, Herkules als Halbgott hat es noch mit der ganzen Kraft des nemeischen Löwen zu thun gehabt, am Fries des Lysikrates-Monumentes zu Athen aber finden wir bereits einen jungen Bacchus mit einem Löwen unbesorgt spielen. Auf der Gemme des Protarchas zu Florenz sitzt ein Eros auf einem ruhig daherschreitenden Löwen, den er durch sein Spielen auf der Leier gebändiget.*)

Neben den Löwen ist es aber auch das *feurige Ross*, das in Griechenland in nähere Beziehung zur Architektur tritt und

*) Vergleiche den Aufsatz von Constantin Uhde „Der Löwe in der Kunst.“ Gewerbehalle 1872.

zwar insbesondere in den Quadrigen, dieses sind mit vier Rossen bespannte Siegeswagen, welche als oberster Abschluss an monumentalen Bauwerken angebracht zu werden pflegten und zwar dort, wo der Sieg und die Triumphe hervorragender Personen veranschaulicht werden sollten.

Derartige Wägen wurden im tödtlichen Streite, bei Kampfspielen und bei Triumphzügen, sowohl in Griechenland als in Rom verwendet, es sind kleine, niedrige Wägen, die auf zwei Rädern ruhen, nach hinten zu offen, zeigen sie nach vorne eine oft reich verzierte Brustwehr. Im Kampfe befand sich zumeist der Rosselenker und der kämpfende Held auf dem Wagen, zuweilen übernahm auch eine Person beide Thätigkeiten, der Wagen selbst wird zumeist von vier Rossen gezogen (Quadriga), zuweilen erscheinen auch nur drei Pferde vorgespannt (Triga). Das bekannteste Beispiel ist die colossale Quadriga auf dem Mausoleum von Halikarnass, die sich in mehreren Bruchstücken erhalten hat.

Die übrige Thierwelt ist nur spärlich vertreten, zu nennen wäre noch der Adler, die Eule (das Wahrzeichen Athens, in Begleitung der Göttin Athenae und auch auf Münzen häufig vorkommend), die Gans, der Stier, die Eidechse u. s. w., doch zeigt die Art ihrer Anwendung kaum einige Beziehung zur Architektur.

Die hervorragendste Stellung aber unter den belebten Wesen nimmt in der griechischen Kunst die *menschliche Gestalt* ein, wir können dieselbe natürlich hier bloss als Ornament betrachten in ihren näheren und directeren Beziehungen zur Architektur mit vollständigem Ausschluss eines Eingehens in die griechische Plastik als solche.

Der Fries und das Giebelfeld sind die wesentlichsten Theile, die figuralen Schmuck erhalten. Da wir es in

Griechenland fast ausschliesslich mit dem Tempel zu thun haben, sind es vorwiegend Götter und Heroen-Darstellungen, die hier ihren Platz finden.

Die griechischen Götter und Halbgötter aber nehmen die einfach schöne, menschliche Form an und wirken dadurch auf den gebildeten Beschauer weit mehr, als dies durch die fantastischen, fratzenhaften Götter ungebildeter Völker geschehen kann, die durch ihre Colossalität und Hässlichkeit Schrecken einflössen, während die herrlichen griechischen Götterbilder durch ihre ruhige Schönheit Bewunderung und geistige Erhebung erzeugen.

Für den feinen Sinn des Griechen ist es sehr bezeichnend, wie er die menschliche Gestalt bildete — dieselbe ist zunächst ein wahres Abbild der Natur, nur ist alles Zufällige vermieden und dadurch in einer verallgemeinerten Form wiedergegeben, zugleich ist aber mit feinem Gefühle das Schönste, was die Natur in ihrer Mannigfaltigkeit bietet, in harmonischester Weise an einem Objecte vereinigt — und so der menschliche Körper idealisirt. Wenn nun namentlich, was die Verhältnisse der einzelnen Theile des menschlichen Körpers anbelangt, einzelne Proportionen sich anders gestalten, als der Durchschnitt der Messungen nach der Natur ergiebt, wenn sich insbesonders ein verhältnismässig kleinerer Kopf und Oberkörper bei griechischen Statuen nachweisen lassen, so zeigt dies eben von dem feinen Gefühl für das Schöne, das den Griechen beseelte, dass er gerade bloss jene Verhältnisse der Natur in seinen Statuen reproducierte, die ihm schön vorkamen und nicht die mathematischen Durchschnittsverhältnisse des menschlichen Körpers als seine Norm anerkannte.

Der griechische Künstler der besten Zeit stellt den Menschen am liebsten so dar, wie er am schönsten ist — nämlich nackt. Der wohlgebildete menschliche Körper ist von so grosser, erhabener Schönheit, dass der durch Übercultur noch nicht verdorbene Grieche nichts Anstössiges daran fand, denselben öffentlich zu zeigen, wie dies insbesondere bei Kampfspielen und wohl auch bei feierlichen Aufzügen geschah, die Bildhauer aber, welche jeden Tag Gelegenheit hatten, die herrlichsten Körper nackt und in voller Muskelspannung zu studieren, wussten, was sie sahen, in ihren Werken auf das Beste zu verwerthen.

Fig. 89. *Relief vom Harpyienmonument zu Xanthos.* (Kunsth. Bg.)

Neben den nackten Figuren pflegte der vollendete griechische Stil die Statuen auch mit einem Gewande in freiem, vollen Faltenwurf zu bekleiden, während die alterthümlichen (archaischen) griechischen Sculpturen eine eng anliegende, fein gefältelte Gewandung zeigen, zu welchem das symmetrisch geringelte Bart- und Haupthaar, noch in halbasiatischer Weise angeordnet, sehr wohl passte. (Fig. 89.)

Es wird uns aber fernerhin noch interessieren, zu untersuchen, wie sich in Griechenland das Verhältnis der Figuren zum gegebenen Raume gestaltete. In dieser Beziehung muss gesagt werden: Die Architektur rahmt den Raum scharf und deutlich ab, so dass eine selbstständige weitere Umrahmung des neutralen Feldes nicht nothwendig erscheint und auch nicht erfolgte. Die figuralen Darstellungen selbst suchen den Raum möglichst auszufüllen, zunächst so, dass keine grösseren leeren Stellen in den neutralen Feldern entstehen und dann auch in der Weise, dass die Köpfe an die architektonische Einrahmung hinanreichen. Die ältere Plastik war weit ängstlicher in dieser

Fig. 90. *Metope von der Südseite des Parthenon. London.* (Kunsth. Bg.)

Beziehung und vermied es, den gegebenen Rahmen zu überschreiten, während die vollendete griechische Kunst sehr wohl fühlte, wann und wo es gestattet und gut sei, sich über die Grenzen des engen Rahmens hinwegzusetzen, so sehen wir in den leidenschaftlich bewegten Figuren der Metopen des Parthenon je nach Umständen einen Kopf, eine Hand oder ein Gewandstück über den Rahmen hinaus-

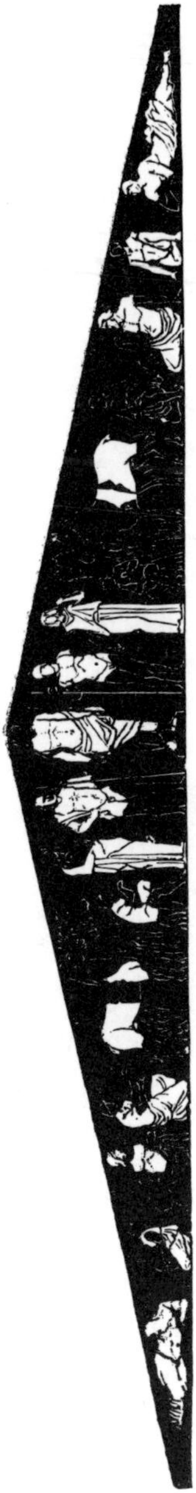
Fig. 91. *Östliches Giebelfeld des Zeustempels zu Olympia.* (Kunsth. Bg.)

gehen. (Fig. 90.) Meisterhaft waren die Griechen in dem Ausfüllen der an und für sich so ungünstigen Form des inneren Giebelfeldes, wie dies insbesondere das noch halb alterthümliche aber einzige, fast vollständig erhaltene Tympanon des Athenae-Tempels zu Ägina beweist, wo in der Mitte die volle aufgerichtete Gestalt der Göttin steht, mit Schild und Speer bewaffnet, ruhig dem Kampf der Achäer und Trojaner zusehend, dann sind rechts und links ganz oder halbaufgerichtete Krieger kämpfend dargestellt, während die beiden spitzen Enden des Dreieckes mit liegenden verwundeten Kriegern in einfacher, ungezwungener Stellung ausgefüllt sind. Ähnliches haben auch andere Giebelfelder aufzuweisen, so namentlich diejenigen des in neuerer Zeit durch die deutschen Ausgrabungen an das Licht gezogenen Zeus-Tempels zu Olympia. Das westliche Tympanon stellt die Schlacht zwischen Lapithen und Kentauren vor, während uns das östliche die Vorbereitungen zum Kampfe zwischen Pelops und Oenomaos bildlich vorführt. (Fig. 91.) In der Mitte finden wir stehende, an den Enden liegende und dazwischen sitzende Gestalten und Rosse angeordnet vor und ist dadurch die in einem dreieckigen Raum schwierig gewordene Anordnung zu einer äusserst gefälligen und wirkungsvollen Lösung geführt worden.

Aber auch in der Höhe des Reliefs und plastischen Durchbildung zeigen die Griechen eine grosse Mannigfaltigkeit, und richtet sich dieselbe mit feinem Gefühl und vollem Bewusstsein der Wirkung in erster Linie nach dem Orte, welchen sie zu schmücken haben.

Fig. 92. *Vom Ostfries des Parthenon. London. Ph.* (Kunsth. Bg.)

Die Giebelfelder scheinen ausschliesslich mit vom Grunde völlig abgehobenen freistehenden Figuren geschmückt gewesen zu sein und zeigt sich darin der eminent plastische Sinn der griechischen Sculptur. Das eigentliche Relief charakterisiert sich entweder als Hochrelief oder als Flachrelief und ist es inbesondere der herrliche Parthenon, der in dieser Beziehung fein gefühlte Unterschiede aufweist; der äussere Fries desselben zeigt in kräftigstem Hochrelief mit zum Theile vom Grunde ganz getrennten Partien

Kentaurenkämpfe in den Metopen dargestellt (Vergl. Fig. 90), während der Fries der Cellawand in mässigem Relief und in fortlaufenden Darstellungen uns den Festzug der Panathenäen vorführt. (Fig. 92.) Diese so sehr verschiedene Höhe des Reliefs hat aber auch ihre volle Berechtigung, aussen verlangt die grosse plastische Durchbildung der dorischen Tempelarchitektur auch eine kräftige plastische Behandlung des figuralen Theiles, während die Cellawand, die bei den Griechen bloss als raumabschliessend galt und zumeist als Fläche behandelt wurde, eine sehr kräftige Plastik nicht verträgt, ausserdem muss berücksichtigt werden, dass die Sculpturen der Metopen darauf berechnet waren, auch von Weitem zu wirken, während die plastischen Werke der Cellawand doch nur für eine Besichtigung aus der Nähe berechnet sein konnten und schliesslich muss bemerkt werden, dass gerade der Contrast dieser sehr verschiedenen Höhe des Reliefs die gegenseitige Wirkung nur heben konnte.

Wenn wir noch einen Rückblick auf die neutralen Felder griechischer Bauwerke werfen, so werden wir sagen müssen, dass in keinem Stile die scharfe Trennung der structiven und neutralen Theile so entschieden ausgesprochen auftritt, wie im griechischen, denn während die structiven Formen der Architektur ihre Motive fast ausschliesslich aus dem Pflanzenreiche und den ersten Producten der menschlichen Thätigkeit ableiten, sind die neutralen Felder ebenso ausschliesslich mit figuralen Compositionen und zwar zumeist mit den hervorragendsten Darstellungen aus der griechischen Götter- und Heroenwelt geschmückt.

Auch in der *griechischen Kleinkunst* werden die neutralen Felder mit Vorliebe mit animalischen und menschlichen Formen verziert, wir werden hier aber einen wesentlichen Unterschied machen müssen zwischen den Werken des alten und neuen Stiles. Analog der Decorierung der neutralen Felder der Architektur, beginnt auch die Klein-

Fig. 93. *Getriebenes Bronzeblech ältester Zeit. Olympia.* (Kunsth. Bg.)

kunst ihre nicht structiven Theile in den ältesten Zeiten mit fantastischen Darstellungen von Fabelthieren zu schmücken: es sind dieselben chimärischen Gebilde, die wir bereits

Fig. 94. *Nadelköpfe aus Mykenae. Schliemann.* (Kunsth. Bg.)

kennen gelernt haben. Zunächst finden sich diese Thiere zumeist streng symmetrisch angeordnet, nicht als wenn sie belebte Wesen, sondern ein starres Ornament darstellen sollten. (Fig. 93.) In beiliegend abgebildeter Zeichnung

Fig. 95. *Das Dodwell'sche Gefäss. München. Asiatisierender Stil mit schwarzen Figuren.* (Kunsth. Bg.)

sehen wir dies namentlich in der zweiten Zone an den symmetrisch angeordneten Greifen und an der untersten Zone an den beiden gebändigten Löwen, die sich trotz ihrer un-

Fig. 96. *Kühlgefäss. Rothfigurige Vase des schönsten Stiles. München.* (Kunsth. Bg.)

natürlichen Stellung symmetrisch um die ebenfalls zum grossen Theile symmetrisch angeordnete Mittelfigur gruppieren. Noch auffallender findet sich dies an mehreren von Schliemann in Mykenae ausgegrabenen goldenen Schmucksachen vor, die häufig die Form von zwei Thieren annehmen, in streng symmetrischer Anordnung. (Fig. 94.) Ausserdem muss die zonenartige Aneinanderreihung der einzelnen Thiere unsere Aufmerksamkeit erregen, wie wir dies namentlich an Fig. 93 sehen. Dies wird sich wesentlich durch den Umstand erklären lassen, dass entweder die Werke selbst, oder wenigstens ihre Vorbilder getriebenes Metallblech gewesen, welches am zweckmässigsten in Streifen bearbeitet wird, um dann leicht durch Falzen oder Nieten miteinander verbunden werden zu können und in der That in den alten Zeiten in dieser Weise zu einem Ganzen vereinigt wurde.

Dieselben Zonen mit chimärischen Thiergebilden finden sich namentlich auch auf altgriechischen (archaischen) Gefässen (Fig. 95), während die Gefässe der guten und besten Zeit das neutrale Thierornament verlassen und zu Darstellungen des Menschen übergehen (Fig. 96), dann befindet sich zumeist auf dem Mitteltheil des Gefässes nur ein einziges Feld, das nach Oben und Unten durch ringsherum laufende Bandornamente begrenzt erscheint. Zuweilen wird auch bloss ein Theil des Gefässbauches durch einen Rahmen vom Übrigen getrennt und durch figurale Darstellungen ausgezeichnet. Die Figuren sind in der Regel roth auf schwarzen Grund (Fig. 96) oder schwarz auf rothen Grund gezeichnet (Fig. 95).

Rom.

In Griechenland waren die neutralen Felder, insbesondere das Giebelfeld und der Fries, ausschliesslich mit figuralen

Fig. 97.*) *Gebälk vom Tempel der Fortuna virilis.*

historischen Compositionen geschmückt, in der römischen Baukunst kommen dagegen neben dem Figurenfries bald

*) Fig. 97 u. 98. Nach J. M. v. Mauch. Die architektonischen Ordnungen der Griechen und Römer und der neueren Meister. Berlin. Verlag von Wilh. Ernst & Sohn.

andere Decorationselemente hinzu, so zeigt der Tempel der Fortuna virilis in Rom bereits Festons, die abwechselnd von Kindergestalten und Candelabern gehalten werden. (Fig. 97.) Die Kinder sind noch in der strengen architektonischen Weise aufgefasst, in der vollen en-face-Stellung, das malerische Element der Abwechslung und Gruppierung

Fig. 98.*) *Gebälk vom Tempel der Vesta zu Tivoli.*

hat noch nicht Eingang gefunden, auch hat die structive Thätigkeit der Kinder, nämlich das Halten der Festons, keinen Bezug auf die Architektur, sondern bloss auf die Decoration des Frieses. Am Vestatempel zu Tivoli (Fig. 98) finden wir reiche plastische Fruchtwülste, die von aus dem Fries heraustretenden Stierköpfen getragen werden. Am Tempel des Antonin und der Faustina sind es Greifen, die in rein ornamentaler Anordnung in strenger Profilstellung zwischen Vasen und Pflanzenornamenten eine ähnliche Stellung einnehmen, wie die Greifen im Friese des Apollotempels zu Milet (Vergl. Fig. 81), in beiden Fällen entwickeln sie kein individuelles Leben, sondern haben sich wie ein Pflanzenornament den strengen Gesetzen der Symmetrie und der wiederholten architektonischen Anordnung zu fügen. Am Sonnentempel Aurelians (Frontispice des Nero) ist der Fries sogar nur mit einem üppigen, plastischen Pflanzengeranke ausgefüllt. An weiteren sehr häufig vorkommenden Beispielen sind die neutralen Felder, namentlich der Fries und das Giebelfeld absichtlich leer gelassen, insbesondere wird sich dies an den römischen Massenbauten nachweisen lassen, welche weniger durch reiche Gliederung und Decoration, als durch ruhige, mächtige Wirkung der Masse imponieren und wo eine Decorierung des Frieses entweder keine wesentliche Wirkung machen oder sogar die Ruhe der imposanten Massen stören könnte, als bestes hierher gehörendes Beispiel muss das Colosseum erwähnt werden, das in sämmtlichen Friesen keinen Schmuck aufzuweisen hat. Bei griechischen Friesen und Giebelfeldern lässt sich im Allgemeinen annehmen, dass stets mindestens die Absicht vorhanden war, dieselben mit Figuren zu schmücken, wo diese Bauglieder dennoch leer blieben, fehlte es an den Mitteln oder es traten andere Umstände störend dazwischen.

Während nun einerseits in der römischen Baukunst die figuralen Compositionen in Friesen und Giebelfeldern ihre Alleinherrschaft wesentlich eingebüsst hatten, nahmen sie anderentheils Bautheile für sich in Anspruch, die in Griechenland nicht dazu verwendet wurden oder gar nicht existierten.

In dieser Hinsicht sind namentlich die Triumphbögen hervorzuheben, die möglichst reich ausgestattet wurden, man beabsichtigte hier die Siege des Imperators durch figurale Darstellungen zu verherrlichen, zu diesem Ende wurden alle von der structiven Architektur übrig gelassenen Wand-

Fig. 99. *Triumphbogen des Constantin in Rom.*
(Nach Canina.)

flächen mit figuralen Sculpturen ausgefüllt, — insbesondere waren es die Flächen zwischen den Säulen, die Innenwände des Bogens und namentlich die geräumige Attica, welche hiezu eine erwünschte Fläche bot. (Fig. 99.) Am häufigsten wurden durch Einrahmungen Felder geschaffen, zumeist viereckige, aber auch kreisrund oder friesartig durchgehende, ja sogar die Postamente der Säulen wurden mit einbezogen und mit historischen, figuralen Darstellungen geschmückt.

Im Allgemeinen nehmen die römischen Reliefs lange nicht die bedeutende Stellung ein, welche die griechischen einnahmen, es werden sich zweierlei Arten von figuralen Reliefdarstellungen unterscheiden lassen — zunächst die älteren, die sich mehr oder weniger an das griechische Relief anschliessen, und oft wahrscheinlich directe Nachbildungen derselben sind, und die späteren Reliefs aus der Kaiserzeit, die ihren eigenen Weg verfolgen, aber gerade hier bietet sich uns die beste Gelegenheit, interessante diesbezügliche Vergleichungen anzustellen. Das griechisch-römische Relief zeichnet sich durch Einfachheit, Klarheit und weise Mässigung aus, die einzelnen Figuren trennen sich von dem Ganzen und lassen zwischen sich grössere oder kleinere Zwischenräume. Anders verhält sich das spätrömische Figuren-Relief, hier drängen sich die Figuren, schieben sich in mehren Reihen hintereinander, Lücken werden noch durch Köpfe ausgefüllt, so dass das ganze Relief eine unklare Masse von Köpfen, Händen, Füssen und Gewandstücken bildet, die auch in ihrem Verhältnis zur Architektur den Eindruck des Schweren und Protzigen machen. Es zeigt sich dies namentlich an den Reliefs der Trajansäule (Fig. 100), in geringerem Grade auch an den Reliefs des Titusbogens. Noch sei hier auf eine Sache aufmerksam gemacht, nämlich auf die in der römischen Plastik übliche Symbolik des Ortes. An einem Relief hat es in der That seine Schwierigkeiten, den Ort der Handlung wiederzugeben und dies namentlich deshalb, weil durch das „Zuviel“ des Beiwerkes die Handlung leicht undeutlich und unverständlich werden kann, aus diesem Grunde half man sich bei den klassischen Reliefs durch eine einfache Symbolik des Ortes in der

Weise, dass z. B. das Wasser durch die Anwesenheit des Quellengottes angedeutet wurde, der Wasser aus einem Gefässe giesst, der Berg durch einen Berggott, das Haus durch einen Pfosten, das Zimmer durch einen Vorhang, der Wald durch einen Baum.*) Ferner sei mir hier die Bemerkung gestattet, dass die Einheit in den Grössenverhältnissen der Figuren wohl bei der Behandlung ein und desselben Gegenstandes gewahrt werden muss, obzwar

Fig. 100. *Relief von der Trajansäule in Rom.*
(Nach Kunsth. Bg.)

auch hier Ausnahmen statthaben, so werden z. B. Flussgötter oft grösser oder auch kleiner gebildet als die anderen handelnden Figuren — dagegen hört der Zwang dieser Einheit vollkommen auf, wenn es sich um verschiedene Darstellungen handelt, mögen sie noch so nahe gerückt an ein und demselben Objecte sich befinden, so sind an

*) Vergleiche: Der Cicerone von J. Burckhardt, pag. 536.

dem jetzt im Louvre befindlichen, in der Nähe von Rom ausgegrabenen Aktaeonsarkophag (Fig. 101) die verschiedensten Grössen von Figuren in nächster Nähe aneinandergerückt, es kann dies kein Stilfehler sein, da die Behandlung eines jeden Gegenstandes für sich zu sprechen hat und je bedeutender das unterscheidende Grössenverhältnis ist, um so leichter ist es dem Beschauer, die verschiedenen Functionen und Handlungen auseinander zu halten, so dass

Fig. 101. *Die Stirnseite des Aktaeonsarkophages. Clarac Musée. Louvre.* (Nach A. Baumeister.)

sich vielmehr wird folgender Grundsatz aufstellen lassen: *Kommen an ein und demselben Objecte verschiedene figurale Darstellungen vor, die zu einander in keinem unmittelbaren Zusammenhange stehen, so erscheint es geboten, in den Grössenverhältnissen eine gewisse Entschiedenheit eintreten zu lassen, da gleich grosse Figuren leicht zu Verwechslungen und Unklarheiten führen würden.*

Durch die Verbindung des römischen Bogenbaues mit dem Säulenbau entstanden Bautheile, die in Griechenland nicht existierten, die daher ihre formale Behandlung ausschliesslich in Rom erhielten, dazu gehört namentlich der Bogenzwickel. Dieser ist, trotzdem er von structiven Theilen rings umgeben ist, ein eminent neutrales Feld, er gehört der Wand an und wurde vielleicht in den ältesten Zeiten durch Mauerwerk gar nicht ausgefüllt, auf alle Fälle ist es ein Bautheil, der mit der Construction nichts zu thun hat und sehr charakteristisch mit fliegenden Gestalten verziert zu werden pflegte, welche jedenfalls weit richtiger angeordnet erschienen, als viele Zwickelfiguren der späteren Renaissancezeit, die, um den Raum gänzlich auszufüllen, Figuren in den Raum hineinzwängten, die weder sitzen, noch stehen, noch liegen können und infolge dessen auf den Beschauer den Eindruck machen, als wenn sie da oben wahre Folterqualen ausstehen müssten.

Zu einigem Nachdenken geben ferner die römischen Triumphalsäulen Veranlassung, diese tragen, hoch erhoben über dem Treiben des gewöhnlichen Lebens, die Statue eines Imperators und weisen ein mit figurenreichen Compositionen geschmücktes Band auf, das sich spiralförmig um den ganzen Säulenschaft umlegt. Letztere Anordnung entspricht nicht den antiken Formengesetzen, indem ein neutrales Feld auf einem eminent structiven Bautheil, welcher der Säulenschaft auf alle Fälle ist, geschaffen wurde, ausserdem ist die Lage und Höhe der oberen Relieftheile eine solche, dass die Sculpturen kein unbewaffnetes Auge mehr zu sehen und demnach auch zu würdigen vermag, dagegen muss berücksichtigt werden, dass diese Triumphalsäulen keine architektonische Last zu tragen haben, sondern bloss die Statue eines römischen Kaisers, demnach nicht den strengen architektonischen Gesetzen unterliegen dürfen, und der Umstand, dass der Beschauer die oberen Friestheile nicht mehr zu sehen vermag, schadet insofern nicht, als trotzdem in demselben der Eindruck eines grösseren decorativen Reichthumes hervorgerufen wird. (Fig. 102.) Der Grundgedanke dieser Triumphalsäulen ist ein sehr alter und wurzelt in der Stele, welche eben nichts anderes ist, als eine Säule, die in keinem architektonischen Verbande steht und den Zweck hat einen Gegenstand: ein Weihgeschenk, eine Vase, einen Dreifuss aufzustellen. Die Triumphalsäule ist demnach eine Wiedergeburt der Stele, sie wurde aber in römischer Zeit, namentlich bei den Triumphbögen und anderen Bauten bald wieder in einem Zusammenhange mit der Architektur gebracht, hier sind es nämlich vortretende Säulen mit verknöpftem Gebälke, welche keinen Architekturtheil zu tragen haben, sondern zumeist Statuen, dadurch wird dieses Bauglied zu einem Mittelding zwischen einer Säule im architektonischen Verbande und einer Stele. (Vergl. Fig. 99.)

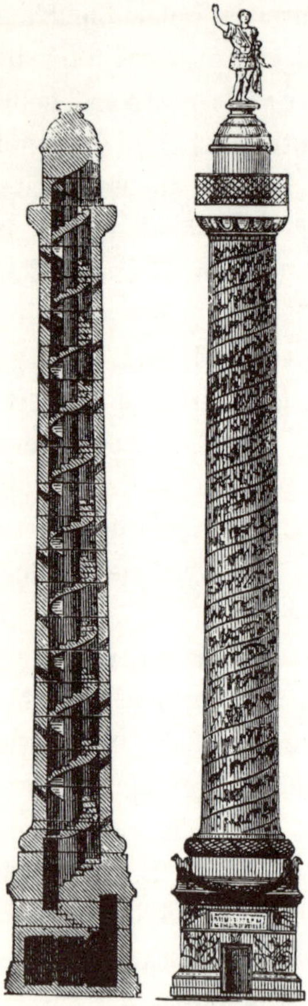

Fig. 102.
Die Trajansäule in Rom.
(Kunsth. Bg.)

Statuen sind überhaupt ein in Rom viel gebrauchtes Decorationsmittel gewesen und wurden oft in verschwenderischer Weise angewendet, entweder in directem architektonischen Verband auf Postamenten in Bogenstellungen oder in Nischen stehend oder als freistehende Statuen sich im losen Architekturverband befindend, so hatte der sonst schmucklose Bau des Colosseums in sämmtlichen Bögen der beiden Mittelgeschosse ohne Zweifel Statuen aufzuweisen, der Reichthum an Statuen in den verschiedenen Thermenanlagen aber musste nach den Berichten der alten Schriftsteller ein sehr grosser gewesen sein.

Zum Schmucke der Brunnen, Höfe und Gärten wurden neben menschlichen Darstellungen auch solche von Thieren verwendet und zwar finden sich neben stark stilisierten Thierstatuen auch solche von merkwürdiger Naturwahrheit vor, so zeigt heute noch die grosse „Sala degli Animali“ im Vatican, wie vielfältig die römische Sculptur die Thierformen zu behandeln wusste. Zu den Thieren, die in nähere Beziehung zu der Architektur treten, gehören insbesondere die Rosse der Quadrigen, welche wir uns als oberen Abschluss auf jedem Triumphbogen denken müssen. Die vier Broncepferde über dem Portal von St. Marco in Venedig scheinen das einzige wohlerhaltene Viergespann von römischer Arbeit zu sein. Neben dem Pferde war es insbesondere der Löwe, der häufige Nachbildung erfuhr und zwar in ähnlichem Sinne wie in Griechenland, ferner der Hund, der Wolf (die capitolinische Wölfin im Conservatorenpalast), der Eber (der berühmte florentinische Eber), das Rind (der bekannte farnesische Stier) und noch viele andere Thiere, die aber alle meist in sehr losem Zusammenhange mit der Architektur standen und uns hier deshalb weniger interessieren.

Von den einzelnen Theilen der Thier- und Menschenwelt ist es insbesondere der Kopf, der eine häufige Anwendung erfuhr und zwar ist es namentlich der Menschenkopf in portraittreuer Nachbildung, der in selbständiger Stellung in zahlreichen römischen Büsten vorkommt, welche, wie es scheint, ihren Ursprung von den Ahnenbildern (imagines) herleiten. Es war in Rom nämlich Sitte in dem Geschäfts-Salon (tablinum) des Hauses die Ahnen der Familie in

Fig. 103. *Römisches Ahnenbild.*
(Nach A. Baumeister.

Nachbildungen von Wachs in kleinen Schränken aufzubewahren und durch Laubgewinde die Verzweigung des Geschlechtes anzudeuten. Diese bemalten und wächsernen Ahnenbilder hatten bloss den Kopf und einen Theil der Brust und gilt ein in Lateran befindliches Grabmal als eine Nachbildung derselben.*) (Fig. 103.) Entsprechend diesen Ahnenbildern wurden dann Büsten in Marmor oder Bronce verfertigt und zeigen die römischen Museen eine grosse Anzahl solcher Portraitbüsten, insbesonders die der Kaiser.

In Reliefs wurden gerne über einem an zwei Punkten aufgehängten Feston der Kopf eines Satyr oder einer Bacchantine angebracht, wohl lediglich zu dem Zweck, den leeren Raum in gefälliger Weise auszufüllen, oder er stand ausserdem noch in näherer Beziehung zu dem in dem Bauwerke verehrten Gotte.

Einen sehr beliebten Schmuck bildeten auch die nackten Stierschädel in Verbindung mit Blumengewinden und Festons, häufig auch in Metopen befindlich, offenbar rührt diese Decorationsweise von dem Gebrauche her, Opferthiere zu bekränzen und wahrscheinlich auch nach dem Opfer die Stierschädel mit Laubwerk zu umwinden und zur provisorischen Decoration von mit dem Opfer in Verbindung stehenden Räumen oder Gegenständen zu verwenden. In vielen Fällen wurde der Stierkopf auch noch mit Haut, Haaren und Hörnern belassen, so sehen wir es namentlich am Fries des Vestatempels zu Tivoli. (Fig. 98.)

Ausserdem ist es die komische und tragische Theatermaske, die gerne als Ornament verwendet wurde, entweder als lose Decoration oder als Markierung der Ecken, namentlich bei Sarkophagen (vergleiche Fig. 101), oder auch an Gebäudetheilen. Unter den Darstellungen des menschlichen Kopfes ist das *Medusenhaupt* von höchstem Interesse. Die römische Medusa ist keine hässliche Fratze mehr, wie der altgriechische Kopf — sie ist ein Schönheitsideal, tadellos

*) Benndorf und Schöne, Lateran. S. 209.

in der Form, welche aber erstarrend wirkt durch die Kälte und den Mangel eines jeden Gefühlsausdruckes, die Augen sind nicht geschlossen, sondern weit geöffnet, aber seelenlos, das Antlitz wird theils von Haaren, theils von Schlangen umrahmt, letztere bilden unter dem Kinn den typischen, schön gebildeten Knoten — zu beiden Seiten des Kopfes

Fig. 104. *Medusa Rondanini. München.*
(Kunsth. Bg.)

wachsen Flügel hervor, die aber nicht zum kühnen Fluge sich vorbereiten, sondern, matt bewegt, sich über dem Haupte senken. Der schönste Medusenkopf römischer Zeit ist jedenfalls die Medusa Rondanini in München. (Fig. 104.)

Auch die römische Kunst pflegte mit grosser Vorliebe das *Fabelwesen*. Wir finden hier fast dieselben Gestalten wie in Griechenland, offenbar haben sie beide Völkerschaften jenen ältesten Culturanfängen entnommen, welche in die Zeit hinanreichen, als die Bewohner Griechenlands und Italiens noch ein Volk bildeten, das im vorderen Asien seinen Sitz hatte. Späterhin war dann wohl der Einfluss Griechenlands auf römische Kunst von der grössten Bedeutung und übernahm dann Rom ohne Zweifel die veredelten griechischen Gestalten der Fabelthiere, so wie sie sie vorfand und betrachtete sie als Vorbilder, um schliesslich zur Zeit des Höhepunktes der römischen Kunst eigenartige Umgestaltungen und Durchbildungen vorzunehmen, die aber nicht so durchgreifend waren, dass eine neuerliche

Fig. 105. *Nereidenfries am Aktaeonsarkophag. Clarac Musée.* (Nach Baumeister.)

ausführliche Besprechung hier nothwendig erscheinen dürfte, nur so viel sei erwähnt, dass entsprechend der üppigen Lebensanschauung der Römer in Italien mit besonderer Vorliebe Bacchanten, Bacchantinnen, Silenen, Satyren und Faune dargestellt wurden und zwar entweder in Reliefdarstellungen, als Statuen oder auf Wandgemälden. Bacchus mit seinem Gefolge erscheint zuweilen durch den Genuss des Weines begeistert, seine Begleiter häufig schwer berauscht, zugleich nimmt er die verschiedenartigsten Gestalten an, zumeist wird er als jugendlich idealer Mann dargestellt, selten als berauschter, sinnlicher Greis.

Aber auch die fabelhaften Bewohner des Wassers sind in der römischen Kunst häufig anzutreffen, namentlich

Fluss- und Meeresgötter, letztere in Begleitung von Tritonen, Nereiden und Delphinen und anderen Bewohnern des Meeres. (Fig. 105.)

Ausserdem kommen aber auch Sphinxe, Sirenen, Greifen und alle chimärischen Gebilde der griechischen Mythe in zahlreichen Abbildungen mit geringen Umgestaltungen in der römischen Ornamentik vor.

Fig. 106. *Bordüre aus Pompeji.*
(Nach Ornamentenschatz.)

Fig. 107. *Bordüre aus Pompeji.*
(Nach Ornamentenschatz.)

Das animalische und figurale Element ist namentlich aber auch ein sehr beliebter Gegenstand *der römischen Kleinkunst, der decorativen Malerei und des plastischen Flächenschmuckes* und werden sich wesentlich folgende Hauptdispositionsweisen unterscheiden lassen und zwar:

1. Die menschliche Figur und chimärische oder der Natur entnommene Thiergestalten gehen mit dem *Pflanzen-*

geranke eine innige Verbindung ein, dabei sind beide Elemente entweder nach den strengsten Regeln des Ornamentes in stricter Profil- oder en-face-Stellung angeordnet, so namentlich bei einfassenden Bordüren oder Friesen

Fig. 108. *Amphora vom Hildesheimer Silberfund.*
(Kunsth. Bg.)

(Fig. 106), oder sie nehmen auch ganz ungezwungen Einviertel- oder Dreiviertelstellungen an, eine Anordnungsweise, die sehr wohl zur stereotypen Perspective der pompejanischen Malerei passt. (Fig. 107.)

2. Das animalische Element und insbesondere die menschliche Gestalt wird zur *Belebung des Pflanzengerankes* verwendet, ohne mit demselben eine Verbindung einzugehen,

Fig. 109. *Detail einer pompejanischen Wanddecoration.*
(Nach einer Aufnahme des Verfassers.)

dabei findet man sehr häufig Züge von Humor und heiterer Lebensanschauung dargestellt, in dem Gezweige der Ranke sieht man nicht selten Putten oder Amorinen angebracht, die sich dem süssen Nichtsthun ergeben oder mit Emsigkeit einer tändelnden Beschäftigung obliegen, so gewahrt man auf dem prächtigen Mischkessel des Hildesheimer Silberfundes (Fig. 108), wie sich Kindergestalten mit dem Krebsfang beschäftigen und dabei die anmuthigsten Stellungen annehmen.

3. Thierische und menschliche Formen finden sich häufig als *Beiwerk der römischen Scheinarchitektur* angebracht. Auf pompejanischen Wandmalereien sieht man nicht selten Tritonen, Sphinxe, Delphine, Schwäne, Greifen u. s. w., die entweder in selbständiger Weise zur Belebung der Giebel, Festons oder der Hallen dienen oder auch eine spielend structive Thätigkeit annehmen, zuweilen sind es Seepferdchen oder Delphine, die ein Consolengesimse tragen helfen, oder chimärisch gebildete Frauengestalten, welche die Ecken der Giebel schmücken, oder Flöte blasende Faune, die auf einer Stange tanzen oder thierische oder menschliche Gebilde, die in den Öffnungen der Sockel hocken oder verschiedenartig gestaltete Thiere, welche in spielender Weise den Ausgangspunkt eines Ornamentes bilden (Fig. 109), oder es sind Frauengestalten, welche plaudernd auf Balkonen stehend dargestellt werden oder ganze Gruppen von Figuren, welche die Gesimse zu beleben haben, kurzum es herrscht in der römischen Wandmalerei die grösste Mannigfaltigkeit in Verwendung des menschlichen und animalischen Elementes.

4. Doch nicht nur als ornamentales Beiwerk, sondern auch *als Mittelpunkt der Beziehungen* werden in der pompejanischen Wandmalerei, sowohl die menschliche als auch die thierische Gestalt in der Art angewendet, dass dieselben schwebend auf einem kräftig gefärbten Grunde die Eintönigkeit eines grösseren Feldes unterbrechen. Diese Figuren sind meist einzeln, selten zu zweien angeordnet, am

häufigsten sind es Frauen- oder Kindergestalten mit fliegenden Gewändern, die ohne jede Einrahmung in dem neutralen Felde dahinschweben, ziemlich häufig finden sich aber auch die verschiedenartigsten Thiergestalten hier vertreten.

Fig. 110. *Wandmalerei vom Hause des »Tragischen Dichters« zu Pompeji.* (Nach einer Aufnahme des Verfassers.)

In einzelnen Fällen erhalten diese schwebenden Gestalten als Umrahmung einen spielend angeordneten Blätterkranz, wie in beiligender Wandmalerei des Hauses des tragischen Dichters (Fig. 110), ein Schmuck, der im Wesentlichen wenig an der Sache ändert. Noch hervorzuheben wäre, dass sich alle diese schwebenden Figuren nicht in der

Mitte des neutralen Feldes befinden, sondern ein wenig aus der Mitte nach oben gerückt erscheinen, eine Anordnungsweise, die mehr dem antiken Geschmacke entsprach. Eine ähnliche Decoration erhalten auch die Decken, diese werden in rechteckige, rautenförmige oder verschiedenartig gebildete

Fig. 111. *Pompejanische Deckenmalerei.*
(Nach einer Aufnahme des Verfassers.)

Felder getheilt, die Mitte derselben zieren dann schwebende Figuren, das Ganze erscheint entweder blos gemalt (Fig. 111), oder plastisch in Stuck gebildet und ebenfalls gemalt. Feine zierliche plastische Stuckdecken dieser Art mit hellen, lebhaften Farben bemalt finden sich namentlich in vielen Grabkammern der alten römischen Begräbnisstätten.

5. Neben dieser rein ornamentalen Behandlung der menschlichen Figur kommen aber auch auf denselben Wandflächen Pompeji's und Rom's *historische oder genrehafte Compositionen* vor, deren Gegenstand vorwiegend mythologischen Inhaltes ist, bei diesen schweben die einzelnen Figuren nicht mehr auf der Wandfläche, ihre Füsse ruhen vielmehr auf einem Erdboden, dabei ist das Ganze durch einen ornamentalen Rahmen scharf von seiner Umgebung getrennt. Auffallend ist bei diesen Gemälden namentlich der Umstand, dass die Composition der Figuren sehr häufig eine ungemein gefällige und geschickte ist, welche die Phantasie eines Meisters ersten Ranges verräth, während die Ausführung sehr häufig flüchtig und unbeholfen erscheint, dann haben wir es offenbar mit einer schlechten Copie eines vortrefflichen Bildes zu thun. Die Entstehung dieser Decorationsweise scheint aus der Zeit zu stammen, als die Römer nach fernen Ländern, namentlich aber nach Griechenland Eroberungszüge unternahmen, dort alles Kostbare, insbesondere auch die so sehr geschätzten Tafelbilder nach Rom brachten und dieselben, da ihnen die Einrichtung der Museen fremd war, in eine passende Wandfläche der Häuser der einflussreichen Persönlichkeiten einliessen, dies wurde bald Mode, da aber nicht Jedermann in der Lage war sich griechische Originalgemälde zu verschaffen, so half man sich damit, Copien dieser Bilder auf die Wand zu malen und so mag diese Decorationsweise entstanden sein. Während man nun in Rom gute Originale und gute Copien besass, mussten sich die Bewohner der Provinzstadt Pompeji mit Schlechterem begnügen, wie dies manche Wandgemälde zeigen, wenn man auch an denselben die guten Vorbilder erkennen kann.

Das Mittelalter.

Wenn man die Kunst des Mittelalters mit jener der klassischen Zeit vergleicht, wird man allerdings sehr wesentliche Unterschiede finden. Im Allgemeinen legt das Mittelalter das Hauptgewicht auf die Lösung der constructiven Aufgaben und leistet in Überwältigung der grossen technischen Schwierigkeiten Ausserordentliches, während die decorative Seite der Kunst theilweise ganz merkwürdige Rückschritte macht. Die antiken Traditionen hören bald gänzlich auf zu wirken und finden wir insbesondere in der altchristlichen und der romanischen Periode eine naive, ungeschickte Darstellungsweise, welche sich häufig wie jene zu Anfang einer Culturperiode gestaltet, dabei zeigt sich aber die Naivetät in keinem Theile der Ornamentik so auffallend, als bei den Darstellungen von figuralen und thierischen Gegenständen. In Folgendem werden wir Gelegenheit haben auf die grosse Verschiedenheit der einzelnen mittelalterlichen Perioden hinzuweisen, wobei erwähnt werden muss, dass die altchristliche Zeit eine vermittelnde Rolle zwischen der Antike und dem eigentlichen Mittelalter spielt, während die romanische Zeit sich energisch von der Antike zu emancipieren beginnt und die gothische Periode sich zumeist als das reine Gegentheil der Antike erweist.

Die neutralen Felder der *altchristlichen Periode* haben eine sehr eigenartige Decoration — das plastische Moment tritt sehr in Hintergrund und wird fast vollständig von der Flächendecoration verdrängt und ist es neben der Fresco-malerei insbesondere die Mosaik, welche tonangebend auftritt.

Fig. 112. *Absis von S. Clemente in Rom.*
(Nach Letarouilly.)

Das Charakteristische der altchristlichen Mosaiken zeigt sich namentlich darin, dass sie zumeist ohne Feldereintheilung als ein ungetheiltes Ganzes teppichartig die Wandflächen ausfüllen, dabei ist der Stil der Darstellung zumeist ein von Byzanz beeinflusster. Was nun das animalische Element und die Darstellung der Menschengestalt anbelangt, so treten dieselben in sehr verschiedener Weise auf und zwar:

1. Spielend decorativ, die leeren Stellen des vegetabilischen Ornamentes ausfüllend oder im Geranke stehend angebracht, zumeist ohne Betonung einer tendenziösen Symbolik, häufig sind es Vögel, aber auch vierfüssige Thiere und auch stehende oder ruhende Menschengestalten, wir sehen dies in Fig. 112 in dem oberen Theil der Absis der Kirche S. Clemente zur Darstellung gebracht.

2. Dann kommen aber auch tendenziös symbolische Thierfiguren vor, mit besonderer Vorliebe wird insbesondere das Lamm angewendet und nimmt namentlich Jesus Christus selbst die Lammgestalt an, inmitten einer Heerde Lämmer stehend, als das Lamm Gottes, das hinwegnimmt die Sünden der Welt, wir sehen dies in Fig. 112 in dem mittleren Fries dargestellt. Ausserdem werden den vier Evangelisten chimärische Thiere beigelegt, so namentlich der geflügelte Adler, der geflügelte Ochse, der geflügelte Löwe und von der menschlichen Gestalt der geflügelte Engel, welche Figuren wir in Fig. 112 oberhalb der Absis abgebildet vorfinden. In der altchristlichen Zeit substituieren diese Symbole die Gestalten der Evangelisten vollkommen und kommen auch ohne dieselben allein vor. Diese geflügelten Thiere sind offenbar alttestamentarischen Ursprunges und verwandt mit dem assyrischen geflügelten Löwen und den persischen geflügelten Stieren.

3. Die menschliche Gestalt wird ferner in ausschliesslich christlich tendenziöser Symbolik angewendet. Fast niemals fehlt die Colossalgestalt des Heilands, häufig auf

dem Himmelsbogen sitzend, in Begleitung der hl. Mutter Maria und der Apostel, oder von einer Engelschaar umgeben. Am häufigsten findet sich dieselbe an der grossen Absis angebracht, ausserdem aber auch an den Triumphbogen und an der Oberwand des Mittelschiffes. Der Triumphbogen zeigt häufig das Brustbild des Erlösers im Strahlenkranze, längs des Obertheiles des Bogens sind die symbolischen Thiere der vier Evangelisten dargestellt, dann kommt eine Schaar

Fig. 113. *Triumphbogen von S. Paolo vor den Mauern Roms.* (Nach Letarouilly.)

anbetender Christen und darunter die Apostel (Fig. 113), während die Oberwand des Mittelschiffes neben alleinstehenden Heiligenfiguren, auch figurale Compositionen aus dem neuen oder alten Testamente aufweist. Der Stil der Darstellung ist der steife, strenge byzantinische: mit dem mürrischen Gesichtsausdruck, der steifen und harten Gewandung und den stark nach abwärts geneigten Fussspitzen ohne Andeutung einer Verkürzung.

Im *romanischen Stile* kommen ziemlich viel neutrale Felder vor, namentlich die Wandflächen des Innern, dieselben sind zumeist mit gemalten figuralen Compositionen geschmückt

Fig. 114. *Façade von Notre Dame le grande zu Poitiers.* (Kunsth. Bg.)

oder leer gelassen; der plastische Figurenfries dagegen wird weit seltener angewendet. Die Darstellungsweise ist oft eine recht unbeholfene, die Figuren sind meist etwas kurz, der mürrische, steife Ausdruck der Gesichter, der in der ersten Zeit vom Altchristlichen herübergenommen wurde, verliert sich bald, auch wird die Anwendung der Mosaik weit seltener. Der grösste Gebrauch wird von der plastischen, einzelstehenden Heiligenfigur gemacht und zwar wird dieselbe am liebsten in Nischen angeordnet, so umziehen häufig eine grössere Anzahl von Nischen den abschliessenden Giebel oder sie werden auch in horizontaler Reihung friesartig aufgestellt (Fig. 114) oder sie folgen dem kleineren Giebel der oft reichen Portalverdachung. Dieses Nischenmotiv ist im romanischen Stil, sowohl in Italien, als auch im Norden ungemein beliebt, häufig sind dieselben mit Figuren ausgefüllt, häufig fehlt dieser Schmuck, da die Mittel hiezu nicht mehr herbeigeschafft werden konnten, zuweilen aber treten statt dieser Nischen flache nischenartige Wandgliederungen auf, die nicht darauf berechnet sind Figuren aufzunehmen. Nischen finden sich ferner in der schrägen Wandung der Portale, in denselben stehen auf kleinen Säulchen zumeist stark vortretende Heiligenfiguren, ihre Anordnungsweise hat etwas Militärisches, es sind stets eine grössere Anzahl von Heiligen vorhanden, die in Reih' und Glied zu beiden Seiten des Portales Aufstellung genommen haben, der Eindruck ist zwar ein ungemein reicher, doch ist damit zumeist eine gewisse Naivetät der Anschauungs- und Darstellungsweise verbunden. (Vergleiche Fig. 122.) Die eigentliche Thüre dieser reichen Portale ist fast stets mit einem Halbkreisbogen nach oben geschlossen, im Kämpferanfang derselben geht aber ein wagrechter Thürsturz durch, das dadurch gebildete neutrale Feld, Tympanon genannt (Fig. 115), ist ein besonders bevorzugter Ort für religiöse, figurale Darstellungen, hier wird namentlich häufig die Gestalt desjenigen Heiligen abgebildet, dem die Kirche geweiht ist, wenn derselbe nicht unterhalb derselben auf einem Säulchen stehend seinen Platz findet (Vergleiche Fig. 122.)

Fig. 115. *Romanisches Tympanon.*
(Nach Viollet-le-Duc.)

Auch ganze Thiergestalten findet man ziemlich häufig dargestellt, dann meist in rein tendenziöser Symbolik, am häufigsten auf Grabplatten, auf welchen die Figur des Verstorbenen in ganzer Grösse abgebildet erscheint, zu seinen

Füssen liegt sehr häufig ein Hund, als Symbol der Treue oder ein Löwe als Symbol der Stärke.

Thierische Gebilde, die allmählich in vegetabilisches Ornament übergehen, kommen im romanischen Stile, neutrale Felder schmückend, namentlich an nordischen Bauten ziemlich häufig vor, meist sind es bandartige Verschlingungen mit scheusslichen Ungeheuern; in Deutschland und Frankreich

Fig. 116. *Romanisches Füllungsornament.*
(Nach Ornamentenschatz.)

ändert sich der Charakter, das Pflanzenwerk wird plastischer und nähert sich der Natur etwas mehr an (Fig. 116).

In der *romanischen Kleinkunst* wurde das animalische Element sehr gerne angewendet und spielt namentlich die ganze menschliche Figur die hervorragendste Rolle; charakteristisch für diesen Stil ist der Umstand, dass sie am häufigsten für sich allein vorkommt, zumeist mehrere Figuren zu gleicher Zeit in einfachen Umrahmungen oder sehr oft in streng architektonischer Umgebung, ja nicht selten kommt es vor, dass als Vorbild für die Werke der Kleinkunst die Objecte der monumentalen Architektur verwendet werden, so dass z. B. Behälter, die bestimmt sind den Kirchenschatz aufzunehmen, die Form einer Basilika annehmen, dies findet sich nament-

Fig. 117. *Schrein der hl. drei Könige im Dom zu Köln.* (*L.*)
(Kunsth. Bg.)

lich an dem berühmten Schrein der hl. drei Könige im Dome zu Köln. (Fig. 117.) Die Anordnung der Figuren ist hiebei eine streng architektonische, indem dieselben in Nischen angebracht sind und zwar in ganz derselben Weise, wie sie bei einem Bauwerke angeordnet werden könnten.

Sehr häufig kommen in der römischen Kleinkunst innige Verbindungen von figurenreichen Compositionen vor, welche sich vermischen mit thierischen Gebilden und bandartigen Elementen. Diese Theile finden sich zuweilen in unklarer Anordnung vor, die Hauptform des Geräthes gleichförmig bedeckend, dann muss der Beschauer dem Ornamente eine längere Aufmerksamkeit widmen, um es in

Fig. 118. *Bernwardsleuchter aus Hildesheim. (D.)* (Kunsth. Bg.)

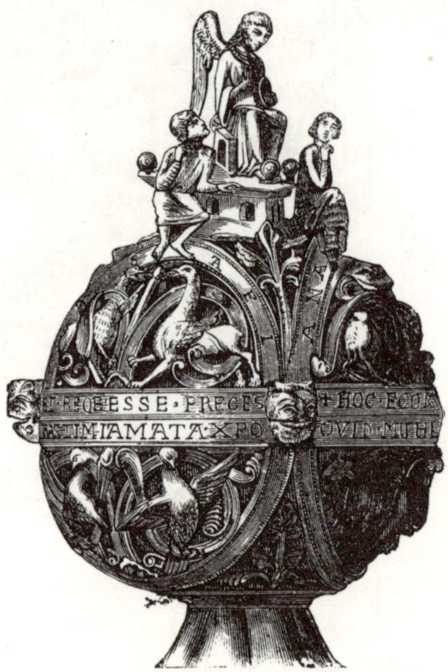

Fig. 119. *Romanisches Weihrauchfass aus Lille. (L.)* (Kunsth. Bg.)

seine einzelnen Elemente auflösen zu können (Fig. 118), zuweilen weiss der romanische Stil aber auch in solchen Werken das richtige Mass einzuhalten, dann ist jedes

Ornament an seinem Platz und tritt die Hauptform wie die Decoration in klarer Weise hervor. (Fig. 119.)

Der gothische Stil. Wurde das animalische Element und namentlich die menschliche Gestalt in den bisher kennen gelernten Stilarten häufig gebraucht, so zeichnet sich der gothische Stil durch eine massenhafte Anwendung der menschlichen Figur aus, wurde die menschliche Gestalt in dem altchristlichen und romanischen Stile fast ausschliesslich in christlich tendenziösem Sinne verwendet, so treten in der gothischen Periode noch neue Elemente hinzu, die einen hervorragenden Einfluss auf figurale Gestaltungen nehmen, es ist dies insbesonders das Ritterthum und das Bürgerthum, auch merkt man sehr wohl, dass bei aller Gläubigkeit der gothischen Baumeister die Ausübung der Architektur sich nicht mehr in den Händen der Klostergeistlichen befindet, indem das profane Element dem christlichen mindestens gleichberechtigt gegenübersteht.

Mit besonderer Vorliebe wird insbesonders die menschliche Gestalt angewendet und zwar einestheils in plastischen und gemalten historischen Compositionen, mit welchen wir uns nicht eingehend befassen können, indem uns dies zu weit ab von unserem Thema führen würde und anderentheils mit der allein stehenden menschlichen Gestalt, welche wir einer näheren Besprechung unterziehen müssen, nachdem dieselbe in enger Beziehung zur Architektur selbst tritt. Die für den gothischen Stil am meisten charakteristische Art der Anwendung der menschlichen Figur ist jene, bei welcher dieselbe auf einer Console oder einem dünnen Säulchen steht und von einem Baldachine beschirmt erscheint, letzterer ragt entweder frei aus der Mauer heraus (Fig. 120) und dies ist am häufigsten der Fall oder er wird durch einige Säulchen gestützt. An den sogenannten Triforien und an Galerien finden sich sehr häufig Statuen in der Weise angeordnet, dass eine sehr grosse Anzahl derselben zwischen Bogenstellungen ihren Platz finden, eine Dispositionsweise, der eine grosse plastische Wirkung und der Eindruck ornamentalen Reichthumes nicht abzusprechen ist.

Fig. 120.
Anordnung von Heiligenfiguren im gothischen Stil.
(Nach Violett-le-Duc.)

In keinem Stile aber zeigt sich eine so überaus reiche und massenhafte Anwendung der menschlichen Gestalt, wie auf den imposanten gothischen Kirchenportalen. Diese sind zumeist nach oben mit einem hohen Spitzbogen geschlossen, beim Kämpferanfang geht jedoch in der Regel ein wagrechter Thürsturz durch, so dass die eigentliche Thüröffnung rechtwinkelig gebildet erscheint, bei grossen Portalen aber wird dieser Thürsturz in der Mitte durch einen kleinen Pfeiler unterstützt, an denselben sehen wir bereits figuralen Schmuck angeordnet, zumeist steht hier eine Heiligenfigur auf einem hohen Postamente von einem Baldachine bekrönt, in der in der Gothik üblichen Weise. (Vergl. Fig. 120.) Der Theil aber über dem wagrechten Thürsturz und den beiden Schenkeln des Spitzbogens, das Tympanon genannt, erhält eine ungemein reiche plastische Decoration, diese besteht aus figuralen Compositionen, welche zumeist in mehreren Zonen die Geschichte des Kirchenheiligen oder Episoden aus dem Leben Jesu oder der hl. Maria darstellen. (Fig. 121.) Diese so gebildete Thüre erhält gegen die Wand zu eine grossartige Einrahmung, bestehend aus vielen Säulchen und gothischen Bögen, die sich in die Dicke der Mauer legen, letztere werden aus mehreren Reihen tiefer Hohlkehlen und Rundstäben mit einigen vermittelnden Gliedern gebildet und sind es insbesondere diese Hohlkehlen, die den reichsten figuralen Schmuck aufzuweisen haben, die Anordnung derselben ist eine sehr verschiedene, meist werden die Heiligenfiguren in ganzer oder halber Gestalt mit Postament und Baldachin versehen in der Weise in die Hohlkehle eingelegt, dass die Figuren der Linie des Bogens folgen, bis sie an der Bogenspitze nahezu mit den Köpfen an einander stossen (Fig. 121), in einzelnen Fällen, namentlich bei romanischen Portalen pflegte man wiederum die Heiligenfiguren radial anzuordnen, wobei diejenigen, die an den oberen Theil des Bogens zu stehen kamen, die beste Lage erhielten, — während diejenigen, die sich am Bogenanfang befanden, in Ewigkeit dazu verurtheilt waren, in der scheinbar unbehaglichsten, liegenden Stellung ihre Pflichten als Ornament zu erfüllen. (Fig. 122.) Wir haben mit Absicht diese beiden mittelalterlichen Anordnungsweisen von Figuren zusammengestellt, um zu zeigen, wie vorsichtig man mit der Verwendung von menschlichen Figuren sein sollte, es scheint uns, dass es sich auf alle Fälle ziemen würde, einer Heiligenfigur, bei deren Aufstellung man doch die Person des Heiligen ehren will, einen würdigen und passenden Platz anzuweisen, dazu gehören aber insbesondere die neutralen Felder, jedenfalls

Fig. 121. *Portal von Notre-Dame zu Paris.* (Violett-le-Duc.)
(Kunsth. Bg.)

Fig 122. *Portico de la Gloria Kathedrale von Santiago.*
(Kunsth. Bg.)

aber wird es als stilistisch sehr gewagt betrachtet werden müssen, Heiligengestalten in so structiv thätige Bauglieder, wie die Hohlkehlen hineinzulegen, für deren Ornamentierung ohne Zweifel sich Laubwerk weit besser eignen würde, und wird die Sache um so bedenklicher, wenn eine consequente Verwendung der Figuren zu derartigen misslichen Anordnungen führen muss, wie in den beiden angeführten Fällen. Aber auch der untere Theil der inneren Leibungsfläche des gothischen Prachtportales ist zumeist mit Heiligenfiguren auf Säulchen stehend decoriert, so dass die gothische Façade in diesem Theile in der That einen ungewöhnlichen Figurenreichthum darbietet. So sind beispielsweise an der Kathedrale von Chartres fast zwei Tausend kleinere und grössere Figuren angeordnet, welche die ganze Lehre von der Erlösung dem Beschauer vorführen und ausserdem noch andere historische und symbolische Darstellungen enthalten.

Charakteristisch für die Bildung der gothischen Heiligenfigur ist die innige Verbindung zwischen Architektur und Plastik, beide sind von demselben Geiste beseelt, der mit allen antiken Traditionen gebrochen hat und aus eigener Kraft Neues zu schaffen im Stande war. Wenn sich auch mehrere Gestaltungsformen und Perioden in der Gothik feststellen lassen, so wird man immerhin im Allgemeinen sagen können, dass die gothische Heiligenfigur sich durch strengen Stil, mässige Bewegung, in die Länge gezogene Gestalten und reiche zerknitterte Gewandung auszeichnet.

Der äussere architektonische Aufbau gothischer Kirchen zeigt aber auch an mehreren anderen Theilen ziemlich häufig Anordnungen von menschlichen und thierischen Formen in ganzer Gestalt. Von sehr origineller Bildung sind gewisse an den Balustraden der Kathedralen zuweilen angewendete Aufsatzfiguren, sie haben als auslaufende obere Endigungen zu fungieren und nehmen die Stelle der Statuen ein, die namentlich in der Renaissance so häufig auf die Posta-

Fig. 123—126.
Balustradenfiguren vom Thurme von Notre Dame zu Paris.
(Nach Raguenet.)

mente der Balustraden gestellt wurden. Die Gothik formt aber diese architektonischen Ausklänge mit vielem Humor und pflegt denselben gerne fratzenhafte Gestalten zu geben.

Zuweilen sind es griesgrämige Raben, die sich auf die Balustraden niedergelassen haben, oder es sind affenähnliche Gestalten die oben hocken (Fig. 123), in anderen Fällen werden aber auch dem Menschen ähnliche, aber in's Fratzenhafte verzerrte Formen angewendet, diese stellen sich nicht auf die Balustrade, sondern benützen den Balustradengang, sowie die Menschen und schauen wie diese von ihrem erhabenen Standpunkte auf das unter ihnen befindliche menschliche Treiben herab. (Fig. 124.) Manche dieser Gestalten stellen den Menschen in dem Costüme der damaligen Zeit dar, oder sie bilden eine unverfälschte Wiedergabe des leibhaftigen Satans (Fig. 125), oder es ist irgend eine chimärische, fratzenhafte Gestalt von zweifelhaftem Ursprung hinaufgestellt; in der Notre-Dame-Kirche zu Paris ist unter anderem ein stämmiger Ochse dargestellt, der wie es scheint, sein nachmittägiges Wiederkäuen mit contemplativen Betrachtungen über das sündige Menschengeschlecht verbindet. (Fig. 126.)

Auch in der *gothischen Kleinkunst* und den halbmonumentalen Werken des inneren Ausbaues wird das animalische Element und die menschliche Gestalt mit Vorliebe angewendet. Namentlich sind es die in der Gothik so beliebten Flügelaltäre, welche eine massenhafte Anwendung der menschlichen Figur aufweisen. Der mittlere feststehende Aufbau des Altares zeigt entweder neben einander stehende Heiligengestalten, in der Mitte am häufigsten die Mutter Gottes und zu beiden Seiten die Kirchenheiligen, alle zumeist in ganzer Figur abgebildet, mit Attributen in den Händen, oder es befinden sich darauf historische Compositionen dargestellt, wobei der Gegenstand der hl. Schrift entnommen ist und die Personen in der Regel in reichen, faltigen Gewändern angethan erscheinen. Die Seitenflügel

Fig. 127. *Grabplatte des Grafen von Henneberg und seiner Gemahlin in der Stiftskirche zu Römhild.*
Von Peter Vischer in Erz ausgeführt. (Nach Heideloff.)

zeigen dann, allerdings im engen Raume, Darstellungen bedeutender Ereignisse aus dem Leben des Heiligen, dem die Kirche oder der Altar geweiht ist, dabei hat zumeist die Innenseite des Flügels Sculpturen, die Aussenseite dagegen Malerei aufzuweisen. Aber auch auf dem Sockel finden sich häufig figurale Compositionen und werden auch in dem architektonischen Aufbau des Altares mehrere Heiligenfiguren und Engelgestalten unter Baldachinen auf Säulchen oder Consolen stehend oder sonst in geeigneter Weise angeordnet, aufgestellt.

Halb kirchlich und halb profan sind die im Mittelalter so beliebten *Grabplattenfiguren.* Der Verstorbene befindet sich zumeist auf denselben in voller Rüstung abgebildet, an seiner Seite pflegt seine Gemahlin zu ruhen, beide Figuren füllen den Raum des Steines in der Regel gänzlich aus, die Gothik aber liebt es durch Symbole die hervorragenden Eigenschaften der Verstorbenen anzudeuten, zu diesem Ende ruhen die Füsse des tapfern Ritters auf einem Löwen, dem Symbole der Stärke, während sich unter den Füssen seiner Gemahlin ein Hund befindet, das Symbol der ehelichen Treue. (Fig. 127.) Diese in den Fussboden der Kirche eingelegten Grabplatten hatten ein mehr oder weniger starkes Relief — zuweilen wurden dieselben so plastisch gebildet, dass ein Betreten derselben bei schlechter Beleuchtung mit Unannehmlichkeiten verbunden sein konnte.

Daneben gab es aber auch verschiedene Arten von Grabdenkmalen, die an der Wand ihren Platz fanden, sehr häufig findet sich an denselben der verstorbene Ritter kniend dargestellt, vor dem gekreuzigten Heiland sein Gebet verrichtend, hinter demselben befinden sich seine Söhne, häufig in grösserer Anzahl, nach dem Alter geordnet und in Reih und Glied aufgestellt, die Namen derselben sind nicht selten durch Spruchbänder kenntlich gemacht; rechts von dem Ritter kniet dann zumeist seine Gemahlin mit einer Reihe von Töchtern, welche in derselben naiven Weise angeordnet erscheinen wie die Söhne.

Charakteristisch für den gothischen Stil ist die Fülle eines derben Humores, der sich an vielen monumentalen Werken der Baukunst und vielen bedeutenden Werken der

Fig. 128. *Detail vom Sebaldusgrab in Nürnberg.* (Nach Heideloff.)

Kleinkunst, zumeist in nebensächlichen Figürchen kund thut und in keiner Beziehung steht zu dem ernsten oder kirchlichen Charakter des Objectes. An den monumentalen Werken der Architektur haben diese humoristischen Figuren oder Köpfe meist auch eine structive Function zu erfüllen und sind im ersten Theile dieses Werkes bereits erwähnt worden. Im Übrigen finden sich heitere genrehafte Darstellungen sehr häufig auf Chorstühlen (Dom zu Bamberg),

Grabdenkmalen und fast allen Gattungen des kirchlichen oder profanen Geräthewesens, so befinden sich beispielsweise auf der abfallenden Schräge des Sebaldusgrabes reizende genrehafte Darstellungen von Kinderfiguren, welche den Lindwurm tödten, mit Hunden spielen, u. s. w. (Fig. 128.)

Fig. 129. *Gothische Halbfiguren an der Kanzel von St. Stephan in Wien.*
(Nach Kunsth. Bg.)

Häufig vorkommend ist auch die Anwendung *der halben menschlichen Figur*, welche hier offenbar die Stelle der bereits im römischen Stile vorgekommenen Büste einnimmt, während aber die antike Büste nur Kopf, Hals und Schulter wiedergab und ein eigenes Postament erhielt, welches letztere die Büste als ein selbständiges Object hinstellte und von seiner Umgebung lostrennte, sehen wir, dass der gothische Stil in dieser Beziehung anderen Anschauungen huldigt, denn die gothische Büste giebt die ganze halbe menschliche Gestalt, sammt dem Obertheil der Arme wieder und erscheint dieselbe einfach durch einen Schnitt vom Unterleib getrennt, ohne ein eigenes Gestelle zu erhalten. (Fig. 129.) Diese Halbfiguren finden sich sehr häufig in kleinen Nischen stehend an Flügelaltären, namentlich im Sockel angebracht, ferner an Kanzeln, nebensächlichen kleinen Galerien u. s. w.

Fig. 130. *Gothische Ranke mit Halbfiguren.*
(Nach Heideloff.)

Neben der menschlichen Gestalt werden aber auch *ganze thierische Formen* häufig angewendet, zuweilen in der originellsten Weise, dazu gehören namentlich Frösche, Kröten, Eidechsen und Schlangen, die in geordneten Reihen auf ein Geländer hinaufkriechen. (Vergl. Fig. 129.) Ausserdem kommen auch grössere Thiere, namentlich häufig Löwen, Bären, Adler u. s. w. vor, diese finden sich nicht selten auf Stuhllehnen angebracht, zumeist in ganzer Gestalt und sind häufig in lebhafter Bewegung dargestellt, auch werden diese Thiere gerne dazu verwendet ein Wappen mit ihren Tatzen aufrecht zu halten.

Dagegen liebt es die Gothik nicht sehr, das animalische Element mit dem vegetabilischen zu vermischen, selten findet sich Rankenwerk vor, das von Zeit zu Zeit in Blumenkelchen endigt, aus welchen halbe menschliche Figuren herauswachsen (Fig. 130), ebenso spärlich zeigen

Fig. 131. *Wappen auf einer Ofenkachel aus Halberstadt.* (Kunsth. Bg.)

sich ganze menschliche Figuren, die mit dem Pflanzengeranke in zumeist lose Verbindung gebracht erscheinen.

Im engen Zusammenhange mit dem grossen Einfluss des Ritterthums, steht die häufige Anwendung der Wappen, diese finden sich fast überall vor, namentlich auf Fahnen,

Röcken, Stühlen, Grabsteinen, Wänden, Decken u. s. w. Das animalische Element spielt bei denselben eine hervorragende Rolle, die Thiere kommen sowohl im Wappen selbst vor als auch ausserhalb desselben, auf dem Helme sitzend als Helmzier. Als Wappenthiere findet man alle in Europa lebende Thiergattungen verwendet, weitaus am beliebtesten aber war der Löwe und der Adler, dieselben erscheinen streng stilisiert, ihre Formgestaltung unterliegt einer eigenen Wissenschaft, der Heraldik, vollkommen gestattet und häufig vorkommend ist dabei die Verdoppelung einzelner Glieder, namentlich der Köpfe und Schwänze. Neben den ganzen Thieren finden sich sowohl im Wappen selbst, als auch als Helmzier einzelne animalische Elemente vor, so z. B. Adlerflügel, Stierhörner, Pfauenfedern, Hirschgeweihe u. s. w. (Fig. 131.)

Die Renaissance.

Wenn wir die Art der Anwendung der thierischen und namentlich der menschlichen Formen in der Renaissancezeit mit jener des Mittelalters vergleichen, werden wir sagen müssen, dass man in der Renaissance die menschliche Gestalt weit seltener und fast nie massenhaft anwandte, wenn dieselbe aber zur Verwendung kam, erhielt sie einen bevorzugten Platz und war weit mehr der Mittelpunkt der Beziehungen, als dies im Mittelalter der Fall war.

A. Behandlung der animalischen Formen des Reliefs und der Malerei.

Die Renaissancezeit hatte eine lange Dauer und war weit mehr zahlreichen Einflüssen und Umgestaltungen ausgesetzt als andere Kunstperioden, weshalb es geboten erscheinen wird, die Hauptabschnitte gesondert zu betrachten.

Die *Frührenaissance* charakterisiert sich durch eine naive Frische und durch die Lust zu decorieren, diese Zeit fand namentlich ihre höchste Befriedigung in der sorgfältigen Ausbildung des Pflanzenornamentes, dabei sah sie aber bald ein, dass eine Belebung desselben durch andere Motive fast nothwendig erscheine, dazu eigneten sich aber neben einigen leblosen Formen, namentlich die thierischen und menschlichen Gestalten. Zunächst entstand die Frage, wie sei das animalische Element mit dem Pflanzengeranke zu verbinden? Das geschah auf zweierlei Weise, entweder wurden Thiere und Menschen in ganzer Gestalt in den Lücken des Pflanzenornamentes angeordnet oder was noch häufiger erfolgte, es wurden bloss Theile des thierischen oder menschlichen Körpers verwendet, diese aber mit dem Pflanzengeranke so innig verbunden, dass beide einem Organismus anzugehören schienen. Ähnliches haben wir bereits in den Wandmalereien der römischen Thermen und in den Ausgrabungen zu Pompeji gefunden, beides aber war damals noch den Meistern der Frührenaissance

Fig. 132. *Füllung vom Chorgestühl von S. Pietro zu Perugia.*
Von Stefano da Bergamo um 1535.
(Nach einer Aufnahme des Verfassers.)

verschlossen, denn diese römischen Reste lagen noch in stiller Grabesruhe unter einer hohen Erd- und Aschendecke, überhaupt musste das Material an römischen Vorbildern, das den ornamentalen Künstlern der Frührenaissance zu Gebote stand, ein sehr bescheidenes genannt werden, um so mehr ist die frische Schöpfungskraft zu bewundern, welche die Meister jener Zeit beseelte, die grösstentheils aus sich selbst heraus die reizendsten Ornamente hervorzubringen wussten.

Bei Friesen und länglichen Füllungen war eines der beliebtesten Motive ein schöner weiblicher Oberkörper, welcher nach unten zu in Blattwerk endigte (Fig. 132), dabei war der Übergang aus dem Menschlichen in das Pflanzengeranke ein so allmähliger und natürlicher, dass der Beschauer den Eindruck eines organischen Wesens vor sich hatte. Dieses Motiv, das wir bereits in der römischen Ornamentik getroffen haben, erfreute sich nicht nur in der Frühperiode der Renaissance, sondern auch später und namentlich in der Barockzeit häufiger Anwendung. Andere Anordnungen sind folgende: In der Mitte des Frieses befindet sich ein neutraler Gegenstand, ein Kandelaber, ein Medaillon, eine Vase u. dgl., an diesen schliessen sich rechts und links gleichartig gebildete thierische, menschliche oder chimärische Formen an, die Zahl der verschiedenen Motive ist dabei allerdings eine sehr bedeutende, neben Frauen- und Kinder-Gestalten kommen Greifen, Delphine, Widder u. s. w. vor, welche Formen auf geschickte Weise in das eigentliche Pflanzengeranke übergehen. (Fig. 133.) Im weiteren Verlauf des Pflanzenwerkes findet man nicht selten Vögel auf einem Zweig sitzen (Fig. 132) und an einer Traube picken, oder es sind Schlangen dargestellt, die gleichsam im Gebüsch vorbei huschen und im ornamentalen Geranke eine leere Stelle entsprechend

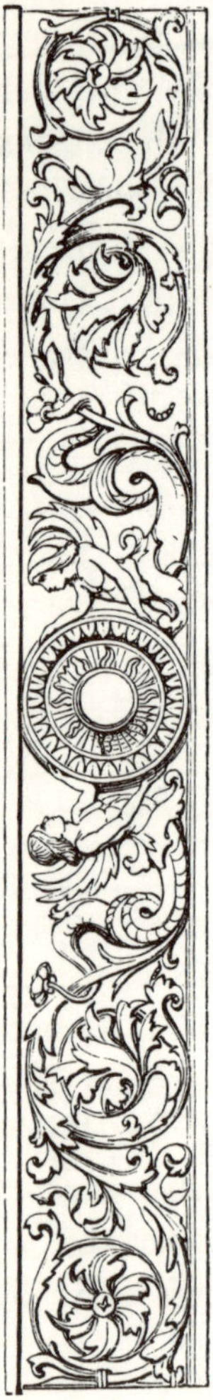

Fig. 133. *Thürfries von S. Maria sulle Zattere in Venedig.* (Kunsth. Bg.)

ausfüllen oder sich um ein Ästchen ringeln. Neben der nahezu ganzen menschlichen oder chimärischen Figur kommen aber auch bloss Theile von Menschen und Thieren vor und ist hier insbesondere der menschliche Kopf zu erwähnen, welcher häufig als Mittelpunkt fungiert, dann pflegen seine Barthaare sich blätterartig zu gestalten und den Ausgangspunkt des weiteren Pflanzengerankes zu bilden.

Die Hochrenaissance, welche sich einer strengeren Nachahmung der römischen Vorbilder befleisste, pflegte namentlich in der Aussenarchitektur das vegetabilische Ornament weit seltener anzuwenden, während es in der Decoration der Innenräume noch immer seinen Platz behauptete, nur war dasselbe stark gemischt mit animalischen Elementen und den Producten des menschlichen Kunstfleisses.

Als Höhepunkt der decorativen Kunst der Hochrenaissance können die Ausschmückungen der Vaticanischen Loggien durch Rafael betrachtet werden, zugleich finden sich hier alle Decorationsmotive der Renaissance in voller Harmonie vereinigt. (Fig. 134 und 135.) Den grössten Einfluss auf diese Decorationsweise hatte die Entdeckung oder genauere Untersuchung der antiken Thermenanlagen, namentlich der Titusthermen, welche man damals „Grotten" nannte, weshalb dieser Decorationsweise der Name „Grottesk" beigelegt wurde. In den Rafael'schen Loggien findet sich der menschliche Körper in der verschiedenartigsten und reichsten Weise angewendet und daneben kommen auch Thierformen vor, bald naturgetreu, bald chimärisch, bald gemalt, bald plastisch, bald in ganzer Figur, bald nur Theile derselben. In den Werken Rafaels und Michelangelos, den höchsten Kunstschöpfungen der italienischen Renaissance, liegt aber auch schon der Keim des Barocken, schon Rafaels Schüler

Fig. 134. *Aus den Loggien des Vaticans.*
Von Rafael. (*D.*) (Kunsth. Bg.)

und unter diesen namentlich Giulio Romano, wandte in seinen Wandmalereien, namentlich am Palazzo del Té, neben sehr schönen Darstellungen häufig das Fratzenhafte und Verzerrte an.

Neben diesen halb vegetabilischen Wandmalereien gab es aber auch Typen mit allegorischen, mythologischen oder historischen Darstellungen, auch hier war es Rafael, welcher neue Wege betrat, die der Nachwelt später vielfach als Vorbild dienten; dazu gehörten insbesondere die Fresken der Villa Farnesina, die Geschichte Amors und Psyche darstellend, hier sind die Bogenzwickeln, Kappen und der Spiegel des Gewölbes, welche durch üppige Fruchtwülste in Felder von sehr verschiedener Grösse und Gestalt getheilt erscheinen, mit herrlichen, mythologischen Gestalten ausgefüllt. Diese Decorationsweise fand später sehr häufige Anwendung, nur pflegte man statt Fruchtwülsten eine durch Band- und Rahmenwerk hergestellte Eintheilung der Gewölbe zu bilden und die Felder mit figuralen Darstellungen reich

Fig. 135.
Aus den Loggien des Vaticans.
Von Rafael (*D.*) (Kunsth. Bg.)

zu verzieren. (Fig. 136.) Dabei wurden ovale, rechteckige und verschiedenartige polygone Felder gewählt, zumeist mit dem grössten Bilde in der Mitte. Diese Decoration wurde nicht nur in Malerei durchgeführt, sondern auch plastisch, insbesondere bei geraden Holzdecken, welche eine reiche Feldereintheilung erhielten, die mit figuralen Darstellungen in verschiedenen Grössen verziert erschien. So gestaltete sich die innere Decoration immer reicher, farbenprächtiger und plastischer und dazu kommt noch, dass die Wände einen ähnlichen figuralen Schmuck erhielten wie die Decke, sehr häufig Kolossalgemälde in breiten prächtigen Rahmen sitzend, welche mit plastischen Figuren abwechselten und so die Wand in ihrer ganzen Ausdehnung in reichster Weise gliederten und schmückten. Ein weiteres Eingehen in diese glanzvolle Decorationsweise würde uns von unserem eigentlichen, weit bescheideneren Thema abführen, wir wollen demnach nur noch hinzufügen, dass in dieser Zeit namentlich Kindergestalten, Putten genannt, mit besonderer Vorliebe angewendet wurden, dieselben kommen theils an der Aussenarchitektur, theils in Innenräumen vor, aussen finden sie sich namentlich an Friesen und werden häufig dazu verwendet in leichter spielender Weise Festons zu tragen, so sieht man schöne Kindergestalten am Friese der Bibliothek von S. Marco in Venedig (Fig. 137) und am Friese der Farnesina in Rom, die Figuren zeigen zunächst eine ziemlich strenge architektonische Anordnung, sind nur mässig bewegt und verhältnissmässig schlank gebildet. Kindergestalten werden aber auch sehr häufig dazu verwendet, um Cartuschen, Wappen oder Medaillons zu halten, und finden sich dann zumeist zu beiden Seiten des zu stützenden oder bloss zu decorierenden Objectes. Eine weitere sehr beliebte Anwendung ist jene zur Ausfüllung

Fig. 136. *Deckenmalerei aus dem Cambio zu Perugia.*
Von Perugino. (*D.*) (Kunsth. Bg.)

der Bogenwinkel (Fig. 137 und 138); die Figuren sind dann meist sehr plastisch gehalten und pflegen den ihnen enge zugemessenen Raum möglichst auszufüllen. Schöne Bogenzwickelfiguren sind selten anzutreffen, es ist sehr schwer die eigenthümliche Gestalt des Zwickels mit menschlichen Figuren, welche eine natürliche und ungezwungene Haltung

Fig. 137. *Fries von der Bibliothek von S. Marco zu Venedig.* (Nach Photographie.)

aufzuweisen haben, auszufüllen und dabei den ganzen Raum des Zwickels zu bedecken, ohne sogenannte „Löcher“ zu bilden. Was die Höhe des Reliefs anbelangt, wird sich der schaffende Bildhauer hier im Allgemeinen mehr vor einem zu flachen Relief zu hüten haben, als vor zu kräftiger Plastik, die meisten Palastbauten werden gerade an dieser Stelle ein ziemlich derbes Relief vertragen. Doch werden hier nicht nur Kindergestalten angewendet, sondern häufig auch Figuren von Erwachsenen. Von der antiken Auffassung unterscheiden sich die Zwickelfiguren der Renaissance wesentlich dadurch, dass die classische Periode meist fliegende und erwachsene Gestalten bei mässiger Bedeckung des Reliefgrundes und flacher Plastik darzustellen liebt, während die Renaissance sehr verschiedene Figuren verwendet, wobei Kindergestalten vorherrschen, welche bei derber Plastik den

Fig. 138. *Bogenzwickelfiguren vom Pal. Giustiniani in Padua.* (Nach Wiener Bauhütte.)

Raum möglichst auszufüllen suchen. Die Zwickelfiguren der Zopfzeit unterscheiden sich von jenen der Hochrenaissance dadurch, dass letztere eine ruhige, natürliche Stellung der Figuren anstreben, während die Figuren der Zopfzeit in der lebhaftesten Bewegung dargestellt werden, wobei nicht selten der Kopf oder eine Hand oder ein Fuss den ihnen zugemessenen Raum sorglos überschreitet, dabei ist die Körperbildung rundlich, wohlgenährt und üppig. Bei kirchlichen Bauten gestalten sich die Putten zu Engelsgestalten, welche aber in der Hochrenaissance nicht sehr häufig angewendet werden und wo sie vorkommen, erscheinen sie einzeln oder zu zweien in ruhiger, mässig bewegter Stellung.

Neben den ganzen menschlichen Gestalten ist es noch insbesondere der Thier- und Menschenkopf, der am häufigsten vorkommt; so findet man denselben nicht selten über einem Feston angebracht, um den hier entstandenen leeren Raum mit einem schönen Ornament auszufüllen und werden hiezu namentlich die Köpfe von Bachantinen, Satyren oder Löwen angewendet. (Vergleiche Fig. 137.)

Bei kirchlichen Bauten ist es insbesondere der geflügelte Engelskopf, der häufig an passender Stelle angebracht wird, zuweilen erscheinen viele dieser Köpfe so aneinandergereiht, dass sie einen fortlaufenden Fries bilden oder sich um einen Bogen herumlegen, letztere Decoration war namentlich in der Frührenaissance sehr beliebt.

Der Barockstil entstand allmählich aus der Hochrenaissance und steht derselbe namentlich zur Frührenaissance in starkem Gegensatze. Das zarte, vegetabilische Füllungsornament der Frühperiode tritt vollständig in Hintergrund, während menschliche und thierische Formen sehr häufig angewendet werden und zwar entweder für sich oder in Verbindung mit Pflanzengeranke oder mit Cartuschen und Emblemen. In Verbindung mit vegetabilischen Formen erscheinen die animalischen Elemente fast stets chimärisch gebildet, während aber in den früheren Perioden der Renaissance die chimärischen Formen im allgemeinen der Natur nachgebildet wurden, zeigt sich in der Barockzeit ein Bestreben, sich von dem Einfachen und Natürlichen zu entfernen, wodurch alle Thier- und Menschenformen durch Verzerrungen und Übertreibungen in eine eigenartige Formenwelt hinübergeführt werden; die Köpfe werden zu Fratzen gestaltet, oft mit abenteuerlichem Kopfschmuck, der Hals wird häufig ungemein verlängert, so dass er einem Schwanenhalse gleicht, statt der Hände finden sich nicht selten kurze Ansätze oder Voluten, während die Füsse am häufigsten in Blatt- oder Schnörkelwerk übergehen.

Fig. 139. *Initial von Geoffroy Tory (Ö. M.)* (Kunsth. Bg.)

dabei ist die Haltung der ganzen Gestalt eine übertriebene, zumeist mit stark vorgestrecktem Unterleib. (Fig. 139.)

In der Malerei können die Vaticanischen Loggien als Ausgangspunkt dieser Richtung angesehen werden, welche durch Rafaels Schüler, insbesondere durch Giulio Romano, Perino del Vaga und Andere nachgeahmt wurden, aber bereits mit voller Einführung der barocken Elemente. Zugleich erfreute sich aber auch die historische Composition grosser Beliebtheit, ganze Kuppelgewölbe wurden nicht selten zu Kolossalgemälden umgestaltet, die handelnden Figuren hatten häufig über sich den blauen Himmel, sassen nicht selten auf rosigen Wolken, oder befanden sich in einer imposanten Phantasiearchitektur, welche sich in oft täuschender Perspective auf der halbkugelförmigen Fläche der Kuppel mit anerkennenswerther Kühnheit Technik und Correctheit angebracht befand. Daneben erhielten aber auch gerade Stuck- oder hölzerne Cassettendecken an passenden Stellen einen reichen Schmuck von Gemälden, historischen, biblischen oder allegorischen Inhalts. Die Figuren charakterisieren sich durch energisches Auftreten, lebhaftes Wesen und durch fliegende Gewänder. Immerhin wird man den Meistern dieser Zeit eine auf das Grosse gerichtete Auffassung und eine phantasievolle, virtuose Behandlung ihres Stoffes nicht absprechen können.

Noch mehr als durch die Malerei wurde der Barockstil durch die Plastik beherrscht, es lag zu sehr im Geiste dieser Zeit, die Wirkung durch Anordnung grosser Massen und durch Hervorheben des Contrastes zu erreichen. Das beliebteste Material war der Stuck und der am häufigsten verwendete Gegenstand der menschliche Körper, dieser kam in der Spätzeit seltener mehr mit vegetabilischen Ornamenten gemischt vor, vielmehr zumeist für sich allein, namentlich häufig auf Decken, Gesimsen und Bekrönungen, seine Aufgabe war zuweilen ein spielendes Stützen eines Rahmens, das Halten eines Medaillons, Wappens oder Festons oder das Zurückschlagen eines Vorhanges, sehr häufig aber hatte er keine weitere Aufgabe als diejenige, einen Raum entsprechend zu schmücken, die beliebtesten Gestalten waren auch hier Kinder, die sich auf Giebeln, Gesimsen und Decken festsetzten und hier nicht selten wahre Akrobatenkunststücke aufführten, indem sie in schwindelnder Höhe sich die gefährlichsten Punkte aufsuchten, um da in den gewagtesten Stellungen den Beschauer zu erfreuen. Bei kirchlichen Bauten wurden anstatt der Kindergestalten Engel in ganz ähnlichem Sinne angewendet, auch diese setzten sich in der leichtsinnigsten Weise auf hohe Gesimsvorsprünge (Fig. 140.), umkreisten die Kanzel oder den Hochaltar und schlagen fliegend die schweren Stoffe der Baldachine um.

Fig. 140. *Decoration aus der Kirche del Gesú in Rom.*
(Kunsth. Bg.)

Von Italien aus kam die Renaissance nach Frankreich, Holland, England, Deutschland und nach allen übrigen Ländern Europa's, in jedem dieser Länder erhielt sie mehr oder weniger eine eigenartige Ausbildung, da aber das charakteristische Moment ihrer Umgestaltung zum wenigsten in der verschiedenen Behandlung der menschlichen und thierischen Formen liegt, sondern anderswo zu suchen ist, wollen wir uns im Interesse der Klarheit und Übersichtlichkeit mit diesen kurzen Bemerkungen begnügen.

B. Die freistehende Figur.

Auch die selbständige mit der Architektur in loserem Zusammenhange stehende menschliche Gestalt, *die Statue*, spielt in der Renaissance eine grosse Rolle.

Mit der Architektur am wenigsten verbunden sind die *Statuen der Attika.* Schon die Römer stellten die Statue bei ihren Triumphbögen erhoben von der Erdoberfläche auf eine Säule, respective auf das verkröpfte Gebälk und *vor* das Attikageschoss. (Vergl. Fig. 99.) In dem freieren, schaffungsthätigen Geiste der Renaissance aber lag es, die Statuen *auf* die Attika selbst zu stellen, dieselbe durch Postamente zu gliedern und mit der darunter befindlichen Säulenarchitektur in Übereinstimmung zu bringen. (Fig. 141.) Zuweilen nahm sich aber auch die Renaissance die Freiheit, Statuen auf Postamenten auf ein Bauwerk zu stellen, das gar keine Säuleneintheilung aufzuweisen hatte.

Die Behandlung der Attikafiguren wird sich in erster Linie nach dem Stile des Gebäudes zu richten haben und wird man nur im Allgemeinen sagen können, dass es einestheils zu vermeiden sein wird, die Figuren zu nahe an einander zu rücken, sie zu steif und starr zu

Fig. 141. *Bibliothek von S. Marco zu Venedig.*
(Kunsth. Bg.)

bilden und in zu grosser Zahl anzuwenden, weil sie dann leicht den Eindruck einer militärischen Aufstellung machen würden, dass es aber auch andererseits nicht zu empfehlen sein dürfte, Attikafiguren, die sich vom Himmel abheben, in allzuheftiger Bewegung mit fliegenden Gewändern darzustellen, wie dies namentlich in der Zopfzeit geschah, weil dadurch der Eindruck des Unruhigen erzeugt werden muss. Insbesondere wird aber auch der Bildhauer darauf Rücksicht nehmen müssen, dass seine Statue von unten aus gesehen, nicht durch Verkürzungen und Überschneidungen einen unangenehmen Eindruck hervorruft, am allergefährlichsten ist dies bei sitzenden Statuen, bei welchen ein nach der Natur gebildeter menschlicher Körper von einem nahen unteren Standpunkt aus betrachtet sich so ungünstig gestalten kann, dass die vortretenden Knie den ganzen Oberkörper verdecken, aus diesem Grunde erhalten die Oberschenkel hoch angebrachter sitzender Statuen am besten eine so steile, schiefe Lage, dass der Beschauer den Oberkörper der Statue noch sehen kann.

Aber auch die Höhe der Attikafigur ist von grosser Wichtigkeit, denn es ist gerade dieses Beiwerk dasjenige, das auf die Grössenverhältnisse den bedeutendsten Einfluss übt und zwar in der Weise, dass kleine Figuren die Verhältnisse eines Gebäudes grösser und grosse Figuren dieselben kleiner erscheinen lassen. Im Allgemeinen wünschen die Architekten die Verhältnisse ihrer Bauwerke grösser erscheinen zu lassen als sie wirklich sind, weshalb sie sich namentlich vor allzugrossen Figuren zu hüten haben werden. Die richtige Höhe für eine Attikafigur zu finden ist eine schwer zu lösende Aufgabe, hauptsächlich deshalb, weil die Statuen sehr häufig auf vielgeschossige Bauten zu stehen kommen, wornach hat sich dann die Höhe der Figur zu richten, nach dem obersten Geschosse oder nach dem ganzen Bau? Wir sind der Ansicht, dass die Attika bei den meisten Bauten als oberer Abschluss des ganzen Baues aufgefasst werden muss und demzufolge auch die Figuren proportional der Gesammthöhe zu bilden sein werden.

Die richtige Grösse der Attikafiguren zu bestimmen muss zwar dem feinen Kunstgefühl des schaffenden Architekten überlassen werden, denn die Art ihrer Anwendung ist eine so mannigfaltige, dass sich eine entschiedene Regel wird nicht aufstellen lassen, immerhin aber wird es von grossem Interesse sein, zu prüfen, was unsere Altmeister thaten, und habe ich in dieser Beziehung eine Reihe von Messungen an in meinem Besitze befindlichen Photographien vorgenommen, welche mir trotz der photographischen Verkürzungen als eine bessere Basis bei Messungen zu sein scheinen, als die oft sehr ungenauen graphischen Aufnahmen und habe ich gefunden, dass die Höhe der Attikafigur sich im Allgemeinen verhält zur Höhe des ganzen Gebäudes wie 1 : 6 bis 1 : 9.

Am Triumphbogen des Constantins, einem römischen Beispiel, ist das Verhältnis wie . . . . 1 : 5·5.

An einem ähnlichen Renaissancebau: der Fontana Trevi ist das Verhältnis . . . . 1 . 6.

An der grossen halbkreisförmigen Halle vor der St. Peterskirche in Rom ist das Verhältnis . . . 1 : 6·5.

Bei mehrstöckigen Bauten fand ich:

bei der Vorhalle von S. Giovanni in Laterano in Rom 1 : 7,

„ „ „ „ S. Apostoli in Rom . . . . 1 : 8·25,

bei dem Querbau im Hofe von Palazzo Borghese in Rom . . . . 1 : 8·25,

bei der Vorhalle von S. Maria Maggiore in Rom, ohne Stufen . . . . 1 : 8·5,

bei dem Vorbau der Kirche della Salute in Venedig 1 : 8·5,
bei dem Conservatoren-Palast am Capitol in Rom 1 : 9,
bei der Façade der Peterskirche in Rom, ohne Stufen . . . . 1 : 9,
bei der Bibliothek von S. Marco in Venedig . . 1 : 1·05.

Bei der Untersuchung einiger Wiener Bauten fand ich bei dem Palais Erzherzog Wilhelm das Verhältnis 1 : 9,
die Victorien an den Ecken des Musikvereinsgebäudes 1 : 9,
bei dem Cursalon im Wiener Stadtpark . . . . 1 : 9,
während bei dem Haus Goldberger von Architekt Tietz das Verhältnis . . . . 1 : 14·5
ist, hier aber die Figuren auch sehr klein erscheinen.

Ein weiteres wichtiges Verhältnis ist das der Höhe des Postamentes zur Höhe der Attikafigur. Auch hier wird sich kein bestimmtes Gesetz aufstellen lassen und die Grössenbestimmung ebenfalls dem feinen Kunstgefühle der Architekten überlassen werden müssen, dagegen wird es auch hier von Interesse sein, nachzumessen, was bedeutende Architekten vor uns in dieser Beziehung thaten, und da wird sich sagen lassen, dass sich im Allgemeinen das Postament verhält zur Höhe der Attikafigur, wie sich verhält 1 zu 1 bis 1 zu 2. Und wenn wir wieder einige Bauten untersuchen, werden wir finden, dass sich verhält das Postament zur Figur —
bei der Vorhalle S. Giovanni in Laterano . . wie 1 : 1,
beim Conservatoren-Palast am Capitol in Rom „ 1 : 1,
bei der Bibliothek von S. Marco in Venedig . „ 1 : 1,
bei der Kirche della Salute in Venedig . . „ 1 : 1,
bei der Vorhalle von S. Maria Maggiore in Rom „ 1 : 1·5,
bei der grossen Halle von S. Peter in Rom . „ 1 : 1·5,
bei der Façade von S. Peter in Rom . . . „ 1 : 2·5,

bei neueren Bauten in Wien stellt sich das Verhältnis heraus:

bei dem Musikvereinsgebäude in Wien (Victorien) . . . . wie 1 : 1·5,
bei dem Palais Erzherzog Wilhelm in Wien . „ 1 : 2,
bei dem Cursalon im Stadtpark in Wien . . „ 1 : 0·57,
bei dem Haus Goldberger in Wien . . . . „ 1 : 0·75.

Dieselbe Frage muss Bildhauer und Architekten in noch intensiverer Weise beschäftigen, wenn es sich um die Höhe eines Sockels für eine freistehende Statue handelt. Dem Principe nach soll die Statue des berühmten und verehrten Mannes durch das Postament über die Bodenfläche des gewöhnlichen Lebens erhoben werden, um der Statue des gefeierten Mannes eine grössere Bedeutung und Weihe zu geben, woraus sich von selbst ergeben würde, dass das Postament nicht zu niedrig gemacht werden dürfe. Insoferne sich überhaupt ein bestimmtes Mass angeben lässt, wird man sagen können, dass die Höhe des Sockels im Allgemeinen die Höhe der Statue um ein wenig überragen soll, und in der That lehrt die Erfahrung, dass die Architekten und Bildhauer der Renaissancezeit mit Vorliebe grössere Sockel wählten, so verhält sich beispielsweise die Statue des Colleoni in Venedig zu ihrem Sockel, wie 1 : 2. (Fig. 142.) Natürlich gibt es auch hier Grenzen, zu kleine Statuen auf zu grossen Sockeln nehmen sich dürftig und armselig aus und machen dann gerade den Eindruck, den der Bildhauer offenbar vermeiden wollte. Bei vielgliederigen und vielfigurigen Standbildern wird die Lösung dieser Frage um so schwieriger sein und der Sockel für die Hauptfigur sich um so höher zu gestalten haben, je mehr Figuren angewendet werden.

Fig. 142. *Statue des Bartolomeo Colleoni in Venedig.*
(Nach Wiener Bauhütte.)

In enger Beziehung zur Architektur stehen ferner die *Figuren in den Nischen*, welche letztere in der Renaissance, namentlich in Vestibulen, aber auch in Prachträumen, kirchlichen Anlagen und am Äusseren der Gebäude häufig vorkommen. Auch hier muss die Figur für die Nische

Fig. 143. *Nischenfigur vom Pal. Giustiniani in Padua.*
(Nach Wiener Bauhütte.)

die entsprechende Grösse haben und wird sich der Architekt namentlich vor zu kleinen Figuren zu hüten haben, die in grossen offenen Nischen nur den Eindruck des Armseligen machen können, und ist die Statue überdies noch stark nach rückwärts geschoben, der Eindruck eines Gefangenen hervorrufen wird, der sich in den Schatten der Nische versteckt hält. — Die für die Grösse der Nische angemessenste Höhe der Figur wird diejenige sein, wenn der Kopf der Figur in oder etwas über dem Mittelpunkt des Halbkreises der Nische steht, dann aber soll die Figur der Statue auch vortreten, da dieselbe nur so ganz und voll beleuchtet wird und die Schatten der Nische nur so zur hellbeleuchteten Figur den richtigen Contrast bilden. (Fig. 143.)

C. Die animalischen Formen der Kleinkunst.

Nachdem wir nun die animalischen ornamentalen Elemente sowohl des Reliefs, als auch der Malerei und die freistehende menschliche Figur der Renaissanceperiode besprochen haben, erübrigt uns nur noch einen Blick auf die *Kleinkunst* zu werfen und zu sehen, wie dort das animalische Element auf neutralen Feldern angewendet wurde. Im Allgemeinen muss gesagt werden, dass zwischen der Ornamentik der Architektur und jener der Kleinkunst eine grosse Übereinstimmung herrscht, die sich zum mindesten in der Frührenaissance leicht durch den Umstand erklären lässt, dass dieselben Künstler, welche die Objecte der Architektur schufen, auch die Werke der Kleinkunst hervorbrachten und dass manche dieser Künstler so vielseitig waren, dass sie Maler, Bildhauer, Architekten, Goldschmiede und noch manches andere zu gleicher Zeit waren.

Als neutrale Fläche wurde in der Kleinkunst jede hiezu einigermassen taugliche Fläche anerkannt, so insbesondere die Innenfläche von Tellern und Schüsseln, der Bauch, Fuss und Hals sämmtlicher Gefässe. Von grosser Bedeutung wurde namentlich auch die Malerei der Fayence- und Majolica-Teller und erscheinen dieselben in der verschiedensten Weise behandelt, zumeist hielt man sich nicht allzusehr an die allgemeinen Stilgesetze und brachte in der Innenfläche der Teller zuweilen historische oder genrehafte Darstellungen an, die namentlich dann, wenn der Teller dazu bestimmt erschien, Speisen aufzunehmen, jedenfalls

Fig. 144. *Majolica-Schale aus Faenza. (T.)*
(Kunsth. Bg.)

nicht am Platze waren; weit zulässiger wurde die Anwendung dieser Gegenstände, wenn der Teller bloss den Zweck hatte, als stehende oder aufgehängte Zierde des Schenktisches zu dienen. (Fig. 144.) Am häufigsten aber wurden diese Fayenceteller mit einem neutralen Ornamente verziert und hiebei eine grosse Anzahl von Motiven angewendet, bei welchen bald das vegetabilische, bald das animalische

Fig. 145. *Meissner Porzellanvase. (G. B.)*
(Kunsth. Bg.)

Element das Übergewicht hatte, insbesonders liebte man chimärische Gestalten in Verbindung mit Rankenornamenten zu bringen und namentlich die barocken Formen, die man mit dem Ausdrucke „Grotteske“ bezeichnet, anzuwenden. In gleicher Weise wurden auch die neutralen Theile von Kannen, Leuchtern, Salzgefässen und anderen Gegenständen verziert. Dann gab es aber auch kunstgewerbliche Objecte, welche die menschliche Figur in hervorragender Weise als Ornament benützten, fast mit gänzlichem Ausschluss des Rankenornamentes, so wurde beispielsweise nicht selten der Bauch des Gefässes als eminent neutrales Feld angesehen und ausschliesslich mit historischen, mythologischen oder allegorischen, figuralen Compositionen geschmückt (Fig. 145), hier allerdings mit weit mehr Berechtigung als bei der Innenseite von Tellern, auf denen gegessen werden sollte.

Fig. 146.
Bronce-Ciborium in der Kirche Fontegiusta zu Siena. (B.)
(Kunsth. Bg.)

Die Renaissancekünstler wussten aber nicht nur durch Schaffung von neutralen Feldern die Werke der Kleinkunst durch figurale Compositionen zu schmücken, sondern sie verwendeten die menschliche Gestalt, sowie auch Thierformen sehr gerne in voller Plastik als spielende Decoration zur Belebung der Werke des Kunstgewerbes, dabei wurden die Gestalten entweder in mehr architektonischem Sinne angeordnet, und zwar namentlich in Nischen als freistehende Statuen (Fig. 146), oder was noch häufiger geschah, als obere Bekrönung eines Kunstwerkes, dann waren es am häufigsten Engel oder Kindergestalten, die in spielend heiterer Anordnung in geschickter Weise einen hübschen Abschluss nach oben zu bilden verstanden (Vergleiche Fig. 145), oder es wurden Gruppen von Figuren angeordnet, die in heiterster Kinderlaune sich oft den verschiedenartigsten Beschäftigungen in den waghalsigsten Stellungen ergaben.

Ausserdem erscheinen Menschen- oder Thier-Köpfe an passenden Orten sehr häufig als Schmuck angeordnet, dabei entspricht die Art und Weise ihrer Behandlung ziemlich derjenigen des architektonischen Ornamentes, welches letztere überhaupt keinen geringen Einfluss auf die Werke des Kunstgewerbes nahm, ohne dass jedoch deren Ornamentierung in die strengere Formenwelt der Baukunst selbst überzugehen pflegte, wie dies so häufig bei den mittelalterlichen Werken der Kleinkunst geschah.

Verzeichnis der Illustrationen.

Reprint der Originalausgabe von 1896 nach dem Exemplar
aus dem Museum des Kunsthandwerks Leipzig (Grassimuseum)

ZENTRALANTIQUARIAT DER DDR

Ausgabe für
FOURIER VERLAG GMBH
Wiesbaden
ISBN 3-925037-33-0
Best.-Nr. 285-00233

Schutzumschlag- und Einbandgestaltung: Peter Mauksch
Gesamtherstellung: Offizin Andersen Nexö, Leipzig
Printed in the German Democratic Republic
Ag 509/28/88